郑州大学当代资本主义研究中心资助

中国行政管理的
公共性问题研究

李忠汉 著

中国社会科学出版社

图书在版编目（CIP）数据

中国行政管理的公共性问题研究／李忠汉著． —北京：中国社会科学出版社，2020.12

（郑州大学政治学丛书）

ISBN 978 – 7 – 5203 – 6035 – 7

Ⅰ．①中… Ⅱ．①李… Ⅲ．①行政管理—研究—中国 Ⅳ．①D63

中国版本图书馆 CIP 数据核字（2020）第 033250 号

出 版 人	赵剑英
责任编辑	赵　丽
责任校对	朱妍洁
责任印制	王　超

出　　版	中国社会科学出版社
社　　址	北京鼓楼西大街甲 158 号
邮　　编	100720
网　　址	http://www.csspw.cn
发 行 部	010 – 84083685
门 市 部	010 – 84029450
经　　销	新华书店及其他书店

印　　刷	北京明恒达印务有限公司
装　　订	廊坊市广阳区广增装订厂
版　　次	2020 年 12 月第 1 版
印　　次	2020 年 12 月第 1 次印刷

开　　本	710×1000　1/16
印　　张	16.75
字　　数	242 千字
定　　价	96.00 元

凡购买中国社会科学出版社图书，如有质量问题请与本社营销中心联系调换
电话：010 – 84083683
版权所有　侵权必究

总 序 一

2016年5月16日，习近平总书记在哲学社会科学工作座谈会上的重要讲话中呼吁包括政治学在内的哲学社会科学创新，这对充分体现新时代中国特色、中国风格、中国气派的政治学的发展，提出了新的更高的要求。

什么是政治学？在弄清什么是政治学之前，需要先弄清什么是政治。早在1940年，毛泽东在《新民主主义论》中就指出："一定的文化（当作观念形态的文化）是一定社会的政治和经济的反映，又给予伟大影响和作用于一定社会的政治和经济；而经济是基础，政治则是经济的集中的表现。这是我们对于文化和政治、经济的关系及政治和经济的关系的基本观点。那末，一定形态的政治和经济是首先决定那一定形态的文化的；然后，那一定形态的文化又才给予影响和作用于一定形态的政治和经济。"毛泽东这段著名论述告诉我们，一个大社会，是由经济、政治、文化三个部分组成。经济是基础，经济基础决定上层建筑，不仅决定政治的上层建筑，而且进而决定文化的上层建筑。但政治是经济的集中表现，在一定条件下，政治对经济、政治的上层建筑对经济基础又起着决定性的反作用。一定形态的政治又与一定形态的经济一道首先决定一定形态的文化。所以，一定的政治在一定的社会形态中，占有十分重要的不可替代的作用。

为了进一步弄清什么是政治学，让我们进一步从习近平总书记"5·17"讲话中寻找答案。习近平总书记指出："马克思主义理论体系和知识体系博大精深"，"涉及历史、经济、政治、文化、社会、生态、科技、军事、党建等各个方面";"中国特色哲学社会科学"应该"体现系统性、专业性。中国特色哲学社会科学应该涵盖历史、经济、政治、文化、社会、生态、军事、党建等各领域，囊括传统学科、新兴学科、前沿学科、交叉学科、冷门学科等诸多学科，不断推进学科体系、学术体系、话语体系建设和创新，努力构建一个全方位、全领域、全要素的哲学社会科学体系"。在列举的所有学科中，习近平总书记没有直接讲到法学，这决不是总书记的疏漏。法学本身不是一个领域，它仅是渗透到社会各个领域的一个工具，是阶级斗争的工具，是阶级意志的体现。法学也十分重要。但在总书记的讲话中，法学在哪，我个人理解，法学涵盖在政治学的之中。

无论从毛泽东的论述，还是习近平的论述，都说明我们不能把政治学的内涵理解得过于狭窄甚至偏颇。政治学的研究领域十分广阔，其研究对象应该是经济、政治和文化这三者组成中的"政治"即也可以称之为"大政治"，应是与历史、经济、文化、社会、生态、军事、党建等各个领域相并列的政治领域，而不是仅仅限定于公共政策、公共管理、人事管理、社会调查与社会统计等方面的"小政治"。具体而言，政治学就是研究群众、阶级、领袖、政党、国家、政府、军队、法律以及统一战线、战略策略等方方面面发展变化着的活动及其联系并上升到规律和本质的学问。仅仅研究公共政策、公共管理、人事管理、社会调查与社会统计等方面的"小政治"学，既不能有效地为坚持和发展中国特色社会主义服务，也不利于中国特色、中国风格、中国气派政治学的创新发展。

政治学作为治国理政的学问，其研究应当顺应历史趋势、围绕时代主题、坚持问题导向、满足人民期待。新时代中国政治学的创新需要适应新形势新任务的要求，紧随时代步伐，站在历史高度，坚持正确的政治方向、理论方向和学术方向，从理论与实践的结合上总结和提升马克思主义中国化的经验，在与政治建设和政治发展的互动中繁荣发展中国特色、中国风格、中国气派的政治学。

中国政治学研究的根本任务是为坚持和发展中国特色社会主义政

治制度服务，把马克思主义的基本原理与当今世情、国情、党情相结合，不断解决坚持中国特色社会主义政治制度和依法治国中的重大理论问题和实践问题。在经济全球化、政治多极化、文化多样化、社会信息化的当今世界，在改革开放和中国特色社会主义现代化建设的关键时刻，政治学研究者应该进一步增强责任感和使命感，坚定马克思主义信仰、坚定正确的政治立场、坚持理论与实践相结合，把政治学放到世界和中国发展大历史中去创新，着力建构中国特色社会主义的政治学。

郑州大学政治学团队正是立足"大政治学"的研究视野，服务国家和区域经济社会发展，着力研究"互联网国际政治学""政治安全学""文化政治学"，并取得了阶段性的丰硕成果。其中，余丽教授经过多年潜心研究出版了一部开创性学术著作《互联网国际政治学》，并入选2016年度"国家哲学社会科学成果文库"，这在一定程度上填补了业界空白，对我国国际政治学科的建设和发展都具有较为重要的作用。在郑州大学政治学学科荣获河南省重点学科之际，郑州大学政治学学科团队出版"郑州大学政治学丛书"，助力推进郑州大学"双一流"建设。

李慎明

2019年7月于北京

总 序 二

政治学是研究社会政治关系及其发展规律的学问,改革开放四十年来,在党和政府领导下,在前辈学者开拓和建设的基础上,在政治学同人的共同努力下,政治学已经成为我国哲学社会科学领域的重要学科,成为我国治理现代化建设的支撑学科,培养了一大批治国理政和政治学学术人才。

在习近平新时代中国特色社会主义思想指引下,构建具有科学性、民族性、原创性、时代性和专业性的中国特色社会主义政治学学科体系,建设具有中国特色、世界水平的一流政治学学科,是新时代政治学学科发展和建设的目标之所在。

同时,我们清醒认识到,我国政治学学科发展和建设面临的任务相当艰巨,所涉及的内容和范围也十分广泛。从宏观来看,按照社会科学发展的基本规律,任何一门社会科学学科的发展,首先集中在学科基本理论的发展和突破、研究方法的更新和扩展、重要研究领域的选择和深化这三个方面。按照这一基本规定性,可以认为,我国政治学的学科发展,应该把着眼点放在基础理论的深化发展、研究视角和方法的拓展以及具有重大现实和实践价值的领域确定和研究方面。这就要求我们首先要基于时代的发展和政治实践的进步,深入研究政治学的基本理论问题,以期在政治学基本理论研究方面取得突破性进展,进而形成具有相对成熟和科学的政治学基本理论。其次,在马克思主义政治理论和方法指导下,围绕政治学基本理论问题,结合时代和实践,针对新时代中国特色社会主义现代化和改革开放事业发展提出的重大实践问题，展开深入研究，力求获得重大突破。最后，需要对中国特色社会主义政治实践形成的经验加以总结提炼，上升为政治学的理论形态。

政治学本质上是经世致用之学。政治学的生命力不仅在于其学术价值和理论价值，更在于其实际应用价值，这是政治学研究保持强大生命力的原动力。在这其中，尤为重要的是，我国政治学研究应该特别关注中国社会和政治发展的独特性。中国作为具有五千年文化传统的东方文明古国，作为中国共产党领导人民在半殖民地半封建社会基础上建设起来的社会主义国家，作为从传统计划经济转向社会主义市场经济的国家，它的社会、政治、经济、文化诸方面都具有自身的特殊属性，其发展和变革在人类社会文明发展史上亦具有独特之处，其在发展和变革过程中面临的许多问题，更是史无前例。这些独特之处，既是我国政治学学科发展和建设的巨大挑战，又为政治学科的发展和建设带来了独特机遇。

中国特色社会主义发展的新时代，为我国政治学人提供了前所未有的广阔舞台，也呼唤着政治学研究者的新探索、新理论、新创造和新贡献。作为习近平新时代中国特色社会主义事业发展的纲领性文件，党的十九大报告具有鲜明的政治特性，集中展现了中国共产党人新时代锐意开拓发展的中国立场、中国气派、中国风格和中国智慧，周详阐述了新时代中国特色社会主义政治建设和发展的目标任务、总体布局、战略布局、发展方向、方式动力和实际步骤，是新时代中国政治学发展前行的航标和指南针，确立了中国政治学研究的历史方位、根本依据、指导思想、人民属性、主要命题、总体目标、核心精髓以及重大使命。

在新时代的历史方位下，我国政治学人应该坚持辩证唯物主义和历史唯物主义，以人类社会历史发展为宏远视野，以习近平新时代中国特色社会主义思想为指导，根据中国社会主义经济政治社会的历史发展变化，深入研究共产党执政规律、社会主义社会政治建设规律和人类社会政治发展规律，紧紧把握"新时代治理什么样的国家和怎样治理这样的国家"这一重大时代和实践课题,从政治意义上分析和定性新时期、新阶段和新时代的各种矛盾,推进人民民主与国家治理的有机结合,为深入研究中国特色社会主义新时代的治理模式和深入探索中国特色社会主义政治发展道路贡献智慧和力量。

郑州大学政治学团队坚持本土化与国际化相结合,立足扎根中国的深厚土壤,以中国的实际问题为首要关切,着力研究"互联网国际政治学""政治安全学""文化政治学",已经取得了阶段性成果。其中尤其值得一提的是,本学科带头人余丽教授的专著《互联网国际政治学》入选2016年度"国家哲学社会科学成果文库",对学术前沿问题互联网国际政治学、网络空间政治安全管理进行了探索性、战略性、前瞻性的基础理论研究和应用研究,研究报告多次被中共中央和国务院相关部门采纳。

在郑州大学政治学学科荣获河南省重点学科之际,郑州大学政治学学科团队出版"郑州大学政治学丛书",相信必将助力推进郑州大学的"双一流"建设,必将助力我国政治学科的发展和建设。为此,特联系我国政治学科发展的时代和实践使命,以序志贺,并且与全国政治学界同人共勉!

王浦劬

2019年8月于北京

目 录

第一章 导论 …………………………………………………… (1)
   第一节 公共行政的公共性问题 ……………………………… (1)
   第二节 行政公共性问题的缘起及意义 ……………………… (14)
   第三节 研究取向与内容结构 ………………………………… (20)
   第四节 主要观点与创新 ……………………………………… (22)
   第五节 研究思路与研究方法 ………………………………… (23)

第二章 中国行政管理公共性的价值取向 …………………… (25)
   第一节 公共行政价值取向的公共性 ………………………… (25)
   第二节 西方公共行政价值取向的演变及启示 ……………… (32)
   第三节 中国行政管理公共性的价值诉求 …………………… (40)

第三章 中国行政管理公共性的公共过程 …………………… (66)
   第一节 行政公共性的公共过程分析 ………………………… (67)
   第二节 政府行政模式与行政过程的公共性 ………………… (75)
   第三节 提升中国行政过程公共性的路径选择 ……………… (84)

第四章 中国行政管理公共性的宪法法治 …………………… (98)
   第一节 中西方学者的观点及启示 …………………………… (98)
   第二节 行政公共性与宪法法治的相关性分析 ……………… (105)
   第三节 中国行政管理公共性的宪法法治诉求 ……………… (112)

第五章　中国行政管理公共性的公共组织 …………（128）
　　第一节　行政公共性的组织维度分析 ……………………（128）
　　第二节　公共管理准主体的社会组织 ……………………（135）
　　第三节　中国行政管理公共性的公共组织诉求 …………（147）

第六章　中国行政管理公共性的公共官僚体制 ………（159）
　　第一节　官僚制与行政公共性 ……………………………（160）
　　第二节　中国官僚体制行政与公共性 ……………………（178）
　　第三节　西方国家官僚制行政改革及启示 ………………（184）
　　第四节　中国官僚体制改革及提升行政公共性的
　　　　　　路径分析 …………………………………………（190）

第七章　中国行政管理公共性的构成要素及逻辑关系 ………（202）
　　第一节　中国行政管理公共性的构成要素 ………………（202）
　　第二节　中国行政管理公共性的逻辑关系 ………………（206）
　　第三节　走向公共性的中国行政管理 ……………………（212）

专题 ……………………………………………………………（216）
　　第一节　"达尔—西蒙""沃尔多—西蒙"之争与行政
　　　　　　价值的公共性 ……………………………………（216）
　　第二节　政府信息公开与行政过程的公共性 ……………（224）
　　第三节　行政执法不规范与政府公共性的流失 …………（227）
　　第四节　社会组织的公共性及功能 ………………………（229）
　　第五节　"弗雷德里克—芬纳"之争与官僚制行政的
　　　　　　公共性 ……………………………………………（236）

参考文献 ………………………………………………………（243）

后记 ……………………………………………………………（255）

第一章 导论

第一节 公共行政的公共性问题

一 公共行政公共性的基本定义

公共性作为基础性的概念，被广泛应用于哲学、政治学、公共行政学、管理学、经济学等多学科的研究中，在不同的学科背景和话语体系下有着不同的解释和内涵。就公共行政学而言，早在半个世纪前，著名的行政学大师德怀特·沃尔多在《公共行政研究》一文中就提出了何为公共行政的"公共性"这一令人深思的问题，即"什么是公共行政？'公共'这一修饰词意味着什么特征？公共行政与一般行政的区别是什么？"[①] 然而半个多世纪过去了，这一根本性的问题在公共行政的理论研究和政府实践中一直没有得到令人信服的回答。在公共行政发展的百年历程中，公共性作为公共行政的根本属性和公共行政学发展的基本价值取向，已经成为国内外学术界关注和研究的热点问题之一。要研究公共行政公共性问题，首先需要梳理公共性的定义。

1. 西方学者的定义

最早对公共行政的公共性进行探讨的当属美国行政学家德怀特·沃尔多，他立足于西方民主政治传统，从公共行政与一般行政的区别中提出了理解公共性的三种定义：其一，从政府或国家的角度来理解

[①] Dwight Waldo，*The Study of Public Administration*，New York：Random House，p. 8.

"公共"。这主要涉及主权、合法性、公共福利等法律概念和哲学概念。因此,公共行政研究者和实践者应该从政治学理论入手对此进行深入探讨,这有利于理解各种现象,比如公共行政中的强制性的行动。其二,从经验的视角来定义公共性,即在特定社会中,从公共职能和公共活动的范围上来界定公共行政公共性的内涵。其三,依据一种常识性的方法即政府承担的功能和活动来定义公共性。沃尔多认为这种研究方法是充分的,它兼顾了公民和公共行政研究者的需求。依据沃尔多的观点,公共性是公共行政不同于一般行政的特性,主要体现为政府的职能、合法性和公共利益取向等。[①]

行政学者尼古拉斯·亨利则是从"公""私"差异的视角对行政公共性概念进行阐释的。亨利认为理解公共行政公共性要从社会"公共性"(Publicness)和"私人性"(Privateness)相区分的要素入手,这些要素包括行为者、利益和可进入性。对此,亨利把它们作为理解公共行政公共性的三个基本要素。分别与这三个要素相对应,亨利提出了公共行政公共性的三种概念:一是从制度术语来考虑公共行政的公共性。只有那些以税收作为资金来源、靠税收支持的机构即政府官僚机构,才称得上公共组织,才具有公共性。二是从规范的角度来考虑公共行政的公共性。这一规范定义将对公共性的理解重点置于公共利益及其实现方式上。按照这种理解,虽然公共利益作为政府行为的目的,为其公共性的实现指明了方向,但是因公共利益带有很大的模糊性、抽象性或主观色彩,使公共性的规范性定义过于空洞而难免沦为纯粹的说教。三是从组织层面来考虑行政公共性。公共组织与私人组织至少在一个方面存在关键性的差异,那就是组织的外部环境对组织内部运作的影响,突出地表现在公共组织比私人组织具有更大的可进入性。在此意义上,公共性与其说是强调外部因素对公共组织的影响或重要性,倒不如说是公共组织应该创造适合公众参与的条件。亨利对公共行政公共性的制

[①] Dwight Waldo, *The Study of Public Administration*, New York: Random House, p. 8.

第一章 导论

度、规范和组织的界定不是互相排斥的，而是互相促进和递进的关系。参与主体的差异及其所采取的行动是为了实现公共利益还是追求私人利益，可进入性则代表着公共部门的开放程度。其实，这三个要素是相互联系的，公共组织显然应该以实现公共利益最大化为目的，而公开参与既代表着对社会公众主体权益的尊重，也是对公共利益实现方式和实现公共利益过程的监督。①

美国学者詹姆斯·W. 费斯勒、唐纳德·F. 凯特尔认为理解公共行政公共性的出发点是弄清它与私人行政的区别。首先，公共行政与私人行政之间最基本的差别在于法治。公共行政的存在是为了执行法律，它们存在的每一种因素——它们的结构、职员、预算和目的——都是法律权威的产品。这就使得公共行政明确地是公共性的，对这些法律的忠实地执行是对公共管理者的最高要求和行政责任制的核心。其次，与私人行政不同，公共行政是一种典型的公共过程。如果说效率是私人行政的最终目标，那么，公共行政必须是既有效率又是公平的。此外，公共行政还要接受公众的监督。②

乔治·弗雷德里克森的一般"公共性"的观点强调了公共行政的"公共"特性。弗雷德里克森认为，要理解公共行政，必须重新发现公共性，而这又必须从理解什么是"公共"开始。基于对"公共"的不同理解，弗雷德里克森总结了学者关于公共的五种模式：公共是利益集团（多元主义的观点）、公共是理性选择者（公共选择的观点）、公共是被代表者（立法的观点）、公共是顾客（服务提供的观点）、公共是公民的观点。对于以上有关公共的五种模式，弗雷德里克森认为政治学家一般更加关注利益集团、代议制和公民精神，而经济学家则强调市场、顾客和理性的重要性。传统的公共行政理论主张职业主义、行政专才和强有力的行政部门；相比较而

---

① ［美］尼古拉斯·亨利：《公共行政与公共事务》（第八版），张昕等译，中国人民大学出版社2002年版，第72—75页。
② ［美］詹姆斯·W. 费斯勒、唐纳德·F. 凯特尔：《行政过程的政治——公共行政学新论》，陈振明、朱芳芳译校，中国人民大学出版社2002年版，第8—11页。

言,当代公共行政则主张小政府,更直接的公民参与,政府服务的契约外包和民营化,以及市场化的机制。弗雷德里克森通过对五种模式的评价和比较,提出了关于公共行政"公共"的一般性理论,认为对于公共行政领域而言,公共性理论必须包括有效和有责任心的民主治理等多个层面。首先,公共性必须建立在宪法的基础之上,宪法之下的公共管理者不仅要在专业技术上是能胜任的,而且必须对宪法承担道德上的责任。其次,还必须考虑在政治体系的运作中被告知和参与的"品德崇高的公民",他们有四个方面的特征:能够对增进公民一般利益和特殊利益的政策进行判断、坚信政体价值的信念、承担道德责任、容忍和宽容。再次,公共性必须包括回应性,这强调公共行政不仅仅要致力于效率和经济,而且要致力于社会的公平。最后,乐善好施与爱心,政府的目的就是把政体价值的保护范围扩大到所有的公民,拥有一种建立在乐善好施基础上的观念,这才是公共行政的目的。①

美国学者戴维·H. 罗森布鲁姆、罗伯特·S. 克拉夫丘克认为公共行政的公共性主要在于公共行政在许多重要方面与私营部门的行政的区别,这种区别主要体现在以下几个方面:第一,公共行政以宪法为基础。宪法对权力进行分立并对行政权进行控制,由于宪法采取分权与制衡原则,故使得公共行政常常受到来自三种力量(行政、立法、司法)的主导。公共行政的宪法基础确立了公共部门特有的、不同于私人管理的价值观,这些价值观常常与私营部门所持价值观相背离。比如,公共行政对效率的考虑就必须从属于许多政治原则之下,包括代表性、责任与透明性等。第二,公共行政以公共利益为价值取向。公共行政与私营部门管理的区别在于政府有义务增进社会的公共利益。第三,公共性体现在公共行政与私营部门行政在面对市场机制时的表现不同,即公共部门运作较少受市场因素的干扰或者说远离市

---

① [美]乔治·弗雷德里克森:《公共行政的精神》,张成福等译,中国人民大学出版社2003年版,第39—42页。

场机制。第四，公共行政基于"公共信托人"的身份来行使人民委托的主权。因此，公共行政人员应该遵守代表性、回应性、透明性等公共价值。这两位学者对公共行政的阐释均强调了公共行政之公共性特质。虽然公共行政与私人部门的行政有许多相似点，但彼此在关键之处存在很大的差异，这些差异凸显了公共行政的公共性：公共利益、在宪法的规范下运作、较少受市场因素的限制、基于公众的信任来代表主权等。①

荷兰当代学者尤多·佩斯科在谈到公共行政公共性的重要性时指出，公共行政理论中存在着区分公共组织和私人组织的五种方式，并认为它们都源于两个视角：经济的视角把公共行政的公共性与公共物品的公共性相连，而政治的视角把公共行政的公共性与公共利益的公共性相连。佩斯科指出，经济的视角与政治的视角事实上应当结合起来，以获得对公共性更为全面的认识，而且什么被看作公共的在不同民族国家也是不一样的。②

2. 中国学者的定义

中国学者对公共行政公共性的理解可归纳为以下几个方面：

第一，行政公共性的"要素说"。如果说国外学者从宏观的视角基于公共行政与私人行政的差异来解释公共性的内涵，那么国内学者对公共性的解释更加细化和具体化，主要选取构成公共行政的基本要素，如行政主体、手段、取向、对象和内容等，来解释公共性的内涵。对此，有学者认为从概念内涵上看，公共性是指公共行政行为作为一种表征政府部门对社会公共事务的管理活动，其区别于一般管理的本质特征。它集中体现在公共行政主体即政府部门的公共性，管理手段即公共权力的公共性，价值观即公平、正义、民主等价值的公

---

① [美] 戴维·H. 罗森布鲁姆、罗伯特·S. 克拉夫丘克：《公共行政学：管理、政治和法律的途径》，张成福等校译，中国人民大学出版社2002年版，第6—15页。

② Udo Pesch, "The Publicness of Public Administration", *Administration and Society*, Vol. 40, No. 2, 2008. 转引自陈刚《公共行政与代议民主——西方公共行政的历史演变及其启迪》，中国社会科学出版社2010年版，第16页。

性，管理目标即公共利益的公共性等方面。① 有学者把公共管理的公共性内涵归纳为四个方面：一是公共管理主体的公共性，国家、政府、社会公共组织共同构成公共管理主体，它们具有组织的代表性、行为的公务性、宗旨的公益性、权力的法定性等不同于其他私域组织的根本特征；二是公共管理价值观的公共性，更主要体现在平等、正义、公平、民主、伦理以及责任心等方面；三是公共管理手段的公共性，充分体现在公共权力的公共性上；四是公共管理对象及目标的公共性，即公共事务无疑具有鲜明的公共性。② 有研究者认为政府的公共性即政府的"公共"所有属性，意指政府包括其内在要件——公共权力和外显成分——公共职位，都是属于国家主体——社会公众的。③ 还有的学者认为政府公共性具体体现为政府执掌社会公共权力、执行社会公共意志、谋求社会公共利益、管理社会公共事务、承担公共责任、行为公开透明等几个方面。④ 还有研究者从公共权力的角度探讨政府公共性，指出公共权力的性质决定了公共管理的性质，说明了"为谁管"的问题，公共权力的配置决定了"谁来管"的问题，公共权力的运行决定了"如何管"的问题。⑤ 还有学者认为公共性的问题出现在管理型的社会治理模式中。在农业社会，当人类社会治理还处于统治型的模式时，"公""私"尚未分化。只是到了工业社会，随着管理型社会治理模式的出现，才开始出现了公共领域与私人领域、公共部门与私人部门、公共利益与私人利益的分化和对立的情况，有

---

① 丁煌、张雅勤：《公共性：西方行政学发展的重要价值维度》，《学海》2007年第4期；周庆行、吴长冬：《近三十年行政改革的回顾与反思——政府公共性的理性回归》，《重庆行政》2008年第1期。

② 王乐夫、陈干全：《公共管理的公共性及其与社会性之异同析》，《中国行政管理》2002年第6期；王乐夫：《公共性：公共管理研究的基础与核心》，《社会科学》2003年第4期；王乐夫：《从"公"与"共"的异同看公共管理的基本特征及其实现形式》，《内蒙古财经学院学报》（综合版）2006年第2期。

③ 王振海：《论政府公共性》，《上海行政学院学报》2003年第3期；王振海：《政府公共性的历史演进》，《中共福建省委党校学报》2002年第10期。

④ 杨秋菊：《政府公共性的多维度分析》，《江南社会学院学报》2005年第4期。

⑤ 刘雪华：《论公共管理的公共性——一种公共权力的视角》，博士学位论文，吉林大学，2004年。

了这种分化和分立，才能够对公共部门和政府做出公共性的判断和审视。建立在公共领域和私人领域分离基础上的近代工业社会，民主政治的发展和完善使社会的私人性得到尊重和制度保障的同时，也使国家及其政府的公共性在不断的矫正中得到增强。①

第二，行政公共性的"目的说"。这一视角的解读把行政公共性理解为政府产生、存在和发展的目的，具体表现为实现公共利益、提供公共服务等方面。有学者认为，所谓公共性就是政府产生、存在的目的是把实现公共利益、公共目标、公共服务以及创造具有公共精神的意识形态等。② 还有学者认为公共性意味着政府产生、存在是为了公共利益，公共利益是公共部门一切活动的最终目的和归宿，为了实现公共利益，公共部门自身需要完善的责任机制等。这方面代表性的观点有："公共性"内涵就是通过完善公共部门自身的责任机制来建立和发展社会公共责任机制，通过履行义务来让公众完完全全地履行义务，通过维护和实现公共利益最终实现政治统治利益，从而加强与维护现有的基本社会秩序，增强政府部门、非政府公共机构等公共组织的社会动员能力和公众凝聚力。③

第三，行政公共性的"价值说"。这一视角把公共性理解为一个具有公平、正义、平等、责任等一系列内容的公共行政价值体系。这主要从政府作为公共管理的主体所应追求的价值取向来界定公共行政的公共性。公共性作为公共行政区别于一般管理的本质特征，在价值观上主要体现为公平、正义、民主等价值，公共行政学理应将公共性

---

① 张康之、王喜明：《公共性、公共物品和自利性的概念辨析》，《行政论坛》2003年第4期；张康之：《论"公共性"及其在公共行政中的实现》，《东南学术》2005年第1期；张康之、张乾友：《民主的没落与公共性的扩散——走向合作治理的社会治理变革逻辑》，《社会科学研究》2011年第2期。

② 祝灵君、聂进：《公共性与自利性：一种政府分析视角的再思考》，《社会科学研究》2002年第2期；赵素卿：《政府公共性的理想与现实》，《中共山西省委党校学报》2004年第4期。

③ 蔡立辉：《公共管理：公共性本质与功能目标的内在统一》，《中国人民大学学报》2003年第2期。

作为其核心的理念与价值。① 把公共管理的公共性理解为公共精神，主要包括民主的精神、法的精神、公正的精神、公共服务的精神四个方面。②

第四，从比较的视角来理解行政公共性，强调了公共行政与私人行政的差异性。有学者认为行政公共性主要表现在公共行政与私人行政的区别上：执行行政活动的主体主要是公共部门或公共服务机构而不是私人企业或私人机构；行政活动的主要目的和性质是为公众提供服务；行政所负的社会责任和义务，即其工作绩效不能简单地利用利润或效率作标准，而必须用服务数量、质量、满足社会需求的程度等多种尺度作标准；公众的参与性；行政活动的公开性。③ 还有研究者认为公共行政中的公共性会因文化背景不同发生变化，故而只有借鉴比较行政的研究，才能更好地理解公共性的含义；公共行政中的公共性指代是为公共利益而积极行动的公众，而不是利益集团、理性选择者、被代表者、顾客或者公民；公共行政中的公共暗含其非营利性，涉及运用公共权力的宗旨，区别于私天下的行政；公共行政中的公共意味着政府机构及其人员必须具有回应性，公共行政需要公民的积极参与，并强化公众对行政活动的监督。④

第五，对行政公共性不作具体的界定，而是指出行政公共性在行

---

① 丁煌：《寻求公平与效率的协调与统一——兼评新公共行政学的价值追求》，《中国行政管理》1998年第12期；丁煌、张雅勤：《公共性：西方行政学发展的重要价值维度》，《学海》2007年第4期；张雅勤：《探索重塑公共行政公共性的路径》，《甘肃行政学院学报》2011年第1期；周志忍：《公共性与行政效率研究》，《学术论坛》2000年第4期；郁建兴、冯涛：《寻求效率与公共性的平衡——从公共行政学发展史来看》，《思想战线》2010年第1期；何颖：《政府公共性与和谐社会的构建》，《社会科学战线》2005年第4期；曹淑芹：《公共性、社会公平、责任意识与服务理念——重塑公共行政的精神》，《内蒙古大学学报》（人文社会科学版）2006年第4期。

② 张成福：《论公共行政的"公共精神"——兼对主流公共行政理论及其实践的反思》，《中国行政管理》1995年第5期；张雅勤：《民主行政视野下"公共"行政精神的修复与重塑》，《行政论坛》2006年第3期。

③ 彭和平编著：《公共行政管理》，中国人民大学出版社1995年版，第5—6页。

④ 陈刚：《公共行政与代议民主——西方公共行政的历史演变及其启迪》，中国社会科学出版社2010年版，第16—17页。

第一章 导论

政管理活动中主要体现在合法性、增进公共利益、接受广泛的参与等方面，这间接地包含着对行政公共性的理解。如从强调中国公共管理"公共性"的现实意义出发，认为行政公共性主要体现在"管理的目的是为了公共利益，这就宣布了为了私利与部门利益而管理的非法性；二是管理的内容仅限于公共事务，这就要求改变过去那种'全能政府'的管理模式；三是它必须有公民的广泛参与和参加，并接受公民的监督"[①]。管理的公共性其一表现在其合法性上。这就意味着管理的权力是由公众委托的权力，因而是受公众制约的权力。其二，管理的公共性表现在其所管理的对象是公共事务，而不是与某个特殊阶层的利益相关的事务。其三，管理的公共性表现在政府的决策过程应该是公民与政府之间的互动过程。其四，管理的公共性表现在政府管理的内容应该主要体现政府对公民的服务。其五，管理的公共性表现在面对政府，每个公民都有平等的参与权利。[②]

第六，把公共性理解为民主生活的原始元素，强调公共性与民主的关联性。这种观点对行政公共性的探讨追溯到古希腊，认为公共性与古希腊民主政体的产生息息相关，古希腊直接民主表征着那一时期民主与行政两方面的根本特征，民主实际上也是行政的方式。对城邦政治来说，公共性是营造政治生活的必要条件。公共性作为公共行政的职志，其在现代政治运作实况中体现的可能性，系于宪法制度的建立、具有德性意识的公民、兼顾有组织和零散的公众利益等基本条件。就公共组织和行政人员本身来说，应坚持如下基本价值准则：公共行政旨在强化政府的合法性、应具有政治感召力、应促进政治共识的形成、应调理政策的逻辑性、应引领公共议题的产生。[③]

---

① 刘熙瑞：《建立公共行政与公共管理体制，发展地区经济——中美"政府管理与地区经济发展"研讨会总结》，《云南行政学院学报》2001年第5期。
② 高航、杨松主编：《新世纪的公共管理》，中国商业出版社2001年版，第3页。
③ 林钟沂：《行政学》，三民书局2001年版，第707—713页；吴琼恩等：《公共行政学》，北京大学出版社2006年版，第14—16页。

二 行政公共性涉及的主要问题：基于定义的分析

通过以上对中西学者有关公共行政公共性概念、内涵和特征等的梳理，可以看出，尽管中西方学者在对公共行政的公共性的理解上存在着差异，但在研究公共行政公共性所涉及的主要因素或基本问题时，也具有相当大的重合性，可以归纳为以下五个维度（见表1-1）。

表1-1　　　　　　　　公共行政公共性的基本维度

	西方学者	中国学者
公共价值取向维度	公共行政不同于一般行政的特性在于其公共利益的价值取向（沃尔多）；公共利益为公共性指明了方向（亨利）；公共行政以公共利益为价值取向（罗森布鲁姆等）；公共行政的公共性与公共利益的公共性相连（佩斯科）	价值观与管理目标的公共性，包括公共利益、公平、正义等（王乐夫、丁煌）；公共性主要体现为政府产生、存在的目的是公共利益以及实现公共利益（祝灵君、蔡立辉、杨秋菊）；公共性是一个具有公平、正义、平等、责任等一系列内容的公共行政价值体系（周志忍、丁煌、郁建兴）
公共过程维度	公共行政的可进入性和参与性（亨利）；与私人行政不同，公共行政是一种典型的公共过程，要接受公众的监督（费斯勒等）；公共性必须包括回应性（弗雷德里克森）；公共行政应遵守回应性、透明性等公共价值（罗森布鲁姆等）	在公共部门运作过程中，公共性体现为公开和参与（王乐夫、陈干全）；公共性必须有公民的广泛参与和参加，并接受公民监督（刘熙瑞）；公众的参与性，行政活动的公开性（彭和平）；公共行政的回应性、公民的积极参与以及公众对行政活动的监督（陈刚）
宪法法治维度	公共性体现在公共行政以宪法为基础（罗森布鲁姆等）；公共行政与私人行政的基本差别在于法治（费斯勒等）；建立在宪法的基础之上、公共管理者对宪法承担道德上的责任（弗雷德里克森）	公共性系于宪法体制的建立、德性意识的公民等（林钟沂、吴恩琼等）；法的精神（张成福）；宪法法治是具备政府公共性或具有公共性意愿，并致力于实现公共性的前提和基础（王振海）；管理的公共性首先表现在其合法性上（刘熙瑞）
公共组织维度	公共性在于公共组织与私人组织的不同特性，如任务环境、参与要素等（亨利）；公共组织与私人组织、公共行政与私营部门行政在面对市场机制时的表现也不同，公共部门运作较少受市场因素的干扰或远离市场机制（罗森布鲁姆等）	公共领域与私人领域的区分，公共部门与私人部门的分化与对立（张康之）；公共管理主体的公共性，公共组织共同构成公共管理主体，具有组织的代表性、公务性、公益性、法定性等不同于其他私域组织的根本特征（王乐夫）

续表

	西方学者	中国学者
公共官僚体制维度	由赋税支持的官僚体制来考虑公共性（亨利）；官僚体制必须具有效率而又是公平的（费斯勒等）；坚持人民主权、代议制、程序正当、分权制衡等原则和体制（弗雷德里克森）	体现民主与效率的政府体制（王振海）；公共精神的公共性（张成福）；公共性是民主政府体制和民生生活的原始素质（林钟沂）；作为一种理性与法的公共性；公共性应成为政府机构本身的组织原则（王乐夫）

在公共行政领域，公共性是表征公共行政与私人行政或一般行政差异性和清晰度的概念。衡量公私行政差异性的标准就是表 1-1 中归纳出的五个基本维度。在此意义上，可以把这五个维度看作理解、分析和研究公共行政公共性的基准。由于这五个维度是通过公共行政与一般行政的横向比较得出的，本书把它们称为行政公共性的横向层面。

然而，就人类历史而言，虽然有政府就有政府行政，但并不是所有社会形态下的政府行政都具有公共性，也就是说，公共性是人类社会的政府行政实践活动发展到特定历史阶段才开始获取的。这一特定的历史时期就是传统的农业社会向现代工业过渡的时期，因为该时期出现了公共行政与私人行政或一般行政、公共部门与私人部门、公共领域与私人领域的分化。只有出现这种分离，公共行政才能体现出与私人行政不同的特性，即公共性。因此，在纵向的人类社会发展进程中，公共行政与一般行政的分离是行政公共性产生的基础。具体而言，传统的农业社会是一种公私尚未分化的治理体系，虽然也存在着"公"与"私"的概念，但只是表示人群聚合规模的大小，仅此而已，根本不具有现代意义上的公私内涵。只有到了近代的工业社会，才出现了公共领域与私人领域、公共部门与私人部门、公共行政与私人行政、公共利益与私人利益的分化和分立，才能对公共部门进行公共性审视。由于公共行政是近代以来伴随着国家与社会的分离而形成的以"公共权威"的面目出现的公共领域的实体性构成部分，而现代民主政治是公共领域及其观念生存与发展的政治前提。因此，现代民主政治也是行政公共性生成的政治前提，这种现代民主政治就是被视为民主理想类型的代议制民主，也就是说，在对民主政治的追求中，政府行政逐渐脱离了私人色彩而获得了公共性。[①] 在公私尚未分化的农业社会，国家是统治者的私有物，政府行政也不过是统治者私人行政的延伸。谋求和维护统治阶级利益成为政府行政的出发点和归宿，虽然也执行一些诸如兴修水利、道路交通、维护社会治安等方面的社会职能，但是这些公共职能只是从属于阶级统治的目的，只是以手段形式存在，在本质上仍属于"私天下"行政范畴，不具有公共性质。到了近代工业社会，公共领域与私人领域开始分化，民主法治的确立，完成了主权在民对主权在君的根本性置换，政府行政至少在观念上应以谋取公共利益为宗旨，从而实现了根本性的重塑。当然，行政公共性生成或开始获得并不意味着终结或一劳永逸的获取，这只是一个起点，一个从不充分走向充分，从形式上的公共性走向其与实质上的公共性相统一的过程的起点。

如上所述，在人类社会纵向发展进程中，伴随着公共行政与一般行政的分化和分离，政府行政获得了根本性的重塑，开始获取公共性。在此意义上，本书称为公共行政公共性的纵向层面，主要是用来描述行政公共性是如何产生和发展的。其实，公共行政公共性的横向层面与纵向层面是统一的。一方面，行政公共性的纵向层面是横向层面的前提，只有在人类社会发展中出现了公共领域与私人领域、公共行政与私人行政的分离，才能产生公共行政区别于私人行政的基本维度，即表1-1中的行政公共性的公共价值取向维度、公共过程维度、宪法法治维度、公共组织维度、公共官僚体制维度。另一方面，横向层面

---

① 民主政治是公共行政公共性的前提和保障，这也是学术界在探讨行政公共性时将其追溯至古希腊城邦民主政治时期的原因所在。该观点认为在古希腊直接民主政治下的行政已经具有了公共性的内涵，其实这种公共性是一种全民性，象征着民主政治的生活方式，即直接民主表征着那一时期民主与行政两方面的根本特征。从政府行政的角度讲，这种直接民主的政治生活方式或行政形式就体现为民主行政，这与今天所讲的民主行政不完全一样，其基本区别在于前者是民主与行政的融合，与今天代议制民主时代民主与行政的实质性分离不同。

第一章 导论

是纵向层面的支撑。政府行政之所以能进行根本性的重塑，开始获得公共性，是因为其横向维度（见表1-1）发生了实质性的变化，并且这五个维度也是提升公共行政公共性的基本因素。由此，可以构建公共行政公共性的分析框架（见表1-2）。

表1-2　　　　　　　公共行政公共性的分析框架

维度		纵向层面①	
		公私尚未分化的农业社会	公私分化的工业社会
横向层面②	价值取向层面	君主自身利益或阶层利益	公共利益
	公共过程层面	封闭行政、暗箱行政	行政过程的公开、参与、回应
	法治层面	君主意志	以宪法法治为基础
	组织层面	政府组织垄断公共事务	政府与社会组织互动与合作
	官僚体制层面	家产制或世袭制官僚制（前官僚科层制）	官僚科层制

基于上述分析，本书认为公共行政的公共性就是以公共利益为价值取向、以公共过程为载体，以公共官僚体制、宪法法治、政府与社会组织合作治理为保障，以表征公共行政区别于一般行政的本质特性。本书将围绕公共价值取向、公共过程、宪法法治、公共组织和公共官僚体制五个维度对中国行政管理的公共性展开具体的分析。

---

① 公共行政公共性的纵向层面是指在人类社会纵向发展的特定历史时期，政府行政的性质进行了根本性的重塑，开始获取公共性。这一特定历史时期就是传统的农业社会向近代工业社会转变的时期，因为该时期出现了公共领域与私人领域、公共行政与私人行政的分离，政府行政逐渐脱离了农业社会形态下的"私天下"行政的色彩而开始拥有公共性。本书用公共行政公共性的纵向维度来描述行政公共性是如何产生和发展的。简言之，就是在出现公共行政与私人行政相分离的历史"拐点"上，才出现了拥有公共性的政府行政，即公共行政。

② 公共行政公共性的横向层面是指从公共行政与私人行政或一般行政横向比较的角度来理解行政公共性的内涵，它主要体现为公共行政与私人行政或一般行政的差异性或清晰度，这种差异性就表现在表1-1中归纳出的公共价值取向、公共过程、法治、公共组织、公共官僚体制五个因素。

第二节　行政公共性问题的缘起及意义

自有人类社会以来就有政府行政，但是这样的行政活动只是到了19世纪末20世纪初才真正转向或拓展为一个全新的范式，即公共行政。公共行政首先是"公共"的，服务对象是公众，这意味着公共行政要立足于以人为本、公共利益、民主、法治、自由、公平、正义、参与、回应等公共价值，称为行政的"公共性"；其次是"行政"的，是一项追求效率和技术理性的管理活动，称为"管理性"。公共行政是公共性与管理性的统一，"将公民排除在外，就不再能理解公共行政；而将有效的行政管理排除在外，公民也无法获得良好的公共服务"。[①] 就公共性而言，它并不排斥行政效率，而是包容管理性；管理性则要接受公共性的引导。如果说管理性表明的是公共行政的工具性价值的话，那么，公共性表征的是公共行政的根本性价值，即公共性是公共行政的根本属性。

公共性之于公共行政的重要性在于其赋予公共行政以合法性与合理性。公共行政中的公共性所表征的是政府行政"共同"的或"公有"的属性以及在此意义上公共行政与私人行政或一般行政的本质区别。公共性不仅仅是追求效率的管理活动，更是民主政治不可分割的组成部分。在此意义上，公共性意味着公共行政在民主治理过程中的正当性或合法性。因此，公共性的行政是接受民主政治价值引导的行政。政治学意义上的合法性意味着某种政治秩序被认可的价值，合法性的公共行政是建立在一定价值观的基础上，并以该价值观所认可的方式有效运作的行政。它表明了公共行政存在的理由和有效运作的价值认同。可见，公共行政的合法性来源于公共性，即行政与政治的密不可分的关系以及对民主、法治、公平、正义、平等、参与、责任等

[①] [美] 全钟燮：《公共行政的社会建构：解释与批判》，张柏英等译，北京大学出版社2008年版，第30页。

第一章 导论

民主政治价值的体现与贯彻。而合理性关注的是公共行政的有效运行即管理性，但是这种合理性建立在合法性的基础上，是作为合法性的一项指标而存在。出于合理性的目的，公共行政致力于行政效率的提升，然而仅仅关注效率的合理性只是一种形式上的合理性，它还必须接受合法性的引导，否则公共行政会因为过于关注效率而迷失价值关怀，从而导致公共性的流失。

公共性与管理性对公共行政来说都是不可或缺的，但就二者的关系而言，公共性反映了公共行政的属性和目的，在很大程度上决定管理性的表现形式，赋予其正当性；管理性则描述了实现公共行政目的的技术、手段和途径，为公共性的实现提供了有效的手段，但是离不开公共性的指导，否则就会沦为谋取私利的工具。因此，从公共性的视角来研究公共行政的基本问题，可以说是抓住了问题的关键与实质。

公共性和管理性作为公共行政的双重属性，反映在西方公共行政思想史上始终体现为"宪制主义"和"管理主义"两种不同的研究途径。

管理主义的研究途径——从传统的管理主义到方兴未艾的"新管理主义"（新公共管理）——在西方公共行政理论发展中一直占据相对主导地位。不可否认，管理主义的研究取向推崇行政效率，有效的公共行政是展现行政公共性不可或缺的重要方面。因为低效无能的行政、无法有效增进公共利益的行政、让公众食不果腹的行政难以获得人们的认同，从而也无法体现公共性价值。然而，这种管理主义在西方公共行政研究和政府实践中长期居于主流地位并走向了极端化。它强调效率至上，按照企业管理的原理与价值取向来形塑公共行政，试图通过科学化、技术化的管理来实现政府目标等，从而模糊了公共行政与私人行政的界限，甚至将民主政治与技术行政相割裂，公共行政仅仅被视为一种技术管理过程，而忽视了公共行政在民主治理过程中的正当性。事实上，公共行政由于其与政治过程的密切关系而应该关注公平、正义、民主、自由、责任等公共性价值。公共行政中的管理主义，一方面推崇价值中立、效率至上等管理理念；另一方面用工具理性和技术理性的思维模式则排斥了公共行政对公平、正义、民主、伦理道德等公共价值的关注。这种将公共性寓于对效率的追求之中的管理主义，导致了公共行政在民主治理过程中合法性的丧失和公共行政价值的偏颇。总之，它寻求的是一种技术理性的研究路线，抛弃了宪制主义研究途径对价值理性的追求，在行政公共性价值取向上体现出一种消极的倾向。就公共性而言，离不开对效率的追求，但必须接受公平、正义、民主、责任等公共价值的引导，更不能走向极端化。

公共行政中的宪制主义秉持着公共性的价值追求，一直在为捍卫和促进公共行政公共性而努力。在公共行政知识发展史上，宪制主义作为批判者的角色，与管理主义相伴始终，在凸显公共行政的价值关怀，实现管理性与公共性的融合上发挥了重要的作用。首先，它矫正了管理主义所推崇的效率中心主义取向，主张把人民主权、公民权利、公共利益、社会公正、责任等人类社会发展的基本价值作为公共行政理论和实践的基础。其次，抛弃管理主义所坚持的理性"经济人"的假设，强调行政人员的公共精神和社会公众的公民意识。最后，主张公民参与，行政公共性在很大程度上取决于公众能否被纳入公共行政的进程。值得注意的是，宪制主义的价值关怀不仅包含公平、正义、民主、自由、责任等政府行政基础价值，同时也包容管理主义所追求的效率和经济之类的行政实践价值，并且效率等行政实践价值要接受行政基础价值的引导，否则就会丧失公共性与合法性。自公共行政作为具有"自我意识"的研究领域以来，就沿着以上两种思想路线发展。然而现代性的悖论在于技术理性的意识形态化，并对管理主义产生了重大影响，使其长期居于公共行政知识发展的主流范式，导致宪制主义处于弱势或偏流的地位。

理论研究上的误区不可避免地带来实践上的偏失。20世纪70年代以来，英、美等西方发达国家兴起的"新公共管理"运动就是当时盛行的"管理主义"思维方式在行政改革领域的体现。"新公共管理"认为，来源于私营部门的管理思想已经取代了传统公共行政的一

第一章 导论

些理念，这些变化被概括为"3E"，即经济（Economy）、效率（Efficiency）和效果（Effectiveness）。① 它承继了公共行政理论中的"管理主义"的传统，成为各国政府再造的理论基石和实践指南，也确实取得了一定的成绩，尤其在改造韦伯式的官僚体制、提高政府运作效率，构建新型的政府与公民关系等方面效果显著。然而就其本质上讲并没有完成对传统公共行政的范式转换，其根源在于过于"管理主义"的倾向忽视了公共行政根源于民主治理理念的"公共"本质，其结果是不可避免地导致公共行政价值背离公共行政的本质属性，即所谓的公共性的丧失。正如胡德所言，"新公共管理是一种没有实质内涵的夸大伎俩，它实际上并没有改变任何东西，顶多是一个新的瓶子，但里面的观念却是旧的"②。

值得注意的是这种管理主义的革新理念很快发展成为一种国际化的趋势，对其他国家的公共行政理论研究和改革实践产生了巨大的示范效应。管理主义对公共行政的侵入源于政治与行政的二分传统。该传统强调行政是与政治截然不同的技术和管理领域，它无须接受政治价值的指引。伴随着新公共管理运动的兴起，管理主义也发展到极致。然而管理主义的公共行政中在对公共性的追求上一直面临着尴尬的境地。就中国公共行政而言，不仅在理论研究上，而且在政府行政实践中，都浸染了"管理主义"的思维方式而且愈演愈烈。这既是中国作为后发国家所面临的依靠政府主导经济发展，快速摆脱贫穷落后局面以早日实现现代化的客观情势使然，也与主观上对政府发展目标的不完全审视而导致的公共行政价值错位密切相关。因此，在改革开放后近三十年的中国政府行政实践中对经济和效率保持了持续高涨的热情，追求经济和效率被认为是重塑政府形象和获取民众认同的最佳途径。

---

① ［美］盖伊·彼得斯、文森特·赖特：《公共政策与公共行政：旧与新》，载［美］罗伯特·古丁、汉斯—迪特尔·克林格曼主编《政治科学新手册》，钟开斌等译，生活·读书·新知三联书店2006年版，第901—918页。

② Christper Hod, "A Public Management for all Seasons?", *Public Administration*, 1991, p. 69.

但是对经济和效率等行政实践价值的过分倚重不可避免地导致了效率与公平、正义、民主等行政基础价值的旁落。当今社会差异的扩大化、贫富差距的两极化以及社会矛盾冲突的凸显化,在很大程度上就是由于政府行政价值错位而引发的公共行政公共性缺失的表现。

中国公共行政研究起步晚,应当学习西方公共行政研究中优秀成果,更要全面审视西方公共行政理论发展中的宪制主义和管理主义。通过对相关文献检索发现,在既往的研究成果中,不仅没有形成一个明确的公共行政公共性的概念界定,而且对西方公共行政的管理主义和宪制主义亦缺乏系统的梳理和深刻的反思,更缺少本土化的理论关怀,不利于指导中国公共行政改革的实践。当前中国正处于社会转型和经济转轨的关键时期,城镇化、工业化进程大大加快。在经济建设取得巨大成就的同时,经济社会发展也出现了一些新趋势、新特点,面临着一些亟待解决的矛盾和问题。在一些地方群体性、突发性事件时有发生,甚至出现矛盾激化的态势。引发这些矛盾和问题的根本原因在于利益诉求受阻而无法得到有效满足。这就凸显了维护和彰显公共行政公共性的重要性和紧迫性。行政公共性要求在政府行政过程中要超越特殊利益、排他性利益,服务于社会的普遍利益、共享利益,并致力于社会公平、正义、民主、自由、责任等公共价值的实现。在现实社会中,不仅利益主体是多元的,而且多元的利益主体的诉求也是多元的和有差异的。因此,政府行政要在多元化的利益诉求中寻求能够提供满足每一利益需求的平等支付的"保障线",这个"保障线"就是公共性。由于中西方历史文化传统、具体国情等方面的差异,对这一"保障线"理解是不同的。将西方学者基于西方国家政治生态下政府行政的考察而提炼出的公共性的内涵、原则或标准运用于中国,就显得不伦不类。当然,中西方学者对公共行政公共性的探讨也不乏共识性的色彩。尤其是在中西方文化交流日益频繁的今天,政治文化里的共识性因素在不断增加,这对中西方学者关于公共行政公共性的阐释产生了重要的影响。但这只是我们借鉴西方理论成果的理由,而绝不是生搬硬套的借口。因此,对中国行政管理公共性的研究，要结合特定的文化、历史、经济和政治等条件进行具体分析。

公共性作为公共行政的根本属性，是构建中国特色社会主义行政管理体制的基本理念和根本原则，也是中国行政管理体制改革的永恒目标。如何通过行政管理体制改革提升行政公共性，这是当代中国政府行政改革和发展所面临的时代主题。改革开放开启了当代中国从传统的计划经济体制占主导地位的社会向市场经济占主导地位的社会，从具有封闭、同质单一和伦理性的农业社会向开放、多元和法理性的工业社会的全面而深刻的社会转型的历程。在这从传统社会向现代社会变迁的过程中，政府作为推动当代中国社会转型的主要动力，其治理模式也经历了从全能型政府治理模式向经济发展型政府治理模式再向服务型政府治理模式转变的过程。回顾和反思政府治理模式转型的历程中，贯穿政府治理的一条主线就是公共性的"觉醒"。全能型政府是中国在计划经济时代形成的政府模式。在治理理念上，全能型政府是官本位、权力本位和政府本位；在政府与社会关系上，政府具有无限的扩张性和渗透性，社会的自主性受到限制；在政府运行机制和手段上，采取自上而下的行政命令。在全能型政府模式下，管理就意味着统治，统治的目标就是追求稳定和秩序，从而导致了政府治理公共性的缺失。经济发展型政府是中国由计划经济体制向市场经济体制转轨时期形成的一种特殊的政府模式。经济发展型政府坚持政府主导的发展路径和唯经济增长的发展观。经济发展型政府模式已经认识到市场在推动经济发展中的重要作用，并开始借助市场的力量实现经济快速增长，在赋予社会一定的自主性的同时仍保留一定控制的权威。换句话说，经济发展型政府已经走出了"全能主义"的阴影。不可否认，经济发展型政府模式在促进中国经济持续快速增长、增强综合国力、提高人民生活水平，由温饱向小康迈进的社会发展过程中曾经发挥着十分重要的作用。但是经济发展型政府片面追求经济增长、唯GDP主义，在致力于做大"蛋糕"的同时忽视了对"蛋糕"的公平分配，导致了贫富两极分化和行业、城乡、地域之间差距持续拉大，将会引发大量社会矛盾从而严重影响社会稳定；并且政府长期主导资源配置，并将其主要投置于经济领域,而导致了社会建设滞后,经济与社会发展之间严重失衡,再加上因片面追求经济增长所付出的沉痛的资源、生态环境代价等,从而遮蔽了政府治理的公共性。就现实而言,之所以有那么多不尽如人意的地方,恰恰是由于公共性缺失所致。

基于以上分析,对中国行政管理的公共性进行概括性研究,具有重要的理论意义和实践价值。

第三节 研究取向与内容结构

一 研究取向

中西方学者有关公共行政公共性的解释,尽管存在着分歧,但是无论持何种观点,都无法回避支撑公共行政公共性的各种维度或因素。只有找到了这些基本维度才能对中国行政管理的公共性进行更清晰地解读。改革开放以来,支撑中国行政管理公共性的基本维度或者说中国行政管理公共性所涉及的基本问题,应是中国行政学界关注和研究的焦点。为此,需要对影响中国行政管理公共性的基本维度作系统的分析,进而对中国行政管理的公共性进行概观式的解读和评价,这恰是本书所要努力的方向。

二 内容结构

中国行政管理公共性问题研究共分为七章,其具体内容结构划分如下:

第一章,导论。导论部分是对本书内容做一个概述。主要有:梳理和检视中西方学者关于公共行政公共性的概念、内涵和基本特征,在比较和分析的基础上,归纳出支撑公共行政公共性的五个基本维度:公共价值取向维度、公共过程维度、宪法法治维度、公共组织维度、公共官僚体制维度。这五个维度就是中国行政管理公共性所涉及的五个基本论域,包括中国行政管理的公共价值取向问题、公共过程问题、宪法法治问题、公共组织问题、公共官僚体制问题。后续章节

(第二章至第六章）就是从这五个维度对中国行政管理公共性进行分列式研究。

第二章，中国行政管理公共性的价值取向。本章从公共行政价值理论的角度，分析了当前中国行政管理公共价值体系的多层结构：目的性价值体系和工具性价值体系。概述中华人民共和国成立后公共价值的演进及存在的问题，并提出了相应的建议及对策。

第三章，中国行政管理公共性的公共过程。本章从民主公民权视角和公共利益的视角，论述了公共过程之于行政公共性的重要性；评析了不同政府模式下行政过程公开、参与和回应状况；在对当前中国行政管理公共过程存在问题分析的基础上，提出相关建议和策略。

第四章，中国行政管理公共性的宪法法治。本章论述了宪法制度和依法行政之于行政公共性演进的重要性；在此基础上，分析了中国行政管理公共性的宪法法治诉求、中国行政管理公共性的法治实践及提升路径。

第五章，中国行政管理公共性的公共组织。本章从公共管理的主体（公共组织）出发，提出了政府与社会组织合作治理格局中的一种新型的公共性——合作共治公共性，并分析了合作共治公共性的功能、发展空间及提升路径。

第六章，中国行政管理公共性的公共官僚体制。本章论述了官僚制行政与公共性相关性的两种相互补正的分析路径：马克思官僚制理论分析途径和韦伯官僚制理论分析途径。在此基础上，分析了当前中国官僚制行政存在的公共性问题，并提出了相应的改革建议和策略。

第七章，中国行政管理公共性的构成要素及逻辑关系。本章提出公共利益、公共过程、宪法法治、公共官僚体制、公共治理是解构中国行政管理公共性的基本要素，并分析了该要素之间的特定逻辑关系。

另外，为了增加本书的可读性和研究的针对性，在本书的最后部分增加了五个专题（分别与中国行政管理公共性的五个维度相对应），以飨读者。

第四节 主要观点与创新

中国行政管理公共性是一个大的研究课题，在这个大课题研究中本书做了一些尝试性的工作，提出了一些有价值的学术观点，并力图在下面有所突破或创新。

第一，公共性的视角贯穿始终。本书通过对中西方学术界有关公共行政公共性概念、内涵和特征的梳理、比较和分析，归纳出支撑中国行政管理公共性的基本维度。这样在既把行政公共性这一复杂、抽象的概念简单化、具体化的同时，又超越学术界对行政公共性理解上的差异和分歧，使得对行政公共性的描述具有相对普遍的说服力和解释力。在论述中国行政管理公共性所涉及的基本问题时，对各维度与行政公共性的相关性、现状、公共性的不足与缺失的原因进行具体的分析，并提出切实可行的改进策略，始终将公共性的实现视为核心主题。

第二，建立了公共行政公共性的理论分析框架（见表1-2）。这一分析框架从横向层面和纵向层面对行政公共性进行解释。横向层面从公共行政与一般行政横向比较的视角来解释二者的差异性和清晰度；纵向层面是用来描述在人类社会发展进程中，行政公共性是如何产生和发展的。行政公共性的横向层面与纵向层面是统一的。一方面，纵向层面是横向层面的前提，只有在人类社会发展中出现了公共领域与私人领域、公共行政与私人行政的分离，才能产生公共行政区别于私人行政的基本维度；另一方面，政府行政之所以能进行根本性的重塑，开始获得公共性，是因为其横向维度发生了实质性的变化，并且这些维度也是支撑和提升公共行政公共性的基本因素。

第三，对中国行政管理的公共性进行分列式研究。依据公共行政公共性的理论分析框架，具体分析中国行政管理的公共性的价值取向维度、公共过程维度、宪法法治维度、公共组织维度、公共官僚体制维度五个方面的问题。

第四，提出中国行政管理公共性的基本理论。其要点是公共利益、公共过程、宪法法治、公共组织、公共官僚体制等要素是建构中国行政管理公共性的基本维度。这些要素相互联系、相互制约，在解构中国行政管理的公共性上存在特定的逻辑关系：公共利益维度是支撑中国行政管理公共性的主导性维度。它通过公共过程维度对其他维度发挥着主导或制约作用。公共过程维度是载体性维度。中国行政管理的公共性必须体现在公共行政过程中，离开公共行政过程，公共利益只是毫无意义的"口号"或令人难以置信的"宣誓"。宪法法治维度、公共组织维度和官僚体制维度是保障性或辅助性维度。它们通过公共过程维度影响着中国行政管理公共利益的价值取向，进而对中国行政管理的公共性发挥着保障和支撑作用。

第五节　研究思路与研究方法

一　研究思路

本书在整体上呈现出"总—分—总"的研究思路：第一个"总"是总问题的提出，通过对中西方学者关于公共行政公共性的定义、内涵和特征的检索、分析和比较，提出公共行政公共性涉及的五个方面，即公共价值取向维度、公共过程维度、宪法法治维度、公共组织问题、公共官僚体制维度。这五个维度是支撑中国行政管理公共性的基本要素，也是中国行政管理公共性的基本论域。这是第一章（导论）的内容。"分"是从公共价值取向、公共过程、宪法法治、公共组织、公共官僚体制五个基本论域出发，展开具体的研究，这是第二章至第六章的内容。第二个"总"是总论中国行政管理公共性的构成要素及逻辑关系，这是第七章的内容。

二　研究方法

总的来说，本书对中国行政管理的公共性作规范性研究。首先，对中西方学术界有关公共行政公共性概念、内涵和特征的梳理、分析和比较，归纳出行政公共性涉及的基本维度。其次，建构行政公共性的理论分析框架。最后，依据此框架对中国行政管理公共性所涉及的基本维度，进行规范性分析。在规范研究中，为了确保结论的合理性和可靠性，本书结合中国行政管理特定的文化、历史、经济和政治等条件，采取经验层面的事实进行检验和适当的证明。

此外，本书还采取了文献分析方法。本书对国内外现有关于公共行政公共性的观点进行了大量的检索、整理和分析。它们大多集中体现在导论中，或散见于其他章节之中。这些研究成果是本书进行研究的重要学术积淀，为比较和归纳行政公共性的基本维度，提供了丰富和翔实的文献资源。从本书所引用的文献资料来看，它们大多是20世纪90年代以后发表的。近几年的文献也在写作的过程中不断加入，它们为本书的基本观点提供了最新的佐证。

第二章 中国行政管理公共性的价值取向

公共行政绝非仅仅是实现政治目标或国家意志的单纯的手段和工具,而是内在地赋予了公共利益的价值取向。因此,公共利益的价值取向对于理解公共行政的公共性,具有独特的重要性。公共行政作为一种集体行动,其在价值取向上不可避免地要涉及公共行政的目的是什么、它应该追求和实现什么样的理想、如何评价公共行政行为和结果等基本问题。

第一节 公共行政价值取向的公共性

对政府行政价值取向的关注由来已久。尤其是19世纪末以来,公共行政作为一个自觉意识的研究领域,围绕着公共行政的价值取向问题,中西方学者各抒己见,形成多元化的观点,甚至激烈的争论。

一 西方学者的观点

对公共行政价值的探讨,最早可以追溯到古希腊城邦政治时期。亚里士多德认为,人类创造政府的宗旨就是为了个人能够过上幸福的生活,政府的根本宗旨和价值就是创造和保护公民或社会的"公共幸福"。可见,亚里士多德明确地提出了政府行为的宗旨和价值就是维护和发展社会公共利益。这一观点为后来的思想家们所继承。洛克认为政府的最终目的就是谋求"人民的幸福";密尔则重申好的政府在于"增进社会利益的总和"和"增进被统治者的好的品德的总和"。[①]

自19世纪末20世纪初,现代意义上的公共行政学诞生以来,公共行政的价值取向更成为理论界关注和争论的焦点,突出体现在公共行政学者西蒙与达尔、沃尔多之间的争论上。

西蒙认为公共行政应坚持"效率主义"的价值取向。首先,这种效率主义的价值取向是建立在逻辑实证主义研究方法之上的。为了重建一门更加精致、更有效率的普遍意义的行政科学,西蒙引入了逻辑实证主义的研究方法。在对"政治—行政两分"加以评判的基础上,他提出了"事实—价值两分法",在"是"与"应该"、理论科学与应用科学之间划定了一条界线。正如他所宣称的那样,"事实元素构成了行政科学的真正实质","和任何科学一样,行政科学只关心事实陈述"。[②] 这样,西蒙用"价值与事实两分"取代"政治与行政两分",同样为公共行政研究划定了一个"价值中立"的研究"领地"。并且与前者相比,西蒙对价值中立的坚持更加彻底,因为它具有严密的方法论基础,即逻辑实证主义。其次,效率主义的价值取向还表现在西蒙所构建的理性决策模型上。西蒙认为管理过程就是决策过程,决策的核心就是追求效率。对于西蒙而言,虽然行政决策具有事实成分也具有伦理(价值)成分[③],无

[①] 参见谢庆奎主编《政府学概论》,中国社会科学出版社2005年版,第104—106页。

[②] 参见颜昌武、刘云东《西蒙—瓦尔多之争——回顾与评论》,《公共行政评论》2008年第2期。

[③] 对西蒙而言,价值要素是指"就决策导向最终目标的选取而言",也称为"价值判断";事实要素是指"就决策包含最终目标的实现而言",也称为"事实判断"(参见[美]赫伯特·西蒙《管理行为——管理组织决策过程的研究》,杨砾、韩立春、徐立译,北京经济学院出版社1988年版,第6页)。对于行政科学来讲,二者的区分非常具有根本的意义,关系到"正确的"行政决策究竟指什么。依据西蒙的观点,二者的区别在于,决策事实成分能通过检验来确定其真伪,可以使用"对"或"错"来表达,而决策中的价值成分无法从经验上或是理性地检验其正确性,其讲的是"应当如何",可以用"好"或"坏"来表达([美]赫伯特·西蒙:《管理行为——管理组织决策过程的研究》,杨砾、韩立春、徐立译,北京经济学院出版社1988年版,第44—45页)。决策作为行政的核心,实质是对决策的选取而言,即手段与目的之间的纯粹的事实关系,因为西蒙试图构建的行政科学及其理论的获得都是建立在严格的事实基础上的,研究者的主观价值和被观察者的价值观念都不应该进入研究领域和理论构建过程。因此,决策中的事实与价值的区分就是手段与目的的区分。值得注意的是,西蒙也注意到"好"和"坏"经常用于行政问题的讨论中,但是使用它们并不影响研究方法上的价值中立、事实与价值、目的与手段的区分。在此意义上,可以说"好"的决策就是有效实现目标的决策,反之,就是坏的。

第二章 中国行政管理公共性的价值取向

法用科学的方法来严格的评价，但是可以从事实意义上判断决策的合理性——作为手段的决策与其所要实现的目的之间是否协调。依据西蒙的观点，被评价的并不是决策本身，而是决策同他的目的之间纯粹的事实关系。"好"的决策就是有效率地实现组织目标的决策，反之就是"坏"的决策。可见，效率是西蒙决策行政理论的首要目标。西蒙的理性观主要关注的是手段与目的之间的关系，无关手段本身和目的所包含的价值意蕴，更不是追寻公平、正义、自由等政治上的或道德上的目标，而是以概率计算的并以此将手段和目标协调起来，实现效率的最大化。在此意义上，理性就等同于效率。西蒙正是通过引入逻辑实证主义而将事实与价值相分离，从而成功地把公共行政的价值取向设定为效率至上。对西蒙而言，只有把效率作为价值取向（尽管西蒙宣称价值中立），公共行政才具有合法性。

与西蒙不同，达尔认为公共行政的价值取向应该包括民主、公正、平等、责任、效率等多元的价值体系，效率并不必然居于至上地位。首先，达尔对于西蒙"效率主义"的价值取向和"事实与价值两分"进行了批驳。达尔认为与私人行政相比，公共行政必定存在着广泛的关切——不可避免地陷入对公共行政问题的伦理道德等规范性价值的考虑之中。比如，作为公共行政研究的核心问题之一的行政责任，就取决于对某些社会价值、目标和目的的规定。可见，达尔非常明确地倾心于公共行政应该坚持民主、自由、平等、责任等基本的公共价值取向，绝非是以所谓的价值中立和科学的事实来掩饰对"效率至上"信条的继续盲从和作为压倒一切的目标选择。其次，达尔认为西蒙所主张的将效率作为判断行政行为标准也是不成立的。因为效率本身就是一种价值，不得不与其他的价值观念如民主、责任、伦理等相互竞争。对于达尔而言，作为价值的效率只是公共行政所要坚持的多元价值取向的一种，除此之外，还有民主、自由、公平、责任、伦理等基本的公共价值。当效率与这些基本价值发生冲突时，效率并非总是给予优先考虑。可见，在公共行政的价值取向上，达尔明显地倾向于公共性的行政而非一般的行政研究。

与达尔相比,沃尔多对西蒙的"效率主义"的价值取向批评得更为尖锐,从而使得沃尔多成为公共行政民主价值取向坚定不移的捍卫者。沃尔多认为,民主行政理论构成了政治思想上的一个重要发展……如果行政真的是"现在政府的核心",那么,20世纪的民主理论必须包含行政在内。沃尔多对民主进行了更为广义的解释,他认为"民主的中心含义存在于一种伦理准则、一套价值体系中……无论是在历史上还是逻辑上,自由、平等、博爱构成了民主'真实'内容的绝大部分;如果没有上述概念,那么,当代民主的全部装备,如代表大会、公民权利、普选权、司法独立等,就是毫无意义的"[①]。沃尔多反对西蒙关于"价值是不相关的,而且可以忽略不计"的说法,"效率至上"的观念其实没有考虑到公共行政的本质,并且具有"反民主性"。在沃尔多看来,效率不是一个自足的价值观念,因为它需要根据其所追求的目的来定义。比如"想要杀死一只熊,使用大口径步枪比用一袋肉更有效,但是如果要使熊活着则情况正好相反"[②]。可见,在公共行政的价值取向上,沃尔多关注作为民主治理过程的公共行政的合法性。因此,他坚持公共行政的民主政治价值导向,"政治可以理解为对价值的权威性分配。要理解公共行政,特别是公共行政的价值,必须首先理解政治"[③]。就此而言,"将民主价值注入公共行政的理论与实践中,这应该是沃尔多最大的贡献"[④]。

作为新公共行政学派的旗手,乔治·弗雷德里克森认为,狭义的公共行政(把公共行政等同于政府行政)往往只注重效率和经济层

[①] Dwight Waldo, "Development of Theory of Democratic Administration", *The American Political Science Review*, Vol. 46, No. 1 (Mar., 1952), pp. 494 – 503. 转引自颜昌武、马骏编译《公共行政学百年争论》,中国人民大学出版社2010年版,第60页。

[②] Dwight Waldo, *The Administrative State: A Study of the Political Theory of American Public Administration*, New York: the Ronald Press Company, 1948, p. 202.

[③] [美]乔治·弗雷德里克森:《公共行政的精神》,张成福等译,中国人民大学出版社2003年版,第7页。

[④] Rosenbloom, David & McCurdy, Howarde, *Revisiting Waldo's Administrative State*, Washington D. C.: Georgetown University Press, 2006. 转引自马骏、侯一麟主编《公共管理研究》(第6卷),上海人民出版社2008年版,第130页。

第二章 中国行政管理公共性的价值取向

面的价值,从而丧失了行政价值取向的公共性;现代公共行政是一个由各种类型的公共组织纵横联结所构成的网络,包括政府组织、非政府组织、准政府组织、营利组织、非营利组织、自愿组织,即他所说的广义的公共行政。依据弗雷德里克森的观点,"广义的公共行政,除了重视管理的价值外,还强调公民精神、公正、公平、正义、伦理、回应性和爱国主义等的价值"①。在《走向新公共行政》一文中,弗雷德里克森首次将"社会公平"作为"效率"和"经济"之外的第三个理论支柱,认为公共行政应该把"社会公平"作为自己的核心价值。在《公共行政精神》一书中,力图唤起人们对公共行政本身价值的追求,正如弗雷德里克森自己所说的,"更关注公共行政领域所面临的重大问题,即公共行政的信念、价值和习惯问题"。②

同样,作为新公共服务理论的代表,罗伯特·登哈特认为:"在民主社会里,当我们思考治理制度的时候,对民主价值观的关注应该是极为重要的。效率和生产力等价值观不应丧失,但应当被置于民主、社会和公共利益这一更广泛的框架体系之中"。③ 在《新公共服务:服务而不是掌舵》一书中,登哈特系统地阐述了对行政价值观的思考。他认为,"构成本书理论核心和实质的有两个主题:其一是促进公共服务的尊严;其二是将民主、公民权和公共利益的价值观重新界定为公共行政的卓越价值观"。④ 登哈特夫妇试图唤起人们对行政价值观的关注,并谦逊地表示:"我们并非要明确地表达该领域的'正确'价值观;更确切地说,我们倒是希望人们重新开始谈论这些

---

① [美]乔治·弗雷德里克森:《公共行政的精神》,张成福等译,中国人民大学出版社 2003 年版,第 4 页。
② 同上书,(译者前言)第 6 页。
③ Robert B. Denhart & Janet Vinzant Denhart, "The New Public Service, Serving Rather than Steering", *Public Administration Review*, 60 (6), 2000. 转引自张富《公共行政的价值向度》,中央编译出版社 2007 年版,第 23 页。
④ [美]珍妮特·V. 登哈特、罗伯特·B. 登哈特:《新公共服务:掌舵而不是划桨》,丁煌译,中国人民大学出版社 2004 年版,第 17—18 页。

价值观,并且希望人们都谈论得更大声一点并且更有利一点"。①

二 国内学者的观点

近年来公共行政价值取向的重要性引起了国内学者的关注。王乐夫指出"与一般意义上的管理如何经济地和富有效率地实现管理目标不同,公共管理的价值观更主要体现在平等、正义、公平、民主、伦理以及责任心等方面。私人管理建立在个人本位主义和自利性本质之上,把追求个人效益或利益最大化作为目标取向。与其迥然不同的是公共管理则注重在民主政治理念上去实现公众的高度参与、社会公平以及承担为公众谋求福利的责任"。②"'公共性'是指公共行政行为作为一种表征政府部门对社会公共事务的管理活动,其区别于一般管理的本质特征,在价值取向上主要体现为公共利益、公平、正义、民主等价值的'公共性'等方面。"③"公共管理就是指那些不以营利(不以追求利润最大化)为目的,旨在有效地增进与公平地分配社会公共利益的调控活动。"④还有学者从公共行政这一概念提出的背景来解释公共行政公共性的内涵,认为公共行政在价值取向上的公共性就是体现为公共利益。公共行政这个概念是美国行政学者伍德罗·威尔逊最先提出来的,其初衷是想把行政从混乱、腐败的政党政治中分离出来,而赋予行政以"价值中立"和工具理性。到了20世纪中期以后,公共行政开始关注"公共"问题,向早期的"公共"一词回归,强调公民参与、公民精神、公共利益等,从而赋予了公共行政要充分反映公众意志、具有充分而广泛的代表性和回应性、以一切特殊利益背后的社会普遍利益(公共利益)为目标取向等内容。这样一

---

① [美]珍妮特·V.登哈特、罗伯特·B.登哈特:《新公共服务:掌舵而不是划桨》,丁煌译,中国人民大学出版社2004年版,(前言)第19页。
② 王乐夫、陈干全:《公共管理的公共性及其与社会性之异同析》,《中国行政管理》2002年第6期。
③ 丁煌、张雅勤:《公共性:西方行政学发展的重要价值趋向》,《学海》2007年第4期。
④ 陈庆云:《公共管理基本模式初探》,《中国行政管理》2000年第8期。

第二章 中国行政管理公共性的价值取向

来,"公共"一词所指称的就是行政的性质,即具有公共性的行政,它既不同于"政党分肥制"条件下的服务于阶级、阶层或党派利益的行政,也不同于"政治与行政二分"原则下的工具性行政,而是一种公共性的行政。① 可见,公共利益是公共行政的价值取向,是作为公共行政的价值基础,也是公共行政公共性的外在体现。

张成福认为,在价值取向上,公共行政的"公共性"的内涵可归结为公共精神。这种公共精神应包括四个方面:民主的精神,即人民的意愿是政府合法性的唯一来源;法的精神,它意味着政府的一切活动应受到预先确定并加以宣布的规则制约;公正的精神,即承认社会公民应具有平等的权利并不受公共权力的侵害;公共服务的精神,即政府的公共服务应尽可能公平分配,政府的施政过程应平等、公正和透明。这四种公共精神在公共行政活动中的实现方式应是:逐步实现政府与公民平等化;行政权力既受到保护,又受到制约;行政活动既有效率,又有责任;公共行政是由民众驱动的、积极的、合作主义的、参与的过程。②

张康之认为,公共性是行政体系的价值基础,因而政府的制度安排所要重建的价值观念就在于明确公共行政的公共性。也就是说,政府把自我存在的公共性作为至高无上的原则,政府的组织结构、行为方式、运行体制、政策规范等,都无条件地体现出其公共性,是掌握公共权力的实体,而且,这个实体却没有自己独立的利益要求和政治愿望,也不是任何一个社会集体的利益要求和政治愿望的代表,它所体现出来的是整个社会的公共利益和政治追求。政府价值的公共性最为直接的体现是政府的规范体系和行政行为系统的公正性,而且这种公正性已经超过了主观公正,是一种制度公正。制度公正是包含在行政行为机制之中的,是由法律法规和公共政策体系提供的,因而是制

---

① 参见彭和平、竹立家等编译《国外公共行政理论精选》,中共中央党校出版社1997年版,第304页。
② 张成福:《论"公共行政"公共精神》,《中国行政管理》1995年第5期。

度安排确立起来的公正。①

对公共行政价值取向的认定上,学界远没有形成共识。他们之间的分歧和争论表明:其一,一方坚持公共行政的效率价值取向,另一方坚持公平、责任、民主等公共价值取向。其二,两种观点的争锋,实质上反映了公共行政管理性与公共性的双重属性。就公共行政而言,首先是公共的,要立足于公平、公正、民主、责任等公共价值,称为行政的公共性;其次又是行政的,是一项追求工具理性和技术理性的管理活动,不可避免地体现出效率的价值取向,称为管理性。其三,公共行政价值取向是一个复杂的、多元的价值体系,包括效率、公平、责任、民主等多种价值取向。其四,实际上管理性与公共性、效率与公平是统一的,公共性反映的是公共行政的本质和目的,管理性描述了实现目的的方法、手段和途径。效率其实也属于公共性价值的范畴,因为公共行政不仅要有效地增进公共利益,同时更为重要的是公平地分配利益。否则,就会出现管理性与公共性、效率与公平的冲突。

第二节 西方公共行政价值取向的演变及启示

在具有"自我意识"的公共行政研究正式诞生以前,就有许多理论家和行政管理实践者开始探讨、研究良好行政的标准、政府行政的原则、行政部门所承担的职能等行政管理问题。尤其是——同样作为美国建国元勋的重要成员和美国建国初期著名的政治思想家和政治活动家——托马斯·杰弗逊和亚历山大·汉密尔顿,二人关于政府行政思想、理论和观点却存在着不同的见解,甚至是相互对立、冲突的。

汉密尔顿倡导效率和权能的行政价值。他援用古罗马共和国体为例,证明罗马共和政体常常求助于一位拥有绝对权力的行政首长的庇护,才能制止野心家篡政夺权的阴谋、威胁政府存亡的暴乱行为和防

---

① 张康之:《行政改革中的制度安排》,《宁夏社会科学》2000 年第 3 期。

第二章 中国行政管理公共性的价值取向

止外敌的入侵等,以求得自身的保存与延续。因此,"决定行政管理是否完善的首要因素就是行政部门自身的强而有力。舍此,不能保卫社会免遭外国的进攻;舍此,亦不能保证稳定地执行法律;不能保障财产以抵制联合起来破坏正常司法的巧取与豪夺;不能保障自由以抵御野心家、帮派、无政府状态的暗箭与明枪。软弱无力的行政部门必然造成软弱无力的行政管理,而软弱无力是管理不善的另一种说法而已;管理不善的政府,不论理论上有何说辞,在实践上就是一个坏政府"。[①]可见,汉密尔顿所主张的强而有力的政府行政,实质上就是提升政府行政部门的权能与效率,这既是出于国家的安全、法律的执行、财产的保护、自由的保障等方面的需要,更是出于通过设立一种独立于立法部门的具有巨大权能和效率的行政部门,以提供与民众和立法部门相抗衡的力量。

与汉密尔顿的效率行政观不同,杰弗逊则把政府行政与拓展民主联系起来。杰弗逊认为人民主权是政府行政的基本原则。在政府行政过程中,要体现民主精神;反对行政集权,行政权力要受到宪法的制约,尽可能地分权以利于公民对公共事务的参与和自治;并且还要体现和培育公民的民主自治精神和公共精神。尤其在政府官员的选用上,杰弗逊的标准是才能和德性。这些才能和德性可以通过机会均等的公共教育、政治参与获得,与汉密尔顿所秉持的"占人口少数的富人和血统高贵的人富于理性和善于决断,应该永久地参加政权,而占人口多数的人民群众是不可靠、不可信"的精英主义立场相比,显示了其鲜明的平民主义色彩。

杰弗逊和汉密尔顿关于政府行政的思想实质上预设了公共行政理论的重大冲突,即"宪制主义"和"管理主义"两种倾向。前者关注社会公正、平等、民主、回应性等;后者则关注效率。汉密尔顿和杰弗逊分别作为两种倾向的代表,暗含着公共行政价值取向上的分歧。

[①] [美]亚历山大·汉密尔顿、詹姆斯·麦迪逊、约翰·杰伊:《联邦论党人文集》,程逢如、在汉、舒逊译,商务印书馆2009年版,第410—411页。

一 管理主义的行政价值取向

在公共行政中,"管理主义的取向认为,公共部门与私人部门之间在管理上并无本质差别,私营企业的管理比政府部门优越得多,借用私人企业的管理人员和管理理论、原则、方法、技术来改善政府管理,是提高行政工作效率的捷径"。[1] 管理主义基本上把公共行政视为一个技术性的、事务性的领域和过程,不怎么关注公平、正义、民主、责任等公共价值的表达。20 世纪,私人部门的管理理念和方式逐渐成为公共行政所效仿的对象并处于不断地变化和发展之中,管理主义在公共行政发展的不同时期也呈现出不同的表现形态和说理。大致来看可以分为三个阶段:早期的政治与行政二分法阶段,西蒙为代表的事实与价值二分法阶段和 20 世纪 70 年代末兴起的新公共管理阶段。

在政治与行政二分法阶段,威尔逊和其他进步主义改革人士从当时工商管理中的科学管理经验中得到启示,认为公共行政基本上是一个经营管理领域,应该像企业一样进行管理,遵循企业的管理原则,以提高行政效率。自此工商企业的管理主义的理念开始为公共行政所采用。在管理主义思维的影响下,当时公共行政研究的效率取向是十分明显的,公共行政的使命就是经济性和效率性。为了提高行政效率,威尔逊等人提倡价值中立,把行政从政治中剥离出来,"行政是一种事务性的领域,它与混乱和冲突的政治领域相去甚远"。[2] 因此,"行政置身于政治所特有的范围之外,行政问题不是政治问题,虽然政治设定了行政的目标,但是政治无须自扰去操纵行政机构"。[3] 作为传统公共行政理论重要组成部分,韦伯的官僚制理论同样坚持效率

---

[1] 周志忍:《当代西方行政改革与管理模式转换》,《北京大学学报》(哲学社会科学版) 1995 年第 4 期。

[2] Woodrow Wilson, "The Study of Administration", *Political Science Quarterly*, Vol. 2, No. 2 (Jun., 1887), pp. 197–222.

[3] Ibid..

第二章 中国行政管理公共性的价值取向

取向和价值中立原则。韦伯认为，官僚制行政在本质上是工具理性和技术理性的。作为政治的工具，其价值主要体现在对效率的追求上。在政策执行的过程中，它在多大程度上是高效率的，那么就在多大程度上实现它对于政治的价值。这种价值中立的理念凸显在韦伯对合法性概念所持的经验式的学理预设上。他把一个自愿服从的体系视为合法性的体系，服从来自人们内心深处的、说服人们自愿服从而非反抗的信仰，这样服从者仅在形式上按照命令的要求去行事，而在实质上不考虑命令内容本身的价值。因此，韦伯的合法性预设并不表现为对事实的价值判断，服从者在执行命令时无价值关涉，或者说保持价值中立。

20 世纪 30 年代以后，管理主义公共行政的效率价值取向为越来越多的行政学者所接受。伦纳德·D. 怀特对把以公法作为公共行政基础的观念提出批评。他认为行政的研究应该以管理为基础。"公共行政的目标就是最有效地利用由政府占有和雇员处置的资源。"① 卢瑟·古利克认为"在行政科学中，不管是公共组织还是私营组织的行政，最基本的'善'就是效率"。② 早期的行政学者注重研究的是公共行政的组织结构与原则，以及分工、层级节制体系、法令规章及工作标准，把专业原则广泛地引入公共行政之中，提出了职能化、专业化的管理原理，总结概括出管理幅度和管理层次原理。可见，传统公共行政创立之初，其管理主义的色彩就十分浓厚。西蒙对传统行政理论的批判、引入逻辑实证主义的研究方法和构建理性行政决策模型，代表了重建一门更加精致、更富有效率的行政科学的努力。但是这并不代表西蒙脱离了管理主义的研究路线，相反，他在管理主义的路线上走得更为彻底。他采用事实与价值的分离取代了传统的政治与行政的分离，为自己的研究开辟了与传统的行政理论一样的价值中立的领

---

① 唐兴霖编著：《公共行政学：历史与思想》，中山大学出版社 2000 年版，第 233—224 页。
② ［美］罗伯特·B. 登哈特：《公共组织理论》，扶松茂、丁力译，中国人民大学出版社 2003 年版，第 68 页。

域。他对传统行政理论的批判，但并没有质疑其对行政效率的追求，而是勇敢地接过效率价值的接力棒，将"效率至上"作为公共行政的价值取向。在如何提升行政效率上，西蒙所设计的行政理性模型同样没有偏离传统公共行政的假设，即如奥斯特罗姆所言："美国公共行政研究半个多世纪的思想努力所依据的是这一假设，完善行政安排的等级组织，就是效率"。①

20世纪80年代以后，在西方发达国家的政府改革中，兴起了一种新的公共管理模式，即新公共管理或"新管理主义"。该模式认为，来源于私营部门的管理思想已经取代了传统公共行政的一些理念，这些变化被概括为"3E"，即经济（Economy）、效率（Efficiency）和效果（Effectiveness）。② 新管理主义的目标是建立"企业化政府"，试图把企业经营管理的一些成功方法移植到政府中来，使政府这样的公共部门能像私人企业那样，合理地利用资源，注重投入和产出，以提高政府行政的运作效率。"新公共管理不是一种描述性理论，而是一种规范性理论，提出了公共产品和服务的新模式，其宗旨是提高效率；契约主义是新公共管理的最重要成就，把合同置于公共治理的核心，而不像传统的公共行政那样，把权威置于核心。"③

无论是在理论上还是实践上，这场肇始于西方发达国家的新公共管理运动迅速蔓延并给其他国家的政府改革产生深远的影响。新公共管理运动主张在公共部门中广泛借鉴市场交换的价值观念和移植私营部门的管理技术。效率至上的价值取向在公共行政中得到了极大的体现。在行政价值取向上，管理主义把管理性置于公共性之上，甚至由于过于强调管理性而忽略了公共性。正如有学者所批评的，"管理主

---

① ［美］文特森·奥斯特罗姆：《美国公共行政的思想危机》，毛寿龙译，上海三联书店1999年版，第48页。

② ［美］盖伊·彼得斯、文森特·赖特：《公共政策与公共行政：旧与新》，载［美］罗伯特·古丁、汉斯—迪特尔·克林格曼主编《政治科学新手册》，钟开斌等译，生活·读书·新知三联书店2006年版，第901—918页。

③ ［英］简·莱恩：《新公共管理》，赵成根等译，中国青年出版社2004年版，第242、257页。

义在政府行政价值的选取上，过于倚重经济、效率等企业价值，而忽视了公共行政所追求的有时是冲突的多元价值的特质。公共行政本质上是以民主宪政为基石，强调追求人民主权、公民权利、人性尊严、社会公正、公共利益、社会责任等多元价值的。过分强调对效率和工具理性的追求，使公共行政无力反省公共行政及公共服务的根本价值、目的，将其变为执行与管理的工具，不但无力担负起公共行政捍卫民主政治价值的责任，也无法实现提升公民道德水准的使命"。①

二 宪制主义的行政价值取向

西方公共行政中宪制主义将公共行政视为民主政体和政治过程的组成部分，以推进民主为己任，热衷于设计可操作的民主程序、公民参与和分权原则，它要求公共行政更多地关注社会公正、公平、民主、责任和回应性等价值目标。虽然管理主义长期占据公共行政知识发展的主流范式，但是宪制主义并没有偃旗息鼓，在与管理主义研究途径的激烈争论和批判中不断积蓄力量并伺机崛起，最突出的表现就是20世纪60年代末新公共行政的诞生。

其实，早在20世纪30年代就出现了对管理主义的批判，这可以看作宪制主义崛起的先导。马歇尔·迪马克对管理主义"效率至上"（特别是对效率准则的机械运用）的价值取向提出了质疑。他认为机械的效率只是"冷冰冰的、缺乏人性的算计，而成功的行政管理是富有热情、生气和人性的管理活动。以人性的眼光敏锐地观察和理解管理活动在公共行政中是非常重要的。对政府工作人员来说，满足公众的共同需求就是对他们行动的最终检验和评价。公共行政不是毫无生命的工具，而是为了推进社会发展进行的设计、谋划、思考、训练和建设活动"。②莱维坦直截了当地指出，"民主的行政表明，政府外的

---

① 张成福：《公共行政的管理主义：反思与批判》，《中国人民大学学报》2001年第1期。

② ［美］罗伯特·B. 登哈特：《公共组织理论》，扶松茂、丁力译，中国人民大学出版社2003年版，第69页。

公民与政府内的公民(官员)之间是主仆关系。民主的国家不仅必须以民主原则为立国之本,而且要有民主的行政以及贯穿于行政的民主理念"。① 达尔批评了传统的公共行政理论对规范价值的排除,即传统的公共行政理论基于政治与行政相分离的假设,而认为行政领域是与规范价值无涉的执行性和技术性的活动和过程,其唯一的目标就是"效率"。并且,效率至上以及认为效率是判断行政行为的价值中立的标准也是不成立的。因为效率本身就是一种价值,不得不与其他的价值观念如民主、责任、道德等相互竞争。

20世纪60年代末70年代初,在整个世界范围内充满着动荡和变革的压力。公共行政作为一门回应和解决社会公共问题的学科,也在孕育着新的变革和应对新的挑战。管理主义所倡导的效率至上的价值取向,越来越受到质疑和批判。宪制主义的公共行政理论借批判管理主义为契机,进入了新的发展阶段,即新公共行政的诞生。与传统公共行政相比,新公共行政更加注重社会公平、民主、责任、回应性,不再在公共行政领域采用政策——执行二分法,行政人员不再是中立的,他们应该把优良的管理与社会公平内化为恒久的价值、终极的目标或是立足的基石。在理论和规范的意义上寻求"民主行政模型",以官僚的回应性、员工和公民参与决策制定、社会公平、公民选择及方案效能的行政责任为价值,并明确指出公共行政是为提供公共服务而存在。②

奥斯特罗姆从批评官僚制行政入手,积极倡导民主行政。他认为传统的公共行政理论是建立在严格的区分政治与行政的"单一中心的行政"和"层级节制的等级制结构"的基础之上,太过于关注行政过程的效率,并依靠单一权威中心和层级控制来实现。其理论基础是托马斯·霍布斯所缔造的"主权性专有权理论",即"主张把立法、

---

① David M. Levitan, "Political and Administrative Means", *Public Administration Review*, Vol. 8, No. 4 (Autumn, 1943), pp. 353 – 359.

② 参见[美]乔治·弗里德利克森《新公共行政学》,曾冠球、许世雨译,智胜文化事业有限公司2007年版,第7—15、22—24、44、56—57、94、145—146页。

第二章 中国行政管理公共性的价值取向

行政和协调机关统一在单一的主权者之手,主权者在所有政府权力方面具有终极的权威"。① 奥斯特罗姆广泛吸取了联邦党人和托克维尔的思想,批判地继承了霍布斯的一些假设并结合公共选择理论,提出了与美国政治传统相适应的应该是民主制行政。民主制行政的基础是"每个人都有资格参与公共事务处理的平等至上主义的假设;所有重要的决定都留给所有社群成员以及它们所选择的代表考虑;把命令的权力限制在必要的最小的范围;把行政机关的地位从主子的行政机关变成公仆的行政机关"。② 奥斯特罗姆的民主制行政理论并不主张绝对祛除官僚制行政,因为这样一种组织形式对某些大型公用事业是必需的,只是拒绝官僚制行政理论对于所有类似的政府都是唯一良好行政的理论。可见,奥斯特罗姆把民主制行政上升为一个立宪选择的问题,从制度分析的角度探讨了如何实现行政民主,凸显了公共行政的民主、参与、平等的价值取向。

新公共服务理论是在与新公共管理理论的争论中产生和发展的,其代表人物珍妮特·V. 登哈特和罗伯特·B. 登哈特。他们指出:新公共服务理论来源于民主公民权理论、社区与公民社会理论、组织人本主义理论和后现代主义,主张运用一种基于公民权、民主和为公共利益服务的新公共服务模式取代基于经济理论和自我利益的模式。新公共服务理论提出了不同于老公共行政,也不同于新公共管理的七个重要理念:服务于公民,而不是服务于顾客;追求公共利益;重视公民权胜过重视企业家精神;思考要有战略性,行动要具有民主性;承认责任并不简单;服务而不是掌舵;重视人,而不只是重视生产率。③ 在行政价值取向上,新公共服务对民主、公共利益、参与等极为重视,但并没有否定效率的价值取向,而是认为效率和生产力等价值观

---

① [美] 文特森·奥斯特罗姆:《美国公共行政的思想危机》,毛寿龙译,上海三联书店1999年版,第104—105页。
② 同上书,第87页。
③ [美] 珍妮特·V. 登哈特、罗伯特·B. 登哈特:《新公共服务:掌舵而不是划桨》,丁煌译,中国人民大学出版社2004年版,第7—9页。

不应丧失,应该被置于民主、社区和公共利益这一更广泛的框架体系中。

综上所述,在管理主义和宪制主义的相互博弈和轮流交替过程中,西方公共行政的价值取向呈现了如下特征:首先,西方公共行政价值展现出一个不断扬弃和升华的演变过程。具体而言,传统的公共行政信奉效率至上的价值取向,由此导致了社会的严重分化和不公。鉴于此,新公共行政引入了社会公平的价值取向,为效率取向指明了方向。与管理主义所追求的单纯的效率价值取向相比,这是一种进步和发展。然而公平作为一种核心价值与效率又存在着不可避免的矛盾和冲突,并构成了公共行政理论与实践的恒常景观。然而人类的智慧是无穷的,在平衡公平价值与效率价值的行政实践中,人们深化了对行政价值取向的认知,提出了服务、公共利益、民主、参与等价值。一方面,它突破了行政价值取向上一元化的逻辑和思维定式,凸显了行政价值的多元性;另一方面,它转移了公平与效率对立的视线,提倡更具包容性的价值。其次,西方行政价值观的演变是一个主体价值凸显的过程。从强调效率到公平,从公平到服务、公共利益、参与、民主、责任、伦理道德等,其间蕴含的是以政府为中心向以公众为中心的转变,是以效率至上向以公众的根本利益实现为中心的转变,其实质是对人的价值的强调和认可。这对中国公共行政价值的构建和实践具有重要的借鉴意义。

第三节　中国行政管理公共性的价值诉求

公共性是涵摄中国行政管理价值体系的一个规范性概念。它是指行政管理对社会和公众的积极意义和功用,是中国行政管理所追求的一种应然状态。由于社会需求多样性、资源的有限性、经济社会发展的阶段性特征等具体国情的制约,公共性是一个多元化、分层次的价值体系。"由于人的需要(欲望)所指向的无非是目的和手段,同时只有当一个事物作为目的或手段时它才能成为满足人的需要(欲望)

第二章　中国行政管理公共性的价值取向

的事物，因而目的和手段对于人都是有价值的，而且对于人而言的所有价值无非是目的（性）价值和手段（性）价值这两类。"① 因此，根据行政价值在中国行政管理体系中地位和作用的不同，可以将中国行政管理的公共价值，划分为目的性价值和工具性价值两大体系。

一　中国行政管理的公共性价值

（一）目的性价值

公共利益是公共性集中体现，政府是服务民众的公仆，服务、追求公共利益和实现民众的福祉，是政府行政管理活动最直接的目的性价值。在更深层意义上，人类理性设计政府，实施善治良法的行政活动，是通过服务和公共利益的共享，来实现人的自由全面发展。因此，人的自由全面发展是一种长远的、持续性的目的性价值。

1. 为人民服务

为人民服务的价值取向，源于马克思主义的群众观。马克思主义认为，人民群众是历史的创造者。人类社会的存在和发展首先需要衣、食、住等物质生活资料。如果人们不能首先获得这些物质资料，就连人本身的生存都不能维持，更谈不上从事政治的、科学的、艺术的活动。人类社会赖以生存的物质生活资料是人民群众创造的，劳动群众的生产活动是全部社会活动的前提和基础。正因为物质生产的实践活动成为社会发展的根本动力，因而以不同形式从事和促进生产实践活动的人民群众对社会发展起决定作用。同时人民群众还是精神财富的创造者，也是社会变革的决定力量。马克思主义群众观所揭示的人民群众的历史主体地位在逻辑上指明了公众与政府的主从关系。

毛泽东等老一辈中国共产党人在马克思主义群众观的基础上，提出了"全心全意为人民服务"的思想。这既是中国共产党先进性的根本体现，也是中国行政管理的核心价值取向。早在中国共产党人创建井冈山革命根据地的时期，毛泽东等老一辈无产阶级革命家，就坚

---

① 江畅：《论价值的基础、内涵和结构》，《哲学原理》2000 年第 11 期。

持根据地政权的人民性质，开始探索并实践为人民服务的行政价值，坚持"从群众中来到群众中去"的路线，并将其视为革命根据地生死存亡的关键。这一价值取向体现了人民主权的原则和人民至上的价值理念。中华人民共和国成立后"为人民服务"这一行政价值取向也在宪法和党章中得到体认。《中华人民共和国宪法》第二条规定："中华人民共和国的一切权力属于人民"，"人民依照法律的规定，通过各种途径和形式，管理国家事务，管理经济和文化事业，管理社会事务"。①《中国共产党章程》第三十三条规定："党的干部是党的事业的骨干，是人民的公仆。"② 一方面，"一切权力属于人民"的宪法条文确定了中国"人民当家作主"的最高政治原则；另一方面，行使人民所委托权力的公务人员是人民的"公仆"和"服务员"。自此，"全心全意为人民服务"就成为中国行政管理的主导价值取向。

"全心全意为人民服务"的价值取向也是以人为本价值理念的体现。科学发展观的核心就是强调"要始终把实现好、维护好、发展好最广大人民的根本利益作为党和国家一切工作的出发点和落脚点，尊重人民主体地位，发挥人民首创精神，保障人民各项权益，走共同富裕的道路，促进人的全面发展，做到发展为了人民，发展依靠人民，发展成果由人民共享"。③ 因此，中国行政管理要坚持以人为本的价值取向，把人作为政府行政的出发点和归宿，强调人在公共行政中的动力和主体地位，充分体现社会主义的人文关怀。

2. 公共利益

公共利益是中国行政管理基本价值取向。既是判断政府行政是否正当的价值标准，也是公共权力赖以运作的价值基石。公共利益作为政府行政价值取向的公共性，具有很强的主观色彩和抽象意味。因此，对公共利益的理解，不能仅仅停留在抽象的哲学意义上的概念界定。否则，就会因为概念上的混乱或模糊在具体实现公共利益的方

---

① 《中华人民共和国宪法》，人民出版社2018年版，第1页。
② 《中国共产党章程》，人民出版社2012年版，第48页。
③ 《胡锦涛文选》第2卷，人民出版社2016年版，第624页。

第二章 中国行政管理公共性的价值取向

式、手段和途径上变得一筹莫展。因此，必须弄清楚作为政府行政价值取向的公共利益到底意味着什么。

这首先需要理解"利益"。"所谓利益是人们为了生存、享受和发展所具有的资源和条件。它具有以下几层意思：一是利益需求的普遍性，任何人都需要生存和发展，并由此希望获得一定的资源和条件；二是利益的实质是资源和条件，既包括物质的，也包括精神的；三是具有主体的需求性，利益是为人的生存、享受和发展所需；四是利益是满足主体需求的客体，因而利益客体性与主体的需求性之间具有统一性。在此意义上，公共利益就是指那些为社会公众所共享的资源和条件。"① 社会公众泛指公共生活中各种组织和为数众多的个体成员，其中也包括政府组织。任何组织都有自己存在和发展的权利，这自然包括对利益的需求。与个人利益一样，合理合法的政府利益也是存在的。但是政府是掌握公共权力的主体，当政府部门代表其自身利益的时候，它所代表的就不再是"公共利益"，而是"权力利益"，它"包括公共部门作为一个整体在与公众的矛盾中所体现出的利益，也包括不同公共部门之间发生矛盾时所表现出的各自的利益，还包括公共部门工作人员凭借权力为个人谋取利益"，② 即公共选择理论所揭示的政府的"自利性"。

公共利益作为中国行政管理的价值取向，要处理好以下几种关系：第一，公共利益与私人利益的关系。从抽象意义上讲，公共利益与私人利益是对立统一的关系，政府行政主体代表的是公共利益，而客体则是分散的私人利益的个体。在大多数情况下，私人利益包含在公共利益之中，这是其统一的一面；另一面，二者又是矛盾的，表现为私人利益的主体在追求利益最大化的过程中，存在着侵犯公共利益的可能。因此，有必要对私人利益进行"疏导"，把其引向正确的方向，减少二者之间的摩擦。第二，公共利益与政府组织利益的关系。

---

① 参见陈庆云、鄞益奋、曾军荣《论公共管理中的利益》，《中国行政管理》2005年第7期。

② 王乐夫、蔡立辉主编：《公共管理学》，中国人民大学出版社2008年版，第415页。

政府组织利益是政府作为特殊的组织形式所拥有的合理合法的利益，但不能与公共利益相违背。同样也不能以公共利益至高无上而抹杀政府组织利益，它是为了维护政府组织自身生存和发展的需要。第三，公共利益与权力利益的关系。"权力利益"不是"公共利益"，因此必须约束公共部门追求"权力利益"的行为，确保其公共利益代表的本质。

值得注意的是，公共利益作为中国行政管理的基本价值取向，在其内容界定上，并非由公共部门单方决定的，而是通过公共部门与公众之间达成共识而确定的。这是新公共服务理论所倡导的公共利益观。

3. 人的自由全面发展

人的自由全面发展，是人的自我意识觉醒之后所确立的一种价值性追求和理想，在公共性价值体系中具有终极价值地位和最高意义。

人的自由全面发展，是政府行政的一种终极价值和关怀。人类是在追求自身的利益和发展中才结成政治社会并创设了政府。政府存在的价值和理由，就是为了保护人的生命、自由、平等、健康、财产等基本权利和满足人类多样化的需求。同样，正是为了实现人的自身的发展和美好幸福的生活，人类才在历史发展过程中，不断探寻新的政府治理理论，不断推进政府治理改革。正如温家宝所讲："我们所做的一切都是要让人民生活得更加幸福、更有尊严，让社会更加公正、更加和谐。"[①]

人的自由全面发展不仅是对政府的期望和要求，更是政府行政实践中的规范性原则和目标。在马克思看来，"人的本质并不是单个人所固有的抽象物，在其现实性上，它是一切社会关系的总和"。[②] 这说明人的自由全面发展，离不开国家和社会的发展，离不开经济生活、政治生活、社会生活、文化生活和生态环境的发展。其中任何方

---

① 温家宝：《政府工作报告——2010年3月5日在第十一届全国人民代表大会第三次会议上》，《人民日报》2010年3月6日第1版。

② 《马克思恩格斯选集》第1卷，人民出版社1972年版，第18页。

第二章 中国行政管理公共性的价值取向

面的缺失,都会导致人的自由全面发展受到制约。中国政府坚持人民的主体地位,将人的全面自由发展鲜明地体现在治国理政的实践中。"明确新时代我国社会主要矛盾是人民日益增长的美好生活需要和不平衡不充分的发展之间的矛盾,必须坚持以人民为中心的发展思想,不断促进人的全面发展、全体人民共同富裕。"①

作为政府行政的终极价值追求,实现人的自由全面发展是一个漫长的过程。人类社会的发展形态具有多样性,无论哪种社会形态都是在特定经济、政治、社会和文化等综合条件下对人性发展的满足和追求。人类社会形态的更迭和累进性演变,充分说明行政管理活动对人的全面和自由发展的追求,是一个渐进的、递进的过程。党治国理政的实践经验,就是根据社会发展的阶段性特征,准确研判社会主要矛盾,找准制约满足人民美好生活需要和人的自由和全面发展的主要因素,然后根据社会主要矛盾的变化,实施相应的政策,大力发展生产力,以有效地解决社会主要矛盾。当前,"中国特色社会主义进入新时代,我国社会主要矛盾已经转化为人民日益增长的美好生活需要和不平衡不充分的发展之间的矛盾"。② 随着社会主要矛盾的转变,中国政府的发展任务也发生阶段性的变化。一方面,全面小康即将建成,人民对美好生活的需求——不仅包括物质方面,而且民主、法治、公平、正义、安全、环境等非物质方面的需求——日益增长。另一方面,社会生产力整体水平显著提高,但发展不平衡不充分问题越发突出,这已经成为满足人民日益增长的美好生活需要的主要制约因素。破解社会主要矛盾,改善不均衡、不充分发展的社会现状,是实现人的自由全面发展和美好幸福生活的着力点。

总之,在新时代,"在继续推动发展的基础上,着力解决好发展不平衡不充分问题,大力提升发展质量和效益,更好满足人民在经济、政治、文化、社会、生态等方面日益增长的需要,更好推动人的

---

① 习近平:《决胜全面建成小康社会 夺取新时代中国特色社会主义伟大胜利——在中国共产党第十九次全国代表大会上的报告》,人民出版社2017年版,第19页。

② 同上书,第11页。

全面发展、社会全面进步"。① 这就是为了满足人的需要,就是为了实现人的自由全面发展。政府行政为满足人的需要、丰富人的生活、实现人的自由全面发展创造条件。因此,中国政府的行政管理活动,是推动社会发展的重要力量;实现人的自由全面发展,是中国行政管理的归宿和终极价值取向。

(二)工具性价值

中国行政管理的工具性价值,是相对于目的性价值而呈现手段性特征的价值,主要包括秩序、效率和公平。由于公共行政具有"管理性"与"公共性"双重属性。因此,在政府行政活动中常常伴随着效率取向与公平取向的冲突与选择问题。事实上,作为工具性价值体系范畴,效率与公平的关系,是在实现目的性价值中的动态平衡的过程。

1. 秩序

在公共价值体系中,秩序具有基础性的地位和作用,是实现其他更高层次价值的前提和基础。从词源上看,秩序的最初含义是指人或事物所在的位置,表示一种比较稳定的有条理的存在状态和结构模式。秩序是人类生存、发展和一切活动的前提;没有秩序,人类便进入了混沌无序的状态,陷入了相互猜疑、人人自危的霍布斯"丛林时代"。秩序对于人类的价值,不言而喻。在此方面,国家的产生意味着人类文明的开端,是最好的证明。按照马克思的解释,国家是阶级压迫的工具,"国家是表示这个社会陷入了不可解决的自我矛盾,分裂为不可调和的对立面而又无力摆脱这些对立面。而为了使这些对立面,这些经济利益互相冲突的阶级,不致在无谓的斗争中把自己和社会消灭,就需要有一种表面上凌驾于社会之上的力量,这种力量应当缓和冲突,把冲突保持在'秩序'的范围内;这种从社会中产生但又自居于社会之上并且日益同社会脱离的力量,就是国家"。② 但是,

---

① 习近平:《决胜全面建成小康社会 夺取新时代中国特色社会主义伟大胜利——在中国共产党第十九次全国代表大会上的报告》,人民出版社2017年版,第12页。
② 《马克思恩格斯选集》第4卷,人民出版社1972年版,第166页。

第二章 中国行政管理公共性的价值取向

作为阶级统治工具的国家,其产生之所以意味着人类进入文明时代,就是因为国家为人类社会带来秩序,确立了规则。

改革开放40多年来,中国政府历来高度重视秩序、稳定、和谐对社会发展的保障作用,在改革发展稳定的辩证关系中来认识秩序的重要性。只有处理好改革发展稳定的关系,才能促进社会和谐稳定。正确处理改革发展稳定的关系,就是"把改革的力度、发展的速度和社会可以承受的程度统一起来,在社会政治稳定中推进改革、发展,在改革、发展中实现社会政治稳定"。[①] 其中,改革是发展的动力,是实现长期稳定的基础;发展是改革的目的,是稳定最可靠的保证;稳定则是改革、发展的前提条件,也是发展的基本要求。随着中国特色社会主义事业的深入发展,我们对秩序的认识也不断深入。党的十六大将维护社会稳定,建设和谐社会确立为我国社会发展的重要战略目标。秩序、稳定是和谐的前提,和谐是更高层次的秩序与稳定。和谐社会需要树立正确的秩序观,即动态稳定而非传统的静态稳定。"动态稳定的实质,是根据多数公民的意愿和现实发展的需要,不断打破现状,用新的平衡代替旧的平衡。所以,虽然动态稳定允许人们释放其对现状的不满,但绝不是像'文化大革命'时期那样的无政府状态,而是使秩序由静止的状态变为一种过程的状态,成为一种动态的平衡。"[②] 静态稳定是传统的、僵化的稳定观,其主要特点是把稳定理解为静止不动,并采取抑制的手段维持现存的秩序。

中国特色社会主义进入新时代,日益凸显的社会矛盾和冲突问题及其引发的群体性事件,严重影响着中国社会的秩序、稳定与和谐,并对国家治理构成了巨大的压力与挑战。维护社会稳定,建设和谐社会是中国行政管理的基本价值取向。在当前全面建成小康社会的决胜阶段和中国特色社会主义进入新时代的关键时期,更加离

[①] 《江泽民文选》第2卷,人民出版社2006年版,第16页。
[②] 俞可平:《动态稳定与和谐社会——访中共中央编译局副局长俞可平教授》,《中国特色社会主义研究》2006年第3期。

不开和谐稳定的社会环境。没有稳定与和谐，就没有正常的社会秩序，就不可能有经济的迅速发展、公民有序的政治参与和民众的安居乐业。

2. 效率

公共行政具有"公共性"和"管理性"双重属性，其"管理性"决定了公共行政不可避免地要体现出"效率"的价值取向。在公共行政领域，大致有四种关于效率的概念。一是组织效率，指政府部门通过科学合理地设定职位、优化结构、人员配置和运行机制并辅以健全法律法规所带来的效率。新公共管理话语中的"政府效率低下""官僚制效率低""私营部门效率高"，就是在这种意义上使用效率。因为对政府组织而言，存在着"组织衰变"的规律，组织结构上固有的缺陷、人浮于事、组织文化上的惰性往往使组织效率难以实现。因此，政府部门要诉诸改革来提高自身的组织效率。二是生产效率，指提供特定物品和服务是具有效率的，比较接近效率的原初含义。在公共行政领域，生产效率意味着"行政的目标，首先在于发现政府能恰当地和成功地做什么，其次在于发现如何以最有效的方法和最低成本或精力的花费去完成这些事情"[①]。比如新公共管理运动中，创新公共服务的供给方式，将"生产者"与"提供者"进行必要区分，向社会购买公共服务，以提高公共服务的效率，即是指这种含义。三是配置效率，即经济学中的资源配置效率。新公共管理理论认为，在资源配置效率上，市场机制优于计划机制，故倡导在公共部门内部引入市场或准市场机制，以打破政府部门的垄断行为。四是发展效率，这一概念最为宽泛，涵盖了公私管理领域的效率之和，抽象的说法就是私人利益和公共利益的最大化。基于对以上四种效率概念的解读，我们可以发现作为中国行政管理工具性价值的效率概念，是与公平相对应的概念范畴。在此意义上，只能是发展效率的概念，组织效率和

[①] Woodrow Wilson, "The Study of Administration", *Political Science Quarterly*, Vol. 2, No. 2, Jun., 1887, p. 210.

生产效率与公平无关，配置效率是资源配置的方式，与价值取向的效率概念关系不大。上述区分和理解，对我们分析当前中国行政管理的效率价值取向具有基础性的意义。

在改革开放初期，为了从根本上消除计划经济和绝对平均主义的影响，中国政府倡导"效率优先、兼顾公平"的政策取向，这种效率行政的价值取向无疑推动了经济社会的快速发展。但也必须认识到效率是政府行政的实践价值，它离不开公平、正义等政府行政基础价值的指引，否则就会丧失公共性与合法性。形象的说法就是，"不仅要做大蛋糕，而且要分好蛋糕，因为能否分好蛋糕，关系社会公平、人心稳定，影响人们继续做蛋糕的积极性"。当前中国行政管理在价值取向上，要扭转"效率优先、兼顾公平"的做法，那只是特定历史条件的权宜之计，应该寻求效率与公平的动态平衡。

3. 公平正义

人类社会关于政府行政的价值诉求总是陷于一种"悖论"状态，其根源在于人类无穷的欲望与资源相对稀缺之间的矛盾。正是由于资源的相对稀缺性，使得公平正义理所当然地成为中国行政管理的基本价值取向。关于政府（国家）正义的探讨最早可以追溯到亚里士多德的政体思想。亚里士多德把公共利益作为衡量正义的标准而提出"凡是照顾到公共利益的各种政体就都是正当或正宗的政体"；而那些只照顾到统治者们利益的政体就是错误的政体或正宗政体的变态（偏离）。[1] 言外之意，前者是正义的政体、后者是非正义的政体。可见，正义公平从一开始就是政府成立的目标和价值取向，维护公平正义也是政府不可推卸的责任。

中国行政管理因其公共性的本质特征，必须秉持公平正义的价值取向。公平正义既是一种价值取向，也是政府行政的实践要求。公平正义所指涉的是社会交换的关系领域。社会交换的实质是价值资源的

---

[1] 唐兴霖编著：《公共行政学：历史与思想》，中山大学出版社2000年版，第40页。

自然分配以及有所干预的分配过程。社会公平正义之所以成为政府行政的基本价值诉求，就在于它体现了对公平正义的道德诉求。然而不同时代的人们对公平正义的理解是不同的。在中国传统的观念中，公平正义更多地被理解为经济上和结果上的平等。自古以来，中国"不患贫而患不均""无处不均匀，无人不饱暖"就是中国传统公平正义观念的真实写照。改革开放前30年的历史证明，在平均主义观念指导下的社会发展并没有实现"共同富裕"的美好理想，反而造成了国家和人民的积贫积弱。因为这种绝对的平均主义价值取向，既扼杀了才华出众的社会成员的天赋，也压抑了全体社会成员的创造力。历史教训当引以为戒。中国行政管理的公平正义价值取向，绝对不是所谓的"平均主义"。对此，罗尔斯的"正义的公平"具有启发意义。罗尔斯对作为公平的正义观念作了更具体的解释："其一是平等自由原则，即公民基本自由体系的平等分配，它涉及公民的人身自由和人格尊严、言论和思想自由等；其二是机会公正平等原则和差别原则的结合，即尽量平等地分配社会合作所产生的利益和负担，坚持各种职务和地位平等地向所有人开放，只允许那种能给最少受惠者带来补偿利益的不平等分配"。[①]

总之，中国行政管理的公共性在价值取向上，必然体现为对公平正义的诉求。它既是人的欲望无限与资源有限的客观现实的必然要求，也是人之为人以及对平等的道德诉求的体现。新时代，中国行政管理要凸显公平正义的价值取向，不仅要在公共政策利益分配上向弱势群体倾斜，扭转贫富差距的日益扩大趋势，而且要加强公共行政人员职业伦理道德教育，使公平正义内化为基本的品质和德性，成为其行为上义不容辞的责任和义务。

二 中国行政管理公共价值的历史演进

1949年中华人民共和国和中央人民政府成立，开辟了人民当家

---

① 参见徐大同主编《现代西方政治思想史》，人民出版社2003年版，第158—160页。

第二章 中国行政管理公共性的价值取向

作主的新道路。宪法明确规定：中华人民共和国的一切权力属于人民，人民行使国家权力的机关是全国人民代表大会和地方各级人民代表大会。中央政府和地方各级政府是权力机关的执行机关，其宗旨是全心全意为人民服务，实现社会公共利益的最大化。中华人民共和国成立以来，无论是在生产关系的变革上，还是在政治法权上，全心全意为人民服务和实现公共利益是贯彻我国政府行政管理的一个基本原则。中华人民共和国成立初期，国家的中心工作是快速恢复和发展生产、稳定社会经济秩序、提高人民生活水平和巩固新生的人民政权。围绕这一中心工作，政府开始对经济和社会生活进行全面干预和管理，通过实施三大改造和"一五计划"，建立了高度集中的计划经济管理体制，以及与之相适应的政治体制和社会管理体制。客观地讲，这种价值取向和政策选择，具有特定历史条件下的合理性，并在社会主义建设的初步探索中取得了辉煌的成绩。

1956年党的八大正确分析了社会主要矛盾，明确指出，当前"我国社会主要矛盾已经是人民对于建立先进的工业国的要求同落后的农业国的现实之间的矛盾，已经是人民对经济文化迅速发展的需要同当前经济文化不能满足人民需要的状况之间的矛盾"。[①] 根据党和国家工作重心的转移和关于社会主要矛盾的正确分析，政府应该大力发展生产力，突出效率的价值取向，把我国尽快地从落后的农业国变为先进的工业国，以此更好地体现全心全意为人民服务的宗旨。

然而，由于严峻的国际形势、党和国家工作重心的转移和领导人的决策失误，在某程度上对这一原则的落实存在很大程度的偏差。随着1957年反右派斗争的扩大化，改变了党的八大对我国社会主要矛盾的正确判断，之后在党的八大二次会议上正式提出来我国社会主要矛盾是无产阶级同资产阶级、社会主义道路与资本主义道路的矛盾，我国依然存在两个剥削阶级和两个劳动阶级，并把知识分子的大多数

---

① 中共中央党史研究室：《中国共产党历史》第2卷，中共党史出版社2011年版，第396页。

列入剥削阶级行列。这种以阶级斗争为中心的"左"倾思想和以政治运动为主的治国模式，对政府行政的价值取向不可避免地带了消极的影响：首先，进一步强化了权力本位的价值取向，比如，在"文化大革命"时期，以阶级斗争为纲被认为是符合广大人民根本利益的。在这种思想的影响下，政府在制度安排和管理活动中呈现出"政府本位"色彩，即把政治需要作为政府管理的出发点和归宿，而忽视了经济建设的规律。其次，以牺牲效率为代价的平均主义价值倾向，导致中国行政管理在价值取向上一度出现严重的扭曲。在社会主义建设中一味追求"一大二公""共产风"，导致政府对经济社会的全面干预，陷入了不顾及生产力发展水平、经济社会条件的制约和不论个人贡献大小而盲目追求"平均主义"的价值误区。"平均主义"是一种生产力发展极其低下的、原始的、朴素的平等。这一价值选择严重挫伤人们的积极性、主动性和创造性，损害了效率，阻碍了生产力的发展，反而导致了共同贫穷的结果。

改革开放后，邓小平在深刻总结"文化大革命"和社会主义建设正反两个方面的经验和教训后，对社会主义建设出现的曲折和政府行政价值扭曲的根本原因做出了深刻的解释。"我们建立的社会主义制度是个好制度，必须坚持，但问题是什么是社会主义，如何建设社会主义。我们的经验有许多条，最重要的一条，就是要搞清楚这个问题。"① "社会主义的本质，是解放生产力，发展生产力，消灭剥削，消除两极分化，最终达到共同富裕"。② 邓小平对社会主义本质的论断，强调了效率与公平价值的重要性，并为如何调适和平衡二者之间的关系指明了方向。将"先富"与"共富"统一起来，将市场优化资源配置、提高经济发展效率与坚持公有制经济的主体地位、维护社会公平结合起来。这既是改革的根本任务，也是政府行政的主导价值取向。改革开放40多年来，中国政府在处理公平与效率关系上呈现

---

① 《邓小平文选》第3卷，人民出版社1993年版，第116页。
② 同上书，第373页。

第二章 中国行政管理公共性的价值取向

出阶段性发展各有侧重点的动态平衡过程。

（一）"效率优先"的价值取向时期

党的十一届三中全会冲破长期"左"的错误的严重束缚，果断结束了"以阶级斗争为纲"，重新确立马克思主义的思想路线、政治路线和组织路线，从此拉开了改革开放的大幕。"十一届三中全会以后，我们探索了中国怎么搞社会主义。归根结底，就是要发展生产力，逐步发展中国的经济"。① 当务之急是打破"平均主义"的制度安排，将人们劳动的积极性从"平均主义"的束缚中解放出来。

为此，党中央提出了效率优先的改革思想。在经济政策上，必须打破平均主义，允许和鼓励一部分地区、一部分人先富起来。为鼓励一部分地区先富起来，中央采取了梯次推进的办法。从20世纪80年代成立经济特区和沿海开放城市，到90年代开发以上海浦东新区为龙头的整个长江领域，不断推进中国东部地区率先发展。为了鼓励一部分人先富起来，在农村实行家庭联产承包责任制，大力兴办乡镇企业，促进农村一部分人先富起来。在城市中央采取了扩大国有企业自主权，鼓励、支持多种经济成分共同发展，这些政策和措施促进了城市中一部分先富起来。在收入分配政策上，打破平均主义的分配制度，实行社会主义的按劳分配政策。

可见，在生产力水平低下和经济社会比较落后的改革开放初期，政府行政价值选择明显向效率一方倾斜。在效率价值导向下，很快打破了平均主义"吃大锅饭"的低效率局面，短短十几年就取得了经济社会发展的辉煌成就。但是随着我国市场化改革的深入推进和相关法律制度不健全的情况下，"效率优先"的价值取向和政策倡导，在实践中极易滑向"效率至上"，从而引发了社会效率与公平价值之间的矛盾和冲突，甚至失衡。最突出的表现是收入差距的持续拉大、利益格局的深刻变动和利益关系的复杂化，不可避免地引发了大量的社会矛盾和社会问题，社会矛盾的不断激化和社会关系的日益紧张，必然外化为

---

① 《邓小平文选》第3卷，人民出版社1993年版，第117页。

一定的社会冲突和多种社会矛盾和冲突交织而引发的群体性事件。

(二)"效率优先,兼顾公平"的价值取向时期

邓小平在论述先富与后富的关系时指出：让一部分人先富起来不是目标,而是一种实现共同富裕的战略。共同富裕不是说富就富,只有在生产力得到很大发展的条件下才能实现共同富裕。根据这种思想,党的十三大第一次明确提出了"在促进效率提高的前提下体现社会公平"。党的十四大明确提出,"经济体制改革的目标是建立和完善社会主义市场经济体制……运用包括市场在内的各种调节手段,既鼓励先进,促进效率,合理拉开收入差距,又防止两极分化,逐步实现共同富裕"。[1] 党的十四届四中全会将之概括为"效率优先,兼顾公平"。

相应地,中国行政管理的价值导向发生了重大变化,由之前的效率至上逐渐向"体现社会公平"再向"兼顾公平"的转变。"体现社会公平"中的"公平"体现的是分配规则和分配过程的公平,而非分配结果的平等。其目的是允许并合理拉开收入差距,让一部分地区和一部分人群先富起来,强调的是效率优先。而"兼顾公平"中的"公平",首先是兼顾(效率和分配结果的平等都要考虑),其次是在效率为主体的条件下注重收入调节,防止两极分化。比如提出并实施了分配规则公平的措施(保护合法收入,取缔非法收入,调节过高收入)、调节居民收入差距的措施(完善个人所得税等)、重申通过先富帮后富的方式实现共同富裕等一系列注重公平的政策。

然而,受"经济发展主义"和"政治锦标赛"[2]官员激励逻辑的影响,某些地方政府在治理实践中只注重经济增长,在很大程度上忽视了社会发展。"效率优先,兼顾公平"的价值取向,简约为只注重效率,而在很大程度上忽视了公平。

(三)"公平正义"的价值取向时期

2002年党的十六大明确提出在21世纪前20年要实现全面建设小

---

[1] 《江泽民文选》第1卷,人民出版社2006年版,第226—227页。
[2] 周黎安：《晋升博弈中的政府官员的激励与合作》,《经济研究》2004年第6期。

第二章　中国行政管理公共性的价值取向

康社会的目标。然而，20世纪80年代以来快速而稳定的收入差距扩大趋势，使党和政府开始思考和调整公平与效率的关系，明确提出"初次分配注重效率"和"再分配注重公平"的原则。这是对公平与效率关系的进一步阐述。具体而言，初次分配应该促进经济效率的提高，以劳动、资本、技术和管理等生产要素按贡献参与分配的原则进行初次分配。这样一方面防止造成平均主义的分配结果，损害经济效率；另一方面肯定会出现收入差距，所以再次分配中要加强政府对收入分配的调节职能，调节差距过大的收入，同时扩大中等收入者的比重，提高低收入者的收入。因此，我们可以将"再分配注重公平"理解为主要指分配结果的相对公平。

2004年党的十六届四中全会上放弃了"效率优先，兼顾公平"的提法，强调"要适应我国社会的深刻变化，把和谐社会建设摆在重要位置，注重激发社会活力，促进社会公平和正义"，[①] 也没有重提坚持按劳分配为主体、多种分配方式并存的分配制度，而是提出"正确处理按劳分配为主体和多种分配方式的关系"。[②] 党的十六届六中全会则进一步明确提出要"更加注重社会公平"和"促进社会公平和正义"，将公平正义视为社会主义和谐社会的制度要素。至此，公平正义成为中国行政管理的核心价值。在此意义上，公平就不仅仅是平等的意思，而是包含了正义的意蕴。公平的内涵扩展至平等以外的含义和分配结果以外的领域。不过这里没有再出现效率优先、兼顾公平的提法。党的十八大进一步明确提出"公平正义是中国特色社会主义的内在要求……加紧建设对保障社会公平正义具有重大作用的制度，逐步建立以权利公平、机会公平、规则公平为主要内容的社会公平保障体系，努力营造公平的社会环境，保证人民平等参与、平等发展权利"。[③] 党的十九大报告进一步重申"激发全社会创造力和发展

---

① 胡锦涛：《中共中央关于加强党的执政能力建设的决定》，《人民日报》2004年9月20日第1版。
② 同上。
③ 《胡锦涛文选》第3卷，人民出版社2016年版，第623—624页。

活力，努力实现更高质量、更有效率、更加公平、更可持续的发展"。① 这就大大深化和丰富了公平正义的内涵。公平正义的核心价值取向并不是不讲效率，而是体现了对效率和公平的双重要求和动态平衡。从长远发展来看，这是为了更好地实现社会主义现代化，实现人的自由和全面发展。

从"效率优先"到"效率优先，兼顾公平"再到"公平正义"，是改革开放以来中国行政管理价值取向的发展、演变和调适一条主线。政府价值取向转变最突出的表现，是社会政策从"缺位"到"补位"。如果说从1978年开始到20世纪90年代中期中国只有经济政策、没有社会政策的话，我们看到21世纪初社会政策迅速"补位"。2002年党的十六大，是中国社会政策体系建构的重要转折点。收入分配、社会保障、医疗保险、保障性住房、教育卫生、就业等领域都纳入社会政策体系的建构范围（见表2-1）。

表2-1　　　　　社会政策的"补位"及价值取向

政策类型	年份	具体政策	价值取向
收入分配政策	2013	《关于深化收入分配制度改革的若干意见》	分配公平
最低生活保障政策	2007	在全国范围内建立农村最低生活保障制度	分配正义 权利公平
	2012	《国务院关于进一步加强和改进最低生活保障工作的意见》	
医疗政策	2003	《关于建立新型农村合作医疗制度的通知》	权利公平
	2007	《关于开展城镇居民基本医疗保险试点的指导意见》	
	2016	《关于整合城乡居民基本医疗保险制度的通知》	
就业政策	2003	开始实行城乡平等的就业制度	权利公平 机会公平
养老政策	2009	新型农村养老保险制度	权利公平
扶贫政策	2013	精准扶贫政策	权利公平 分配正义

---

① 习近平：《决胜全面建成小康社会　夺取新时代中国特色社会主义伟大胜利——在中国共产党第十九次全国代表大会上的报告》，人民出版社2017年版，第35页。

续表

政策类型	年份	具体政策	价值取向
"三农"政策	2002	以"反哺"为核心的支农、惠农政策	城乡公平 权利公平 分配正义
	2005	社会主义新农村建设	
	2006	全部取消农业税	
	2017	乡村振兴战略	
	2018	《中共中央国务院关于实施乡村振兴战略的意见》	
	2019	《中共中央国务院关于坚持农业农村优先发展做好"三农"工作的若干意见》	

三 中国行政管理价值取向存在的公共性问题

（一）主导行政价值取向的边缘化

中国行政管理价值取向是由多元的价值元素构成的多层次、多等级的价值体系。在这一价值体系内，多种价值元素是互为支持、互补协调、有机契合的。在某一特定历史时期，政府发展可能突出强调某一价值的实现，但这并不意味着排斥或否认其他价值的存在。"在不同的时期，一种价值可能超过另一种价值，但就每一种价值观的合法性而言，它们之间没有拔河赛"。[①] 多元价值的并存和相互平衡是中国行政管理价值体系的基本特征。然而这些价值在价值体系中的地位不可能是一样的。我们可以把整个行政价值体系看作一套"纲领"，该"纲领"由两部分组成：其基础和核心价值部分称为"硬核"，而包裹在"硬核"周围的一系列价值取向则称为"保护带"。"全心全意为人民服务"作为主导价值取向，处于行政价值体系的核心地位，其他价值目标则构成了"保护带"。在不同的历史时期，"保护带"可以因时适当地调整，但"硬核"不能发生变化，否则整个价值体系就会颠覆。

"全心全意为人民服务"作为中国行政管理的主导价值取向，这是由人民主权和马克思主义的群众观决定。"一方面，'为人民服务'

---

① 卢明：《公共管理学管理范式的演进》，《中国行政管理》2001年第1期。

代表着价值体系总的方向和特征,对其他处于从属地位的价值起着统帅作用;另一方面,处于从属地位的多样性价值对'为人民服务'的主导价值发挥着支撑和烘托作用。"① "为人民服务"作为中国行政管理的主导价值,在中国行政价值体系中应该处于主导地位并具有导向功能。"首先要在整个价值体系中具有整合和统摄功能。它能够把它之外的各种价值凝聚在自己的周围,并对它们加以正确的引导和协调。其次,这种价值在整个价值体系中具有定向与导航作用。当次一级的价值追求发生矛盾与冲突时,这种主导价值取向可以为价值选择确定一个统一的价值标准。最后,这种价值在整个价值体系中具有理想与动力功能。"② 然而,由于历史上的和现实中的原因,"全心全意为人民服务"作为中国行政管理的主导价值取向却出现了边缘化的倾向。所谓边缘化,并非是"为人民服务"的价值取向在行政实践中没有得到体现或丝毫没有发挥作用,而是指在整个行政价值体系中,其中心或主导地位的动摇或旁落。换句话说,作为主导价值没有充分发挥对整个价值体系的导向和整合功能。之所以出现这种边缘化趋势,可以从历史和现实两个层面来理解:

其一,计划经济条件下的政府行政具有浓厚的"全能主义"③色彩,由此形成的"官本位""权力本位"和"政府本位"的施政理念导致了"为人民服务"价值取向的边缘化。1949年中华人民共和国成立,并于1954年以宪法的形式肯定了人民作为国家主人的政治地位。这事实上确立了中国政府的人民性质和"为人民服务"价值取向。然而,中华人民共和国成立后至改革开放前,党和政府建立并不断强化的是一种政治导向的政府行政模式。一切工作都服务于政治统治,政府的阶级统治职能被过度突出和强化,其他的公共职能则被弱

---

① 参见刘祖云《论我国公共行政价值的三大问题》,《长白学刊》2005年第2期。
② 刘祖云:《论我国公共行政价值的三大问题》,《长白学刊》2005年第2期。
③ "全能主义"是由政治学家邹谠于20世纪80年代初提出的,用来形容国家与社会关系的颇具特色的概念。它意指"政治权力可以侵入社会各个领域和个人生活的诸多方面,在原则上不受法律、思想、道德(包括宗教)的限制"(邹谠:《20世纪中国政治:从宏观历史和微观行动的视角看》,牛津大学出版社1994年版,第223页)。

第二章 中国行政管理公共性的价值取向

化。由此导致了在相当程度上偏离了"为人民服务"的价值取向。并且,政府权力可以随意侵入社会和个人生活领域。在政府与社会的关系上,政府本来脱胎于社会,并根植于社会、服务于社会。然而在这种全能行政模式下,由于政府对社会进行全面的渗透和控制,社会权力过于萎缩,几乎没有自治能力。因此,造成国家和政府与社会关系的扭曲。政府通过计划手段操纵社会生活的一切领域,不仅在理论上缺乏科学性,而且在实践上也难以取得预期的效果。这种社会从属于国家的一元化关系,反映在政府与公民关系上,就是由于政府掌控着巨大的社会资源,进而可能控制公民生活的方方面面。在全能行政的运行机制中,既神秘又封闭,人们对政府行政的法律和政策依据、程序、过程、结果等相关情况知之甚少,甚至一无所知,自然也谈不上对政府的监督。因此,形成了公民服从于政府的一元化关系。这种"政府本位"的行政模式助长了"官本位"的思想,使政府习惯于管制社会和民众,缺乏服务意识,在相当程度上偏离了为人民服务的宗旨。

其二,社会转型期由于公共权力运行失范,严重侵蚀了"为人民服务"的行政价值取向。公共权力是社会公共领域中由公众所赋予和认同的,是反映公众公共意志的集体性权力。在现代社会中,公共权力不可能由每一个公民亲自行使,而是通过委托—代理的形式,由社会公众作为委托人,授权公共行政人员来行使公共权力。社会公众作为委托人是"主人",而公共行政人员作为受托人是"公仆"。可是,一旦公众授权代理人行使公共权力、管理公共事务,那么"主人"就成为被管理者和服从者,而"受托人"就成为公共事务管理中现实的"主人",有可能随意超越代理的范围,违背公众的意愿,追逐私人利益,这就是公权腐败。有学者指出:"腐败的本质是以公共权力为资本背离公共利益目标,为个人或小集体谋取物质利益和非物质利益,简言之,以公权谋取私利。"[①] 社会转型期是腐败的高发期,

---

① 赵立波:《公共权力流失与权力腐败》,《中国行政管理》1996年第11期。

据联合国工业发展组织对100多个国家和地区经济发展数据所做的统计分析表明,人均国民生产总值265美元至1075美元的阶段是社会变革最激烈的阶段。与此相对应的"拉美化"现象亦表明:"当拉美人均GDP突破1000美元之后,便陷于长期的社会动荡、秩序混乱、贫富差距扩大、社会利益冲突激烈,腐败亦成为这些国家和地区的流行病。"① 转型期中国公共权力腐败和运行失范严重背离了"为人民服务"的主导行政价值。

(二)"效率优先、兼顾公平"的偏失

在改革开放初期,"效率优先、兼顾公平"这个提法具有特定的历史意义和重要价值。当时为了从根本上消除计划经济和绝对平均主义的影响,中国政府倡导"效率优先、兼顾公平"的政策取向。这种效率行政的价值取向无疑推动了经济社会的快速发展,但也要清醒地看到,效率是政府行政的实践价值,它离不开公平、正义等政府行政基础价值的指引,否则就会丧失公共性与合法性。

如今中国改革已经结束了初期的启动阶段,而进入了现代化建设时期,如果再坚持这样的提法就逐渐显示出其局限性:这一提法没有区分价值观和具体政策这两个层面上的公正。第一层面是作为基本价值观的公正,这个公正直接影响着一个社会基本制度的设计和安排。正是从这一意义上讲,现在社会在基本制度建设安排方面必须以公正这样的价值观为基本的依据。在此层面上公正是最为重要的,不存在公平和效率谁是优先的问题。第二层面上的公正问题是具体的政策制定,这涉及我们经常谈论的效率与公平问题,即在不同的历史时段经济效率和再分配两者的分量谁轻谁重的问题。在这样的情况下有必要正确处理公正和效率的关系。需要注意的是,尽管在某个历史时段偏重于效率是正常的,但是这种趋向应以不损害社会的基本制度为前提。② 并且随着现阶段贫富差距进一步拉大、社会公平问题日益严重,

---

① 邵道生:《中国:阻击腐败》,社会科学文献出版社2009年版,第3页。
② 吴忠民:《从"效率优先,兼顾公平"到"更加重注公平"》,《中国经济时报》2006年8月7日第5版。

第二章 中国行政管理公共性的价值取向

在行政价值取向上关注社会公平、凸现分配正义更具有现实意义。根据中国国家统计局的统计，2012 年到 2017 年，中国居民收入的基尼系数分别为 0.474、0.473、0.469、0.462、0.465、0.467。近年来，虽然中国的基尼系数总体上是呈下降趋势的，但仍然偏高，处于贫富差距的警戒线之上。①

（三）政府"自利性"对公共利益价值的侵蚀

政府是掌握公共权力的主体，当政府部门追逐其自身利益的时候，它所代表的就不再是"公共利益"，而是"权力利益"："包括公共部门作为一个整体在与公众的矛盾中所体现出的利益，也包括不同公共部门之间发生矛盾时所表现出的各自的利益，还包括公共部门工作人员凭借权力为个人谋取利益"，② 即如公共选择理论所揭示的政府的"自利性"。

在当代中国，政府的自利性和自我服务倾向主要有以下几种表现形式：其一，地方各级政府的自利性，突出表现为"地方本位主义"或"地方保护主义"。地方政府作为地方公共事务管理者更多地关注地方利益，本无可厚非，但问题是目前许多政府往往是为了地方局部利益而置整体利益、全局利益于不顾，各行其是，甚至以"上有政策，下有对策"的方式对付国家的法规和政策，从而损害了社会整体的公共利益。其二，各级政府部门的自利性。现在一种危险的倾向是国家权力部门化，部门权力自利化和部门利益扩张化，其主要表现为采取各种违规违法措施追求部门利益最大化。其三，政府官员的自利性，突出表现为或是以权谋私，权力寻租，进行权钱交易，或是为升官晋职弄虚作假，制造注水政绩等腐败行为。③ 政府自利性的属性说到底就是人的利益要求和愿望。在当前社会转型期，政府的自利性最为突出。比如，"有权者"利用手中的权力为自己、自己家族和自己

---

① 宁吉喆：《中国的基尼系数总体呈下降趋势》（http：//www.gov.cn/xinwen/2017-01/20/content_ 5161566. htm）。
② 王乐夫、蔡立辉主编：《公共管理学》，中国人民大学出版社 2008 年版，第 415 页。
③ 参见黄健荣等《公共管理新论》，社会科学文献出版社 2005 年版，第 528—529 页。

身边的小集团牟取私利,在"有权人"与"有权人"、"有权人"与"有钱人"之间结成了"利益共同体"——"腐败利益联盟""既得利益联盟""权力资本联盟"等。

四 提升中国行政价值取向公共性的路径分析

(一)重塑服务行政理念

服务行政理念应包括以下几个方面:其一,要把服务看作政府的天职和政府存在的合法性前提,认识到政府存在的目的就是为公民服务。为公民提供他们满意的服务是政府存在的唯一合法理由。政府在给公民提供它们满意的服务时,既不能以"官老爷"或"恩赐者"的姿态自居,也不能要求公民回报,或作为政绩大肆宣传。其二,确立"以公民为本位"的思想。长期的封建社会和高度集权的计划经济体制使得中国政府官员普遍弥漫着"官本位""权力本位"的意识而缺乏服务意识,以致"门难进、脸难看、话难听、事难办"的事情时有发生。因此,我们倡导的服务观必须破除"官本位"而确立"公民本位",即在政府与公民关系上表现为"公仆"与"主人"的关系。政府在经济、社会与管理活动中,首先考虑的是公民的利益,追求公民利益的最大化。同时,为了保障公民利益最大化还必须保障公民的意志在整个政府管理中的决定地位。其三,提高民主行政能力,扩大公民参与。在传统行政体制下,公民处于被管制的角色,几乎没有参与的权利。新时期的服务观尊重人民当家作主的权利,坚持为人民行政、靠人民行政。在行政决策过程中要充分发挥人民群众的作用,通过咨询会、论证会、社会公示、行政听证等方式做到问政于民、议政从民、施政富民。在行政执行过程中,要把政策讲透,把法规说清,晓之以理,动之以情,做到文明行政。其四,构建公共伦理道德规范,强化服务意识。全心全意为人民服务的价值取向,不能仅仅停留在理念层面,关键是落实到实际的行政实践中。为人民服务价值的实现需要一套责任义务体系,其中包括强调"外部控制"的行政责任义务和法律责任义

第二章 中国行政管理公共性的价值取向

务，也包括强调"内部控制"①取向的伦理道德责任义务。从二者之间的关系上看，外部控制必须通过内部控制才能起作用，即取决于行政人员在多大程度上把法律责任义务和行政责任义务转化为他们内在的信仰。只有如此，为人民服务的价值理念才能成为公务人员的内在动力，驱使他们在行动中自觉地追求更高的目标，这就是公共伦理的功效。因此，加强对行政人员进行伦理道德教育，构建公共伦理规范十分必要。只有正义感、责任心、奉献精神等伦理道德规范真正内化为公务人员的信仰，为人民服务的价值理念才能落到实处。

（二）促进社会公平正义

效率和公平作为中国行政管理的价值取向，不是一对非此即彼的关系，而是在承认二者矛盾的前提下，主动将它们统一起来，使公平促进效率，效率决定公平。关键是将对效率的追求置于维护公众基本权利之下，既保证社会底线需求的平均主义分配，又不会使对公平的追求损害到效率。针对现阶段贫富差距日益扩大的趋势，党的十七大提出"初次分配和再分配都要处理好公平与效率的关系，再分配更加注重社会公平"。党的十九大提出："增进民生福祉是发展的根本目的。必须多谋民生之利、多解民生之忧，在发展中补齐民生短板、促进社会公平正义，在幼有所育、学有所教、劳有所得、病有所医、老有所养、住有所居、弱有所扶上不断取得新进展，深入开展脱贫攻坚，保证全体人民在共建共享发展中有更多获得感，不断促进人的全面发展、全体人民共同富裕。"②"更加注重社会公平"和"促进社会公平正义"表明"效率与公平不仅有负的相关关系，还有正的相关

---

① 外部控制和内部控制分别对应着客观责任和主观责任，公共伦理学家库珀在谈及行政责任时，将其划分为主观责任和客观责任："主观责任是对忠诚、良知、认同的信仰，是行政人员职业道德的反映，是信仰、价值观和被理解成禀性特征的这样的一些内部力量驱使人们以特定的方式行为；客观责任源于法律、组织机构、社会对行政人员的角色期待，强调职责和应尽的义务"（参见［美］特里·L. 库珀《行政伦理学：实现行政责任的途径》，张秀琴译，中国人民大学出版社2001年版，第63、74页）。

② 习近平：《决胜全面建成小康社会　夺取新时代中国特色社会主义伟大胜利——在中国共产党第十九次全国代表大会上的报告》，人民出版社2017年版，第23页。

关系，效率优先是增进公平的前提和条件，而增进公平是效率优先的归宿和目的，效率优先的结果是增进社会公平正义。为了实现以人为本，科学发展，促进社会和谐，增进公平可以给我们的政策操作提供一个原则性的导向"。① 促进社会公平正义具有如下内涵：

其一，对"效率优先、兼顾公平"的完善。"效率优先、兼顾公平"是在中国改革启动阶段的一个提法。应当承认它冲破了计划经济体制的束缚，破除了绝对主义的平等观，具有历史进步性和合理性。然而由于现阶段贫富差距日益扩大，社会公平问题日益突出，故党的十七大提出"初次分配和再分配都要处理好公平与效率的关系，再分配更加注重社会公平"。这是对"效率优先、兼顾公平"的完善。它绝不是以牺牲效率换取公平，而是在确保效率的同时，缩小贫富差距，寻求公平与效率的结合点，效率优先是增进社会公平的基础。

其二，在政策取向上，在中国以后相当长的时间内，重视和发展民生是公平正义与效率的最佳结合点。一方面，民生政策有利于拉动内需，促进经济持续发展；另一方面，有利于改善民众的基本生活状况，贫富差距也能得以缓解。因此，重视并努力改善民生状况，既能有效地促进社会公平正义，提高社会和谐度，也能推动经济快速健康发展。

（三）强化公共行政责任

强化公共行政责任，建立责任政府，既是中国行政管理的基本价值取向，也是确保人民服务的行政价值得以实现的重要途径。责任政府的根本特征是政府在遵循责任本位的逻辑安排权责关系，从而彻底颠覆传统政府以权力为本位的政治逻辑。这样政府与公民关系才能得到重塑，公民与政府的主仆关系，必须从理论回归到现实，把颠倒了的主仆关系再颠倒过来。由于中国行政管理体制的结构性原因，领导责任的缺失较为普遍，这种状况使得"为人民服务"、追求"公共利

---

① 黄范章：《从"效率优先，兼顾公平"到"更加重注公平"》，《中国经济时报》2006年8月7日第5版。

益"、促进"社会公平"等价值观，在很大程度上只停留在形式上、口号上，而没有真正落实到行政实践中。因此，建立行政问责制，对于政府有效地维护公共利益、社会公平公正的职责具有重要的意义，要通过制度的力量使政府在价值取向的追求上不偏失、不走调。

第三章　中国行政管理公共性的公共过程

就公共性的内涵而言,斯坦利·I.本恩和杰拉德·F.高斯对比私人性(Privateness),提出并分析了社会公共性(Publiceness)的三个要素:行为者(Agency)、利益(Interest)和参与或可进入性(Access)。在他们看来,行为主体的公私差异决定了行为者在行动中所采取的立场、行动、决策以及对他人的影响程度。利益涉及公私行为主体的价值取向,如私人公司通过工薪和利润的方式,只为内部成员及其所有者谋利,而公共部门则要服务于公共利益。可进入性意指开放的程度,显然公共部门在活动的范围、时间、信息等方面的参与性以及资源的共享程度上要远高于私人部门。[1] 本恩和高斯关于"公共性"的参与或可进入性的观点,对我们从公共过程的层面理解公共行政的公共性提供了很好的启示。

美国行政学者亨利进一步提出了行政公共性的制度性、规范性和组织性定义。其中在行政公共性的组织性定义中,亨利认为公共行政(组织)与私人行政(组织)最大的差别在于其"外部环境"的不同。外部环境对公共行政的影响力和重要性要大于对私人行政,主要表现为公开和参与。依据亨利的观点,"参与是指公共行政的开放程度,它包括活动的参与性、空间的参与性、信息的参与性和资源的参

---

[1] 参见[美]尼古拉斯·亨利《公共行政与公共事务》(第八版),张昕等译,中国人民大学出版社2002年版,第72—75页。

与性等"。① 可见，与私人行政相比，公共行政是一种典型的公共过程。在公共行政运作过程中，公共性就体现为公开、参与和回应。

值得注意的是，亨利所揭示的行政过程的公共性是描述性的，公共行政的外部环境与其说是强调外部因素的影响力和重要性，倒不如说是公共行政应该创造适合于社会公众进行公共参与的条件。并且这种根据经验论式的描述性解释，没有说明为什么在公共过程层面上行政公共性体现为公开、参与和回应。对此，需要从不同的角度进行阐释。

第一节　行政公共性的公共过程分析

公共行政不仅是一种体制、一个体系，而且是一个过程。公共性作为公共行政的本质属性，从根本上说是通过公共过程而展示出来的。对政府行政公共过程的分析，主要有两种代表性的观点：民主公民权的视角和公共利益的视角。

一　民主公民权的视角

弗雷德里克森认为，在当今"行政国家"的时代，人们常常把公共行政等同于政府行政，其首要损失在于逐渐丧失了公共行政的"公共性"。因此，要理解公共行政，必须重新发现公共性，而这又必须从理解什么是"公共"开始。弗雷德里克森认为，"公共"一词的古典含义有两个来源。首先来自希腊语"Pubes"或者"Maturity"（成熟）。其在希腊语的意思中表示一个人在身体上、情感上或智力上已经成熟。它所强调的是一个人从关心自我或自我的利益发展到超越自我，能够理解他人的利益。它意味着一个人具有这样一种能力——能够理解其行为对他人所产生的后果。因此，"公共"一词是指一个人业已进入成年，能够理解自我与他人之间的关系，能够理解二者之间

---

① ［美］尼古拉斯·亨利：《公共行政与公共事务》（第八版），张昕等译，中国人民大学出版社2002年版，第74—75页。

的联系。公共一词的第二个来源是希腊语"Koinon",与英语中的"Common"一词相似,表示"共同"或"关心",都暗含着相互关系的重要性。① 其实,弗雷德里克森对"公共"的词源解释,主要是指古希腊城邦公民的资格和德性,即所谓的超越自我利益去理解和考虑他人的利益,意味着具备公共精神和公共意识,是一个人成熟并且可以参与公共事务的标志,以及超越自我利益而关心共同利益和公共利益的一种品质或公民精神。

不难看出,弗雷德里克森所理解的"公共"是公民的一种生活状态,建立在公民概念的基础上。公共性意味着公民基于民主公民权而对公共行政享有参与的权利。正如弗雷德里克森所说,见多识广、充满活力、致力于追求公共利益且能够积极参与公共事务的公民,是民主行政的重要特征,也是有效的公共行政不可或缺的组成部分。在此意义上,公共行政的公共性取决于公众能否被纳入公共行政的过程,以推动政治民主与良好行政。他援用本杰明·巴伯所提出的"强势民主"的概念,进一步强调公民直接参与行政过程的重要性。"强势民主要求实行公民参与,实行无中间环节的自治。它需要一种制度,这种制度能够使个人在社区事务和国家事务中能参与共同的对话,参与共同的决策和政治判断,参与共同的行动。"②

基于弗雷德里克森对"公共"即公民的观点的解释,通过对古希腊民主行政和民主公民权的考察,更有助于我们从公共过程的角度理解行政公共性的内涵。早在古希腊城邦时代,雅典就崇尚公民直接参与政治生活。这一时期的民主实际上也是行政的方式,有学者称之为古希腊的民主行政。"政府是民主的,因为行政掌握在多数人的手中,而非少数人所操纵,在法律之前,人人平等,但各人的所得报酬,则依其才能与贡献而决定之,不管其社会地位或财富如何。人们同时注

---

① [美]乔治·弗雷德里克森:《公共行政的精神》,张成福等译,中国人民大学出版社2003年版,第18页。

② 同上书,第38页。

第三章 中国行政管理公共性的公共过程

意私事和公共事务,人们对公共政策的决定,都有参见的机会和权利。"① 古雅典可以被看作直接民主行政的典范。首先,公共权力为全体公民所拥有;其次,在行政过程中,公民都可以参与其中行使自己的权利,不仅可以凭借选举或抽签出任公职,也可以提出各种建议和批评。古希腊公民对行政过程的广泛参与是以公民身份和资格的获得为前提的。在人类历史上,公民作为一种政治身份,最早可以追溯到古希腊的城邦政治结构之中。城邦是若干公民的组织,公民是组成城邦的社会成员。只有获得公民身份,才能参与行政过程,分享政治权利。并且直接参与不仅是行政过程的原则,而且是一种彰显公民身份和公民权的生活方式。

通过对古雅典民主行政的上述剖析,可见在古雅典民主行政过程中,公民的产生和民主公民权的享有,实乃民主行政推行的结果。公民所拥有的法定权利集中体现为参与公共事务并担任公职的正当资格。这种公民资格和民主公民权的享有,实质上表明了公民与政府(城邦)之间的关系,即公民是城邦的主人。在某种程度上也表明了主权在民的性质。② 弗雷德里克森认为,"希腊人把政治共同体(城邦)视为公共,所有的公民(即成年男子和自由民)都可以参与这种政治共同体"。③ 古希腊的民主行政是一个伟大的壮举,它所体现的公民资格、民主公民权的享有、公民与城邦的关系,以及在民主行政过程中充分的公开性和广泛的参与性,也是我们从过程层面来理解行政公共性的重要源泉和参考尺度。正因如此,弗雷德里克森在重新

---

① 参见张金鉴《行政学典范》,三民书局1979年版,第29页。
② 在古代雅典,公民身份具有严格的限制。一般来讲,公民的概念具有公民共同承担立法、司法职能,直接参与国家事务的含义。正如亚里士多德所说,公民的本质是"凡得参加司法事务和治权机构人们",即有权参加陪审法庭和公民大会的人们。(参见徐大同主编《西方政治思想史》,天津教育出版社2002年版,第41页。)并且这种民主的行政是建立在古希腊奴隶制基础上的,以伯里克利时代的雅典城邦为例,雅典城邦总人口为30万—40万人,其中雅典公民为4万人,如果加上他们的家庭成员,总数约为16万人,外邦人约为9万人,奴隶约为8万人,其实真正分享行政权力的公民约占总人口的1/10。
③ [美]乔治·弗雷德里克森:《公共行政的精神》,张成福等译,中国人民大学出版社2003年版,第19页。

发现行政公共性时，把"公共"的内涵追溯到古希腊，强调"公共"是指为了公共利益而积极参与行政过程的公众。这是从公民与政府的关系上解释行政过程公共性体现为公开、参与和回应的原因所在。

在公共行政研究领域里，对政府与公民的关系有不同的描述和规定，其中也包含着对公共行政中"公共"的不同理解。

（一）从目的和手段的角度来理解政府与公民的关系

"它强调公民与政府的主次关系，公民是政府存在的目的，而政府是公民实现自己目的的手段。政府所从事的行政管理工作无论其以什么方式进行，无论其包括什么内容，都不能倒置这种基本的关系。"[①] 这种政府与公民关系定位确立了"主权在民"的观念，强调公共权力属于公民的民主价值观。在现代政治生活里，这种政府与公民关系在实践层面上采取的是代议民主，强调政治与行政的分离，公民对行政过程的参与只能通过立法者或代表来实现，即弗雷德里克森所说的"公共"是被代表者：立法者的观点。[②] 该观点认为，现代民主政府在实践中所采用的都是间接民主而不是直接民主，民选官员代表公众利益而行事，公共管理者严格遵守和执行立法机构通过的法律。然而，公民的利益和偏好的实现很少能通过多数决定的方式达成，以至于有学者认为该观点以牺牲公民自我管理和自治为代价，公民或公民群体感觉到他们所选举的代表并未有效地代表他们的意愿，公共是代表者的观点对公共的理解亦不充分。[③] 因此，从行政过程公共性的角度来看，这一观点是不充分的。它没能反映出公民的积极参与性、行政活动公开性和回应性。

（二）从生产和消费关系的角度来理解政府与公民的关系

这种关系将公民等同为政府提供的公共产品的消费者。消费者的

---

① 傅小随：《中国行政体制改革的制度分析》，国家行政学院出版社1999年版，第21页。

② ［美］乔治·弗雷德里克森：《公共行政的精神》，张成福等译，中国人民大学出版社2003年版，第34—35页。

③ 参见［美］乔治·弗雷德里克森《公共行政的精神》，张成福等译，中国人民大学出版社2003年版，第34—35页。

第三章 中国行政管理公共性的公共过程

目的是在同等条件下享受尽可能多的优质的产品和服务。政府的目的则是高效地提供公共产品和服务，以争取消费者的支持。在这种观念下，政府以及公民与政府的关系都是建立在自利观念的基础之上。它是公共选择理论在公共行政领域的运用，即弗雷德里克森所说的"公共"是理性选择者：公共选择的观点。它从自我利益的假设出发，把公共行动理解为利益完全不同的个体追求自己利益的行动，每个人都是追求个人利益的理性人。政府和社会秩序只是为个人的自由选择提供一种稳定的环境。可见，公共选择的观点与多元主义的观点对"公共"的理解都是建立在个人主义的基础上，为毫无顾忌地追求自我利益寻找正当的理由，或许成为公共官员不道德行为的重要原因，并且对社会弱势群体漠不关心。因此，公共是理性选择者的观点也没有深刻揭示公共行政过程公共性的基本内涵。[①]

（三）强调公共行政与公民之间的密切合作与互动的关系

这种关系定位是以弗雷德里克森所称之为"公民精神"和民主公民权理论为基础的。在公共行政过程中，"公民精神"一方面意味着公共行政人员要成为代表性的公民，具有回应性，树立服务理念，允许并鼓励公民积极参与公共事务和行政活动；另一方面主张公民不仅仅应该追求自身利益，而且应该追求公共利益，热心公共事务，积极主动地参与行政活动。登哈特认为民主公民权可以从不同的方面考察，"一种是基于公民权的法律定义，公民权被视为一种合法身份，是由法律体系规定的公民的权利和义务；另一种是关于公民权的政治身份或道德身份的定义。该观点认为，公民权涉及的是个人影响政治系统的能力，它意味着对政治生活的积极参与"[②]。并且登哈特认为以公共性和服务精神为特质的公共行政，对民主公民权的理解应该超越法律的定义，更加关注其政治和道德的意蕴。

[①] 参见［美］乔治·弗雷德里克森《公共行政的精神》，张成福等译，中国人民大学出版社2003年版，第30—34页。

[②] 参见［美］珍妮特·V. 登哈特、罗伯特·B. 登哈特《新公共服务：服务，而不是掌舵》，丁煌译，中国人民大学出版社2004年版，第26—27页。

综上所述，从公共过程层面上看，行政公共性表现为公开性、参与性和回应性。之所以进行这样的概括，主要还是基于以公民精神和民主公民权为理论基础的公共行政与公民密切互动的合作关系。公共行政过程的公共性所强调的是在公共行政与公民之间建立一种密切合作的关系，公共行政的运作机制必须体现的是公共行政人员向公民负责的精神，这种负责关系只有在民主行政中才能充分实现。因为"从静态上讲，民主行政它是一种政府管理体制，在该体制中社会公民能够直接或间接地参与影响全体成员决策的制定，并保障政府及其公职人员负责。从动态上讲，民主行政是一种旨在保障公民权利和自由、维护公共利益，重视代表性和公民参与的行政管理行为"。[1] 民主行政在本质上是参与行政，它强调行政过程公开和公民的参与，而不是将权威性专家式结论强加给公民。在此意义上，公共行政是一种典型的公共过程，它强调行政过程的公开性、参与性和回应性，其实质是一种民主行政的体现，而民主行政的推行也是现实行政过程公共性的必要条件。

在公共过程层面上，行政公共性与民主行政具有契合性，连接二者的基础是公民所享有的民主公民权。一方面，基于主权在民或人民主权的主体地位，公民理应参与行政过程和公共决策；另一方面，公民在考虑自己的公民权时也应考虑其他公民的所思所想，"良好的公民应该有能力在进行政治决策时，既能完整地维护自己的利益又能考虑到他人利益的完整性"。[2] 如果体现民主的公民权所包含的意义和现实性日益衰微，民主行政就不可能实现，那么行政过程的公共性也就将不可避免地丧失。

从民主公民权的视角来理解行政过程的公共性具有重要的作用，正如有学者指出，公共性是一个很难界定的概念，通常我们通过公民身份（所享有的民主公民权）的方式去认识公共性，即所谓"公共

---

[1] 胡宁生：《中国政府形象战略》，中央党校出版社1998年版，第69页。
[2] [美] 特里·L. 库珀：《行政伦理学：实现行政责任的途径》，张秀琴译，中国人民大学出版社2001年版，第48页。

性的内涵就在于,一个事件、决定之所以具有公共性即意味着它的普遍参与性"。①

二 公共利益的视角

公共利益对于理解公共行政公共性具有独特的重要性。从某种意义上说,行政过程的公共性之所以体现为公开、参与和回应,是因为它意味着公共利益的实现方式以及实现公共利益过程中的监督。公共利益的视角更有助于我们理解公共行政过程中的公共性。

在公共行政研究领域里,对公共利益的理解大致有以下三种方式:

(一)从"共同利益"的角度界定公共利益

这是基于共同价值的公共利益的概念,即"共识论"的公共利益模式。对此,保罗·阿普尔基于共同利益与私人利益的关系,进行了详细的阐释:"公共利益绝不仅仅是所有私人利益的加总,也不是消去私人利益的各种加号和减号之后剩下的和。尽管公共利益并没有与私人利益完全分离,而且它源于具有许多私人利益的公民,但它是从私人利益内部和私人利益之间产生并且离开和超越了私人利益的某种特色的东西,它可以使人类所能够实现的某些最高抱负和最深切的信仰成为政府工作的焦点"。② 可见,公共利益就是寓于个体利益或私人利益之中的、反映公众普遍或一般需求的共同利益。从共同利益的角度来理解公共利益具有合理之处,但是这种界定仅仅停留在说教层面。对于公共行政来说,更为重要的是寻求实现公共利益的有效方式和途径。

(二)从规范的角度界定公共利益

这是理解公共利益的规范模式。它强调公共利益是评估具体公共

---

① 钱永祥:《民粹政治、选举政治与公民政治》,载许纪霖主编《公共性与公民观》,凤凰出版集团、江苏人民出版社 2006 年版,第 238 页。
② [美]珍妮特·V. 登哈特、罗伯特·B. 登哈特:《新公共服务:服务,而不是掌舵》,丁煌译,中国人民大学出版社 2004 年版,第 69 页。

政策的一个道德标准和政治秩序应该追求的一个目标。① 按照这个标准，公共利益就成为一个决策的道德和伦理标准，据此公共利益可以成为评价公共行政行为的一个品行标准。如早期的一位公共行政学家彭德尔顿·赫林从规范的角度对公共利益进行理解："在民主制度下，公共利益所基于的不是一个阶级的福利而是许多团体利益的妥协。我们假定能够实现不同社会力量和不同经济力量的平衡，或者更为简洁地说，公共利益就是指导行政官员执法的标准。"② 菲利普·莫尼彭尼更进一步指出，行政官员应该按照自己所认为的那样去追求公共利益，而不应去追求他个人的便利或任何私人的目的或目标。这种将公共利益视为一种规范性道德标准的观点至今在公共行政领域仍然很重要。③ 然而，这种诉诸空洞和乏力的道德说教，也未能为实现公共利益找到一条现实的有效途径。

（三）从"公共过程"的角度界定公共利益

按照这个观点公共利益就是通过一种允许利益得以集聚、平衡或调解的特定过程。"与公共利益结合的最恰当的不是具体的政治，而是用来决定应该怎么办的一种特殊过程。"④ 与前两种对公共利益的理解相比，公共过程理论主要强调的是公共利益的实现方式，把公共利益的实现系于公开的公共过程。公共利益的过程理论对公共行政研究产生了重大的影响，其中最具代表性的观点就是新公共服务理论对公共利益的理解。首先，该理论认为，公共利益的确认不是一个简单的过程，也不是政治家或行政官员为社会确定的一种愿景，而是一个对话和参与的过程。"公共利益最好被视为社会对话和参与的一个过程，这个过程可以使人们了解政策制定情况的情况，又可以培育公民

---

① Clarke Cochran, "Political Science and 'The Public Interest'", *Journal of Publics*, 36(2), 1974, p.330. 转引自［美］珍妮特·V.登哈特、罗伯特·B.登哈特《新公共服务：服务，而不是掌舵》，丁煌译，中国人民大学出版社2004年版，第65页。
② ［美］珍妮特·V.登哈特、罗伯特·B.登哈特：《新公共服务：服务，而不是掌舵》，丁煌译，中国人民大学出版社2004年版，第66页。
③ 同上。
④ 同上书，第68页。

意识。"① 其次，它把公共利益置于公共行政过程的中心地位，否认公共利益能够被理解为个人自我利益的简单聚合，而是应当被理解为需要超越私人利益、特殊利益和地方局部利益，能够反映公众共同需求的利益集合。行政官员的使命就是确保行政过程的公开，为公民参与和公共对话创造无拘无束的平台。可见，从"公共过程"的角度来理解公共利益，强调的是行政过程公开、透明、参与和回应。在此过程中，以公民为中心，通过参与和对话从根本上形成更加长远的公共利益。并且对公共利益和公民参与的重视，有利于提高决策的质量、增加政府的透明度和回应性、强化政府责任等。这就是公共行政过程公共性的价值所在。

综上所述，基于民主公民权和公共利益的分析视角，公共行政是一种典型的公共过程。在公共行政运作过程中，公共性体现为公开、参与和回应。首先，在于行政过程的公共性是对公民主体权益和民主公民权的尊重，强调的是主权在民、以民为本的理念；其次，行政过程的公共性代表着公共利益实现的方式以及实现公共利益过程中的监督。因此，对公共行政公共性的理解不能仅仅停留在简单的描述层面，还要从规范的角度进行把握，这也是本书从民主公民权和公共利益的视角对其进行解释的原因所在。

第二节 政府行政模式与行政过程的公共性

马克思主义认为，"人们自己创造着自己的历史，但他们是在制约着他们的一定环境中，是在既有的现实关系的基础上进行创造的"。② 考虑到制度变革和发展的"路径依赖"关系，有必要把政府行政过程纳入特定历史条件下，即中国所形成的不同政府治理模式中进行考察。如前所述，行政过程的公共性主要体现为公民参与和政府

---

① [美] 珍妮特·V. 登哈特、罗伯特·B. 登哈特：《新公共服务：服务，而不是掌舵》，丁煌译，中国人民大学出版社2004年版，第66页。
② 《马克思恩格斯选集》第1卷，人民出版社1972年版，第603页。

回应，所以，本书以参与和回应作为衡量中国政府公共行政过程公共性的基本维度。

公民参与是政治学和行政学中的一个重要术语，与之相近的有"公共参与""公众参与""政治参与""人民参与"等。这些概念都有各自使用的具体语境和议题范围，其蕴含的参与行动的意义也稍有差异。其中公民参与更为强调的是"公民通过参与行为所表现的公民资格、权利和义务"。公民的产生及其角色的扮演，实为推行民主政治或民主行政的结果。所谓民主行政，无非就是民主原则在公共行政体制设计和行政过程中的体现，是一种具体化、日常化和执行化了的民主。从民主行政的内涵来看，"公民参与必须建立在'人民的同意''知的公民'以及'有效的公众参与系统'这三个必要条件之上"。[①] 基于此本书把公民参与理解为公民个人或公民团体基于人民主权的认识和实践，对于政府公共行政过程及政策，充分发表意见和对公共事务进行管理的机会。值得注意的是，公共政策在当代中国公共行政中的重要作用日益凸显，在相当程度上公共行政的实施及其价值实现主要是通过适时制定和执行各种符合公共利益最大化价值取向的、效率与效能兼具的公共政策来完成的。在此意义上，公共行政中的公民参与主要体现为政策参与。中国是社会主义国家，公民参与是社会主义民主政治和政府行政的必然要求，也是公民的基本权利与职责，在《中华人民共和国宪法》第二条规定："中华人民共和国的一切权力属于人民"，"人民依照法律的规定，通过各种途径和形式，管理国家事务，管理经济和文化事业，管理社会事务"。因此，公民参与也是扩大社会主义民主的重要体现。

在《现代汉语词典》里"回应"一词意指"回答""答应"，引申为"对某种行为、愿望、思想做出的相应反应与回馈"。[②] 政府回应又称为政府反应性，有政府应答和反应的意思。政府回应"就是现

---

① 吴英明：《公私部门协力关系之研究：兼论公私部门联合开发与都市发展》，丽文文化事业公司1996年版，第75页。
② 李伟权：《政府回应论》，中国社会科学出版社2005年版，第34页。

第三章 中国行政管理公共性的公共过程

代政府公共管理过程中,对公众的需要和所提出的问题做出积极敏感的反应和回复的过程"。① 可见,政府回应是政府与公民之间的互动过程,是现代公共行政一个很重要的行政理念和机制,也是中国当前构建服务型政府的本质要求。它强调在一个以公民为本位、关注公众和社会需求的,并要求公民参与的服务型政府中,政府公仆身份的确认最重要的不再是用政府的主观意愿去代替公众的实际需求,而是使政府服务的根据来源于公众的实际需求并对其做出及时的回应。

一般而言,公民参与是政府回应的前提,有参与才有回应;政府回应是民主参与的必然结果,二者统一起来才赋予公共行政过程以公共性的内涵。并且,公民参与与政府回应也是民主行政的必然要求。就行政过程而言,民主行政是一种典型的公共过程,是现代公共行政发展的必然趋势。

一 全能型政府与行政过程公共性的缺失

中华人民共和国成立后,在参照斯大林模式和结合中国国情的基础上,建立的是全能主义的政府行政模式,本书称为全能型或管制型政府模式。在这种政府模式下,政府权力对社会进行全面的渗透和控制。全能型政府是与中国在计划经济体制相适应的政府治理模式。在治理理念上,全能型政府模式具有"官本位""权力本位"和"政府本位"的色彩;在政府与社会关系上,政府具有无限的扩张性和渗透性,社会自治能力不足,所谓全能政府也就是无限政府;在政府行政运行机制和手段上,以政府权力单一中心和自上而下的单向度运行为治理机制,以强制性管理为主要的管理手段。

全能型政府就行政过程和行政体系而言基本上是自我封闭的,这样可以保证政府对整个行政过程、政策制定与执行的可控性。首先,在行政过程中,政府信息公开和公民知情权的享有是公民参与的前提和基础,正如美国政治学家安东尼·奥洛姆指出:"政治参与要求

---

① 何祖坤:《关注政府回应》,《中国行政管理》2000年第7期。

接受一般的和特殊的信息,那些获得这种信息的人,是在效应和心理上更多介入的人,就更有可能参与政治。反之,那些没有得到这种信息的人,则无动于衷,缺乏心理上的介入。因此,也就很少有可能参与政治生活"。① 在全能型政府下,政府几乎垄断着全部的信息资源,政府被理想化地认为是全体人民利益的忠实代表,政府对信息的采集和占有被认为是完全符合公共利益的。并且在以阶级斗争为纲的特殊时期里,公共信息几乎都被浸染了浓厚的政治色彩,因而这些信息不能也没有必要让老百姓知道。当时人民对政府信息的享有几乎都是以领导人的指示、命令并以内部文件、内部材料的形式,自上而下进行传达,并服从于政治动员式的阶级斗争的目的。其次,在全能型政府行政过程中,缺乏公民参与的空间、渠道和活力。中华人民共和国成立后形成了高度"单位化"的社会。单位制强化对人们的控制,社会自治能力极为低下,社会组织几乎没有任何自我生存和发展的空间,导致了人们参与空间的不足和组织化参与的空白。人为扩大的阶级斗争使人们产生了厌倦情绪,参与活力不足。就政策参与而言,严格意义上讲,在全能型政府模式下,只有国家政策而没有公共政策,因为公共利益缺乏生存和发展的空间。从公共政策问题的确认、政策议程的构建、制定、沟通、执行等环节都在封闭的行政过程中运行。

　　从政府回应来看,由于该时期公民参与的缺失(即使有参与,也是服从于政治目的的一种不自主的、非理性的参与,可以说是失去自由和没有自主性的参与),政府的回应也极其微弱,有时甚至完全不存在。

　　综上两个方面,可见,在中国传统的计划经济体制下,中国形成了全能型政府治理模式,公民参与的缺失和政府回应微弱是其典型的特征。由此形成了"自我封闭性"和"暗箱操作"的行政过

---

　　① [美]安东尼·奥罗姆:《政治社会学》,张华青、孙嘉明等译,上海人民出版社1989年版,第293页。

程。这种模式的某些固有弊端导致中国共产党在革命战争年代所形成的民主决策方式——"群众路线",在这种封闭行政过程中没有得到很好的体现。只有"到群众中去"的过程,而没有"从群众中来"的过程,群众路线流于形式。公民参与缺失和政府回应微弱,丧失了政府行政过程的公共性,并在某种程度上,引发了政府的合法化危机。[①]

二 管理型政府与行政过程公共性的不足

1978 年的改革开放,开启了当代中国从计划经济向市场经济,从封闭、同质和伦理型的农业社会向开放、多元和法理型的工业社会全面而深刻的社会转型。在这从传统社会向现代社会变迁的过程中,政府作为推动当代中国社会转型的主要动力,其治理模式逐渐从"全能型"向"管理型"转变。准确地说,管理型政府模式是"全能型政府"模式向"服务型政府"模式的过渡阶段。管理型政府过程中的公民参与和政府回应具有明显的过渡特征。

就政府行政过程而言,管理型政府行政改变了以前自我封闭的状况,开始强调公开性、参与性和回应性,具有明显的进步。首先,表现在参与行政过程的基础有所扩大,原来参与仅限于"人民群众",改成了"公民",并且从宪法上确定了公民参与的权利。其次,从 20 世纪 80 年代开始,政府开辟了一些新的公民参与行政过程和政府决策的渠道,如社会协商对话制度、舆论参与和监督制度、专家咨询制度、民意测验制度,这些参与渠道的开辟,为公民多层次、多方位、多样化地参与政治创造了条件。[②] 再次,从公共政策参与和决策体制来看,1986 年,时任国务院副总理的万里首次提出政府决策科学化、民主化的创见。党的十三大报告明确指出,提高政府行政活动和行政

[①] 值得注意的是,全能型政府模式的确立有其历史必然性并在一定条件下具有合理性,它对巩固新生人民政权、恢复经济秩序和促进社会发展等都发挥了积极作用,对此要辩证地看待。

[②] 陶东明、陈明明:《当代中国政治参与》,浙江人民出版社 1998 年版,第 199 页。

过程的开放程度,重大情况让人民知道,重大问题经人民讨论;完善"从群众来,到群众中去"的民主决策方式。自此,中国行政过程中的公民参与和政府回应功能才有了真正发展的空间。1992年党的十四大提出"加速建立一套民主的、科学的决策制度"。2002年党的十五大第一次完整系统地提出改革和完善决策机制问题:"要把改革与发展的重大问题同立法相结合。逐步形成了解民情、充分反映民意、广泛集中民智的决策机制,推动决策科学化、民主化,提高决策水平和工作效率。"党的十六届三中全会明确提出"建设增强透明度和公众参与度的决策制度新要求"。

如上所述,在从全能型政府向管制型政府转变过程中,政府行政过程的公开、公民参与和政府回应已经引起了党和政府的高度重视,并将之作为政治体制改革的重要内容,取得了初步的成效。尤其是"从党的十五大以后,在政府行政过程中,呈现出从不透明决策向透明决策;从个人决策向集体决策乃至广泛民主决策的转变"。[1] 随着权利范围的扩大,公民获得了更大的自由参与和表达的空间。基层民主和社区建设取得初步进展,从而为更好的政府决策参与提供了基础和平台,也给政府回应带来了一定的程度的压力。现代通讯与网络的发展,为增加行政过程的公开透明、公民参与政府决策、影响政府行为提供了有利的技术条件。

总的来看,管理型政府模式下的政府形成过程具有明显的过渡性,仍然表现出公共性不足的特点。在政府与公民的关系理念上,仍然体现出计划经济体制下所形成的"政府本位、权力本位、官本位"的色彩,人民在全能型政府下所养成的服从的习惯还没有彻底改变,其权利意识的觉醒仍尚需时日。以至于有学者认为,该时期政府行政过程中呈现出如下缺陷:"在决策主体范围上,政府集全能于一身,凭借强势垄断地位,排斥非政府组织和公民参与,决策相对封闭;在决策程序上,重视长官意志,轻视专家和公众的诉求;在决策信息的

---

[1] 李伟权:《政府回应论》,中国社会科学出版社2005年版,第104—105页。

第三章 中国行政管理公共性的公共过程

获取和收集上，局限于'决策讨论圈'，缺乏信息互动的平台和机制，社会公众难以影响决策过程；在决策氛围上，突出决策的权威性和保密性，忽视决策的公开、公正和透明，暗箱操作严重"。① 虽然言辞有点夸张，却道出了由于公民参与的相对缺失，导致中国行政过程公共性不足的事实。

该时期政府的回应性主要体现在推动经济发展上。政府主导下的经济发展取得了巨大的成就，人民生活水平逐步提高，这是对公众和社会的最大回应。管理型政府坚持政府主导的发展路径和唯经济增长的发展观，认识到市场在推动经济发展中的重要作用，并借助市场的力量实现经济快速增长。在改革措施上，积极推进政企、政社分开，让市场在资源配置中发挥决定性作用，同时鼓励和支持社会各方面参与社会管理。这样管理型政府就开始脱离全能主义的色彩。尽管如此，作为由计划经济体制向市场经济体制转轨时期形成的一种特殊的和过渡的政府模式，管理型政府仍在某些领域仍然保持着严格的控制。比如对公民参与方面，缺乏足够的回应。对此，有学者指出，"政治参与明显地扩大了，但是还不够。一是做得不足、不够、不充分，二是有些方面还是禁区，没有开放起来"。②

除此之外，最大的问题是该时期政府对社会领域和民生需求的回应不足。政府专注于经济发展，而忽视了社会领域建设，由此导致了社会发展严重滞后。政府片面追求经济增长、唯GDP主义，在致力于做大"蛋糕"的同时而忽视了对"蛋糕"的公平分配，导致了贫富两极分化。行业、城乡、地域之间差距持续拉大，将会引发大量社会矛盾从而严重影响社会稳定。政府长期主导资源配置，并将其主要投置于经济领域导致了经济与社会发展之间严重失衡，并且片面追求经济增长也付出了沉痛的资源生态环境代价。

---

① 李朝智：《探索政府公共决策的多元化机制 提高公众的参与能力》，《四川行政学院学报》2005年第4期。
② 谢庆奎：《政治改革与政治创新》，中信出版社2003年版，第112页。

三 服务型政府与行政过程公共性的彰显

服务型政府是相对于计划经济体制下的全能型政府,以及经济转轨初期的管理型政府而言的一种新的适应社会主义市场经济的政府模式。进入21世纪,特别是党的十六大以来,以构建服务型政府为目标的政府转型思路逐渐明晰。2002年党的十六大首次把政府职能归结为经济调节、市场监管、社会管理和公共服务四项内容。2004年2月12日,温家宝在中央党校省部级领导干部"落实科学发展观"专题研究班结业式上正式提出"建设服务型政府"的口号。2006年党的十六届六中全会通过《关于构建社会主义和谐社会若干重大问题的决定》,进一步要求"建设服务型政府,强化社会管理和公共服务职能"。自此,服务型政府第一次被写入执政党的指导文件当中。2007年胡锦涛在中国共产党第十七次全国代表大会的报告中再次把"加快行政管理体制改革,建设服务型政府"作为发展社会主义民主政治的重要内容而予以强调。2010年党的十七届五中全会明确提出"着力保障和改善民生,必须逐步完善符合国情、比较完整、覆盖城乡、可持续的基本公共服务体系,提高政府的保障能力,推进基本公共服务均等化"。可见,服务型政府是构建中国特色社会主义行政管理体制的基本目标取向。

当前对于什么是服务型政府,学术界虽然存在一定的分歧,但在其核心内容上都强调行政过程的公共性,即公开、参与和回应。

首先,服务型政府的行政过程是一种典型的公共过程。凸显行政过程的公共性,是服务型政府的本质要求,二者具有天然的契合性。其一,从服务型政府的施政理念上看,服务型政府概念的提出重新界定了政府与公民的关系。它是建立在"公民本位""权利本位""社会本位"理念的基础之上,以实现公民权利为宗旨;强调政府行政过程的公开、参与和回应。可以说,服务型政府在施政理念上是对中国计划经济体制下的全能型政府模式和经济转轨初期的管理型政府模式的彻底转变。全能型和管理型政府虽然遵循人民主权的原则,但是在

第三章 中国行政管理公共性的公共过程

实际的行政管理中显示出了浓厚的"政府本位""权力本位"的色彩,没有正确认识和处理政府与公民的关系,容易出现政府凌驾于公民之上,拥有更多的优先权,以致滋生政府自利性等相关问题。其二,服务型政府职能表现出强烈的人性化特征。其服务内容、服务方式均是围绕着怎样才能使公民得到最大满足而展开。服务体现为满足公民需求、改善公民福利状况的活动,这种公共利益的价值取向和对公众满意度的关注,使得政府行政过程总是表现为一种持续改善的回应过程。

其次,强调行政过程公共性是管理型政府向服务型政府转变的催化剂。一般认为,政府是一个相对保守的部门。在缺乏外部压力的情况下,政府很难产生自我革新的观念和实践。政府转型通常需要足够的外部压力。在某种意义上说,政府改革或转型是对外部环境变化的一种反应。当前中国服务型政府建设亦是如此。"从管理型政府向服务型政府转型必将带来政府管理方式由粗放向规范的转变,官员的权力将受到限制,政府的职能也将进一步明晰化并有可能缩小。从本质上说,这也是政府还权于社会、还权于公民的过程。这些变化往往会受到政府部门及官员的抵制。"[1] 因此,通过行政过程的公开、透明、参与和回应,可以提供中国政府转型的外部动力。具体来讲,行政过程的公开、透明有利于保障公民对政府信息的知情权,知情权的享有和行政的公开性又拓展了公民行政参与的范围和深度;同时也为公民的民主决策、民主管理和民主监督提供了法律和制度保障,从而使公民对政府的活动形成了强有力的制约,以权利制约权力,防止行政权力的膨胀和滥用。再者,从公共利益"过程论"的观点来看,行政过程的公开、参与和回应促进了管理型政府向服务型政府的转型。在管理型政府中,由于缺乏政府与公众之间的良性互动和行政过程的暗箱操作,公共利益往往是由权力精英单方界定的,从而代替了公民利

---

[1] 参见陈家喜、成守勇《公民参与与服务型政府的构建》,《美中公共管理》2005年第9期。

益的表达。服务型政府所强调的是"过程论"的公共利益观：公共利益是在公开透明的政策过程中，由政府与公民基于不同价值观相互作用与合作对话的产物。政府不仅要确保公共利益居于主导地位，还要与公民实现良性互动，共同协作制定、执行公共政策，并且以是否实现公共利益作为评价标准。因此，从公共利益的由政府单方界定到政府与公民互动与对话，这一转变是在公开透明的行政过程中完成的，其中必不可少是公民的参与和政府回应。总之，只有在"阳光行政""透明行政"下，公共利益才能更好地实现。

第三节 提升中国行政过程公共性的路径选择

一 中国行政过程公共性的历史与现状分析

政府行政过程的公共性主要体现为行政公开、公民参与和政府回应，尤其是公民对公共政策的参与和政府回应。通过对这些方面的考察，可以从总体上检视和分析中国当前政府行政过程公共性的现状、存在的问题及其原因。改革开放以来，随着中国经济政治体制改革不断深入，中国政府行政过程由"封闭行政""秘密行政""暗箱行政"逐渐向"公开行政""透明行政""阳光行政"转变。大致经历了如下历程。

1988年3月，河北藁城县政府在全国率先推出"两公开一监督"的重大举措，这是中国政府行政过程公开和实施阳光行政的探索和起步阶段。"两公开一监督"是指公开办事制度、公开办事结果、实行群众监督。其主要目的是使群众了解行政活动的情况，从而有机会对行政过程和政府机关工作人员进行监督，确保公共权力在阳光下运行。1987年，党的十三大报告强调："要提高领导机关的开放程度，重大情况让人民知道，重大问题经人民讨论。"其中，"重大情况让人民知道"反映了对人民群众"知情权"的尊重，"重大问题经人民讨论"则确认了人民群众对国家重大问题的"有权参与"。由此，奠定了实行政务公开与建立政府信息公开制度的思

第三章 中国行政管理公共性的公共过程

想和政策基础。①

20世纪90年代是中国行政公开和阳光行政的发展时期。1997年,党的十五大将公开作为民主监督制度的重要环节,指出"城乡基层政权机关和基层群众性自治组织,都要健全民主选举制度,实行政务和财务公开,让群众参与讨论和决定基层公共事务和公益事业,对干部实行民主监督……要深化改革,完善监督法制,建立健全依法行使权力的制约机制。坚持公平、公正、公开的原则,直接涉及群众切身利益的部门要实行公开办事制度"。② 该时期的行政公开和阳光行政由基层群众自治组织的村务公开发展到乡镇政府政务公开、县市政府政务公开,直至省市政府政务公开,由下至上、由点到面逐步推进。

进入21世纪,中国行政过程公开和阳光行政进入全面深化时期。2002年党的十六大提出"认真推行政务公开制度","形成行为规范、运转协调、公正透明、廉洁高效的行政管理体制"。党的十六届三中全会提出"以人为本"的科学发展观标志着中国行政过程公开和阳光行政走上了科学化和规范化的轨道。在此基础上,2007年国务院通过了中国首部国家级信息公开法规——《中华人民共和国政府信息公开条例》,并于2008年5月1日正式实施。这对中国行政过程的公开、保障公民的知情权、参与权、表达权和监督权产生了积极影响。2007年,党的十七大将"保障人民的知情权、参与权、表达权、监督权"写入报告,指出"要健全民主制度,丰富民主形式,拓宽民主渠道,依法实行民主选举、民主决策、民主管理、民主监督,保障人民的知情权、参与权、表达权、监督权"。2008年党的十七届二中全会指出"完善政务公开制度,及时发布信息,提高政府工作透明度,切实保障人民群众的知情权、参与权、表达权和监督权"。2012年,党的十八大报告要求"推进信息公开",强调"要健全基层党组

---

① 赵正群:《中国的知情权保障与信息公开制度的发展进程》,《南开学报》(哲学社会科学版)2011年第2期。
② 《江泽民文选》第2卷,人民出版社2006年版,第30页。

织领导的充满活力的基层群众自治机制,以扩大有序参与、推进信息公开、加强议事协商、强化权力监督为重点,拓宽范围和途径,丰富内容和形式,保障人民享有更多更切实的民主权利"。2016年2月,中办、国办印发《关于全面推进政务公开工作的意见》,明确公开透明是法治政府的基本特征,并提出推进决策公开、执行公开、管理公开、服务公开、结果公开,推进政府数据开放、加强政策解读、扩大公众参与、回应社会关切、发挥媒体作用等新要求。2017年,党的十九大首次提出"党务公开",明确"扩大党内基层民主,推进党务公开,畅通党员参与党内事务、监督党的组织和干部、向上级党组织提出意见和建议的渠道"。

可见,政府行政过程的公开、公民参与和政府回应已经引起了党和政府的高度重视,并作为政治体制改革的重要内容,也取得了初步的成效。这为提升中国政府行政过程的公共性奠定了良好的基础。但也应该看到在行政过程中的公开、参与和回应还存在很多问题,与服务型政府建设的要求尚有一定的距离,这些不足主要表现在以下方面:

(一) 不同程度地存在着"封闭行政""秘密行政""暗箱行政"的弊端

所谓"暗箱行政"是指在政府行政过程中不公开、不透明,政府运行处于自我封闭状态中。其工作内容和程序不向人民公开,主要依靠行政官员的暗箱操作和双面手段进行施政的行政过程或行政现象。在中国高度集中计划经济体制下,整个政府行政体系和行政过程具有明显的"封闭行政""秘密行政""暗箱行政"的特征。这是计划经济体制所蕴含的集权型行政文化和"官本位""权力本位"施政理念的产物。

改革开放40多年来,随着中国行政管理体制改革的不断深化和政府转型的不断推进,"暗箱行政"也逐渐向"阳光行政"转变,政府运行机制和政府管理方式向规范有序、公开透明、便民高效的根本转变。但是由于目前的政府管理体制是在传统的管制型政府模式上发

第三章 中国行政管理公共性的公共过程

展而来的，制度变革难免带有很强的路径依赖特征。因此，政府行政过程中依然不同程度地存在着"封闭行政""秘密行政"和"暗箱行政"的弊端。据一项研究发现，在时间维度上，我国地方政府信息依申请公开率呈震荡中下降的趋势。2009年至2011年呈小幅平缓下降趋势，2011年至2012年出现明显下降后又在2013年出现同量上涨，使得2013年与2011年基本持平，2014年出现大幅度下降，从2013年的0.8569下降至2014年的0.7655。整体来看，我国地方政府信息依申请公开率下降幅度较大，下降趋势较明显，从而反映出我国地方政府行政透明度的也在下降。[①] 这说明地方政府行政过程中不同程度地存在"暗箱行政""黑箱行政"的现象。

可见，在中国地方政府行政过程中，由于受到传统行政文化封闭性、保守性和排外性的影响，在法规和文件制定和发布过程中，基本上是以"红头文件"的形式层层下发，社会知晓度很低。暗箱行政不仅违背了民主法治精神，也是滋生腐败等丑恶现象的温床。"如果行政系统是一个'暗箱'（亦称黑箱），系统外面的人看不见里面的运行，就会产生神秘感，而越神秘，行政官员就越可能被权力的光环所环绕和笼罩，权力的运行就越容易'挥洒自如'，它的特点是信息输入不公开、决策暗箱操作执行不透明、监督无力、反馈不真实。"[②] 这种"暗箱行政"使行政过程披上了神秘的色彩，排斥了公民的知情权、参与权、表达权和监督权，也损害了行政过程的公共性。

（二）公民政策参与不规范，缺乏有效的互动和回应

公民政策参与是行政过程公开的重要途径之一。公民政策参与有利于提升公共政策质量，促进公民与政府之间的互动与合作治理，推进民主行政进程。但是在现实情境中，公民政策参与时常呈现不规范甚至无序状态。以听证会为例，近年来，事关民生的供水、供电、供

---

① 魏成龙、王东帅、魏荣桓：《中国地方政府信息依申请公开问题研究——基于2009—2014年29个省份的数据》，《中国行政管理》2016年第7期。
② 戴维新：《入世后政府运作方式的变革与创新》，《宁夏党校学报》2003年第2期。

气、垃圾处理、地铁票价、旅游门票等事项，都要进行听证，争取民意。然而从现实中的听证会来看，在信息发布、代表遴选、听证程序、结果公开以及问责机制等环节均存在瑕疵，使得听证效果不佳，甚至流于形式。比如2014年9月24日，西宁召开的居民供暖价格听证会被迫中止，其原因是听证过程不合规，听证程序不规范：一是没有按照《政府制定价格听证办法》提前30天公布公告；二是没有及时将听证材料送达听证代表；三是群众意见表达不充分。还有2015年8月26日，兰州市物价局召开的全市居民生活用气阶梯价格听证会，整个听证会历时35分钟，堪称兰州市史上最短的一次物价听证会。① 还有的听证会沦为利益集团操纵价格和压制民众利益诉求的工具，导致整个听证会变质。

目前在中国政府行政过程中，公民政策参与不足，也缺乏有效的互动回应。其主要原因在于当前政府决策体制仍没有摆脱计划经济体制下的集权型决策文化的影响。这种集权型决策文化主要表现为"决策的个人权威性、决策个人经验性决策过程的封闭性等特征，由此导致了政府与公众之间缺乏必要的沟通与交流，决策往往被看成政府内部的事情，广大公众事实上被排除在决策过程之外，这使得决策缺乏'公共'特性"，② 也在一定程度上损害了政府行政过程的公共性与合法性。随着公民政策参与广度和深度的不断拓展，如何提升公民政策参与的规范化、有序化，促进公民与政府有效的互动，应该引起足够的重视。

(三) 参与意识不强，政策参与机制不完善

据有关报告显示中国公民以一种主动、广泛而有序的形式参与公共政策的态势已初步形成，这主要体现在两点：一是公民主体的政策参与意识已经初步形成，大部分公民比较关注国家政策和社会公共事

---

① 张凤合、杨雪：《价格听证会：现实困境、价值分析与政策出路》，《中国行政管理》2016年第1期。
② 蒋云根：《互联网发展对公共决策体制创新的作用》，《甘肃理论学刊》2001年第2期。

务，但在更为具体的政策内容或政策机制上，公民的参与意识呈现出很大的弱点。[1] 二是政策参与机制逐渐形成，无论是基于法律法规的要求、经由政府部门自身的建设还是通过社会组织等形式，公民参与公共政策过程的途径越来越多样化；通过不同的参与机制，公民的政策参与行为已经能够涵盖政策过程的各个环节。但是，我们也应看到，目前公民对政策参与机制的利用程度明显不足，尤其对法律法规框架内所建立的各种内生型参与机制的利用程度，如听证会制度、农村基层民主决策等，都还没有达到设计的预期效果。[2] 造成这种局面的根本原因在于公民的参与权利没有得到有效保障。并且参与的主观效能感一般，对参与权利的实现程度不够满意，在一定程度上导致公民对政策参与缺乏足够的积极性。

社会组织在促进公民参与和政府回应方面具有很大的优势。但是就中国目前的社会组织发育情况来看，其独立性和自治性比较低，对政府具有明显的依附性。虽然这类参与性组织在一定的时候能够代表群众向政府表达意见，成为政府与公众之间信息沟通的"桥梁"和"纽带"，但更多的是反过来承担政府政策解释和执行的工具，甚至在政府决策不利于群众的时候，这些组织还担负起施加压力的作用。因此，这种单一性组织的表达功能相对微弱，在促进行政过程公开、公民参与和政府回应方面，其积极作用还没有得到充分实现。总之，政策参与机制不完善，为公民对政策过程各个环节的参与实践和政策效果的发挥，带来了诸多障碍。

（四）政府信息公开力度不够，公民知情权没有充分实现

政府信息公开制度是体现和保障政府行政过程公共性的重要法律制度。从发展历程看，中国政府信息公开制度的建立并非一蹴而就，而是经历了自下而上的从村务公开到乡镇政府政务公开和厂务公开，再到县级以上人民政府的政府信息公开这一发展过程。2008年5月1

---

[1] 涂锋：《2001年来中国公民的公共政策参与》，载房宁、杨海蛟、史卫民主编《中国政治参与报告（2011）》，社会科学文献出版社2011年版，第143页。

[2] 同上。

日正式实施的《政府信息公开条例》,标志着中国政府最终确立了信息公开制度。《政府信息公开条例》实施10多年来,在推进透明政府建设,促进依法行政,保障公民知情权、参与权、表达权和监督权等方面发挥了巨大作用。但政府信息公开制度的运行也面临着诸多问题。据一项全国性的调查数据显示:2009年至2014年中国地方政府信息依申请公开率呈震荡中下降趋势。2009年至2011年小幅度平缓下降,2011年至2012年出现小幅度回升,2014年出现大幅度下降,从2013年的0.8569下降至2014年的0.7655。[1] 政府信息依申请公开率最能真实客观地反映地方政府行政透明程度。政府信息依申请公开率的下降反映出中国地方政府行政透明程度在下降。

政府是信息的垄断者,信息公开的内容、范围、方式等都受到政府的控制,并且有些地方政府信息公开、政务公开纯粹是走形式、做样子。为公开而公开,表现为信息公开避重就轻和选择性公开,该公开的不公开,人民普遍关注的热点、难点、敏感问题不公开,而几乎家喻户晓的事情却反复公开。有关行政信息公开的法规通常都是以内部文件的形式做出,既不全面、不规范,也缺乏足够的约束力。目前中国还没有一部统一的《信息公开法》。因此,在缺乏法规约束和制度保障的前提下,有些信息公开、政务公开显得虚伪和乏力,"公开"变成"空开"的担心不是没有一点道理的。

二 提升中国行政过程公共性的路径分析

进入21世纪,特别是党的十六大以来,以构建服务型政府为目标的政府转型思路逐渐明晰。服务型政府是中国行政管理体制改革的目标取向。如前所述,服务型政府的行政过程是一种典型的公共过程,强调行政过程的公开透明,公民参与和政府回应。近年来,中国政府在推进"阳光行政""透明行政"的进程中取得了长足的进步,

---

[1] 魏成龙、王东帅、魏荣桓:《中国地方政府信息依申请公开问题研究——基于2009—2014年29个省份的数据》,《中国行政管理》2016年第7期。

第三章 中国行政管理公共性的公共过程

但也存在诸多问题,进一步提升中国政府行政过程的公共性,应从以下方面着手:

(一)构建提升行政过程公共性的"参与—回应"机制

服务型政府从根本上说是公民本位的政府,公民的利益和意志将是政府工作首要关注的价值追求。为了确保公民的利益和意志在整个公共管理中具有决定性地位,需要做到公共政策反映公民意志,公民参与公共政策的执行并把公民是否满意作为评估政府绩效的最终标准。[①] 在理念上,服务型政府强调从政府为中心的管理向以公民为中心的服务转变;在实际的行政运行过程中,强调公民参与与政府回应,在此基础上形成政府与公民之间良性的互动关系。因此,服务型政府视野下的行政过程公共性的提升,要从构建合理的"参与—回应"机制着手。

从理论上分析,行政过程就是实现公共利益最大化的过程,也正是对公共利益的追求,才使行政过程获得了公共性。鉴于公共政策在当代中国政府行政中的日益重要作用,在相当程度上,政府行政的实施及其价值实现主要是通过适时制定和执行各种符合公共利益最大化价值取向的、效率与效能兼具的公共政策来完成的。因此,政府行政过程中主要体现为公共政策过程,行政过程中的"参与—回应"机制,即政策过程中的"参与—回应"机制。

公共政策过程中的"参与—回应"机制主要由四种要素构成,即公共利益、公共政策、公众和行政人员。从提升中国行政过程公共性的视角出发,它们之间的关系状态如下:

1. 公共利益与公共政策的关系

服务型政府下公共政策以实现公共利益为基本目标,并以是否实现公共利益作为评价标准。因此在公共政策价值取向上必须坚持公共利益的价值取向。正是对公共利益的追求才赋予了公共政策以公共性的本质属性。从词源学上解释,无私谓之"公",资源合享谓之

---

① 燕继荣:《近十年来国内服务型政府研究综述》,《新华文摘》2009 年第 8 期。

"共"，公共利益是指"具有社会分享性的、为了人们生存、享受和发展所需要的资源和条件"。① 公共政策在本质上就是对公共利益和价值的权威性分配。因此，公共利益的价值取向是其获得公共性和合法性的前提和基础。

2. 公共利益与行政人员的关系

无论是计划经济体制下的全能型政府，还是改革开放初期形成的管理型政府，行政过程相对封闭，基本上将公众参与排斥在政策过程之外。在这封闭的行政过程中，公共利益是由权力精英单方理解和界定的，从而代替了公民利益的实际表达。因而在政策制定过程中，公民所起到的作用很弱。而服务型政府则强调公共利益或公民利益是公民与行政人员的对话与沟通的结果。在此基础上，政府不仅要确保公共利益居于主导地位，还要实现与公民的良性互动，共同协作制定公共政策。

3. 公共利益与"参与—回应"机制的关系

服务型政府的行政过程，是一种典型的公共过程，即"参与—回应"机制的有效运作。公共利益的形成与实现过程有赖于一系列"参与—回应"机制的作用：公众参与政策议程的机制是政府回应制度形成的前提，政策制定过程中的行政听证制度不仅是公众参与的及自身权益得到保护的有效途径，也是体现政府回应的主要方式；公示制度有利于增加行政公开的力度，体现了政府回应公众的主动性；在政策执行及公共服务提供中的社会承诺制是政府回应的有力保证。此外，政府与公众的互动是一个持续的过程，政策复决制度与公民投票制度、政策法规的回应制度等充分体现了政府回应机制。② 在"参与—回应"机制中，无论在政策的制定、执行还是反馈过程中都要实现公民参与，这是防止公共利益异化和提升行政过程公共性的有效途径。

---

① 陈庆云：《论公共管理中的公共利益》，《中国行政管理》2005 年第 7 期。
② 王丽莉：《服务型政府：从概念到设计》，知识产权出版社 2009 年版，第 174—175 页。

(二)扩大政府信息公开,实现"阳光行政"

"阳光行政",也叫透明行政,是相对于"黑箱行政""暗箱行政""封闭行政"而言的。所谓"阳光行政"是指在"以人为本、执政为民的根本理念和公民本位理念指导下,健全政府信息公开和政务公开,保证行政过程的公开性和透明度,设立合法的渠道保证人民群众对公共权力、政府机关及其工作人员的监督与制约,使政府公共行政活动和行政过程始终在阳光下良性运行"。[①] 阳光行政是展现行政过程公共性的必然要求和基本范式。随着中国行政管理体制改革的不断深化,政府转型的不断推进,"阳光行政"愈加成为从管理型政府向服务型政府、从"暗箱行政"向"透明行政"转变的要求和着力点。

1. 进一步推进政府信息公开

信息公开是"阳光行政"的重要内容,即公民有知晓政府信息的权利和政府有应公民要求公开有关信息的义务。信息公开是保障公民知情权、参与权、监督权以及实现公民与政府良性互动的前提和基础。就中国目前的信息公开程度来看,存在着避重就轻、选择性公开、为公开而公开等弊端,因此要加大信息公开的力度和范围,有必要制定一部统一的《信息公开法》,提升信息公开的法律效力。此外,还要界定好信息公开与保密的关系,摒弃传统的做法,即一些地方政府以保密为由,把本应公开的行政决定、规则、政策、会议精神等当作"内部文件"而列入保密范围。

2. 实现信息公开方式由权力型向权利型转变

政务公开也是"阳光行政"的基本要求。它要求国家行政机关及其工作人员,在法律规定的范围内将行政事务向社会公开。要使公民能够直接、广泛地表达自己的意愿,参与行政活动,其基本的前提条件是政务公开。只有充分了解行政事务,公民才能充分有效地行使参与行政的权利。因此,政务公开是确保公民参与和行政过程公开、透明的必要条件。在中国全能型和管理政府模式下,政务公开方式基本

[①] 刘文俭:《阳光施政与阳光政府建设》,《广东行政学院学报》2004年第2期。

上属于权力型公开方式,"即公开什么、何时公开、什么渠道公开,都是政府自行决定,其出发点不是为了方便公众和接受公众的监督,而是政府为了改善自身形象和自身管理的需要"。① 而权利型政务公开方式意味着公开的目的是为了保障公民的知情权、参与权、监督权,是一种对政民关系中的"公民本位、权利本位"的体认行为。简言之,公开是一种义务而不是权力。

3. 健全"阳光行政"的监督机制

对"阳光行政"而言,信息公开只是手段,其目的是对政府机关及其工作人员进行监督,确保公共权力的公共属性,而不是沦为谋取私人利益的工具。就中国当前"阳光行政"的监督机制的现状来看,还存在着监督作用不力、责任追求力度不够等弊端。"阳光行政"由于缺乏明确的责任主体、责任内容、责任追求主体等而无法真正实现。因此,要提升行政过程的公共性必须健全责任监督机制,通过法律和制度对权力进行有效监督。如果没有国家强制力为后盾的法律和制度作保障,没有新闻媒体的介入,"阳光行政"很难落到实处。

(三)发挥现有参与机制的作用,注重开辟新兴的参与途径

公民行政参与广度(指参与人数)和深度(指参与程度)是衡量行政过程公共性的重要指标。公民通过各种合法途径来直接或间接影响政府行政决策和监督公共权力运行过程是增强行政过程公共性的重要途径。就中国目前情况来看,政府为公民参与行政过程提供了多种机制或途经。大致说来由内生型的参与机制和外生型参与机制两种。内生型参与机制是在政府行政体系内专门设立的政策参与机制,如针对行政决策和行政行为的听证会制度、重大决策公示制度、行政调研制度、社会承诺制度、专家咨询制度、信访等。外生型参与机制是指在现有的行政体系之外的各种社会性机制,公民可以借助这些机制参与行政过程或政策过程,如大众传媒、互联网、研究智库以及民间组织参与等。

---

① 石路:《政府公共决策与公民参与》,社会科学文献出版社2009年版,第287页。

第三章 中国行政管理公共性的公共过程

虽然目前已经形成了多元化的行政参与机制，但是很多机制没能真正发挥作用。比如行政听证制度、民间组织参与等的积极作用还未能得到充分体现，甚至在一定程度上流于形式。之所以现在出现大量的非理性的公民参与，主要原因还是在于现有的正常参与渠道不能发挥应有的功效。公民参与仍然面临着制度化程度不足的问题："参与渠道仍显不足，同时关于规范参与行为、畅通参与渠道、保证参与实施的制度也仍然不够健全，以至于很多参与机制流于形式。"① 如何保证公民参与真正行使有效最为关键，也是目前解决突发事件、非理性参与行政的有效措施。"假如公民不能通过正常的途径表达自己的意愿和保障自己的权益，他们将会采取非常态的参与方式，成为不稳定的因素。"②

同时，对于一些新兴的参与机制应大力培育，以拓展公民参与途径。其中有两种参与机制应引起足够的重视。一是媒体和网络承载的行政参与。根据中国互联网信息中心的最新年度报告，截至 2019 年 6 月，中国网民的规模已经达到 8.54 亿人，较 2018 年底增长了 2598 万人；互联网普及率达到 61.2%，较 2018 年底提升了 1.6 个百分点；我国手机网民规模达 8.47 亿人，较 2018 年底增长 2984 万人，网民使用手机上网的比例达 99.1%，较 2018 年底提升 0.5 个百分点。③据天则经济研究所 2008 年对全国省会城市的调查，在公民利益的表达方面，有 9% 的受访者曾经为了表达和参与社区或公共问题而联系媒体，这一数据要高于自发集体活动的比例（8.5%），更高于向人大、政协等监督机构进行反映的比例（4.2%）。此外，对于公民向政府提出意见所选择的途径，由 18.1% 的受访者选择了"媒体网络"，而选择"领导、人大、政协上访"的受访者只有 12.1%。并

---

① 石路：《政府公共决策与公民参与》，社会科学文献出版社 2009 年版，第 287 页。
② 王乐夫：《浅议国家决策参与机制的改革与完善》，《"党的十六大于中国政治发展及公共管理改革"学术研讨会论文集》，中山大学出版社 2004 年版，第 169 页。
③ 中国互联网信息中心：《第 44 次中国互联网发展状况调查统计报告》，2019 年 8 月 30 日（http://media.people.com.cn/n1/2019/0831/c40606-31329137.html）。

且,媒体对于政策方案的选择和评价作用也得到了地方政府的高度重视。如中国政法大学2006—2008年的"行政管理体制调查"显示,受访的地方官员在回答何为"争取资源最有效的途径"时,55.3%选择了"媒体宣传"。这也反映出中央政府对大众传媒本身的重视,并视其为听取群众和舆论呼声和政策评价方案优劣的重要渠道。[1] 因此,政府要重视和发挥以媒体网络承载的公民参与在促进行政决策透明化、公开化和民主化以及推动政府与公众互动中的作用,同时,也不能忽视其负面作用如虚假信息、网络话语权的垄断、非理性化、情绪化、粗俗化等。二是以民间组织承载的行政参与方式。"近年来,随着中国公民社会发展,民间组织在政策倡导,即通过各种方式参与行政过程、影响公共政策的行为,从而在公共政策中体现多元利益相关者的价值,促进决策的公共性等方面具有自身的优势。"[2] 因此,应该为这些民间组织参与行政过程提供制度化的渠道,发挥其在政策过程中的参与作用,促进行政过程的公开透明。值得注意的是,利益集团作为一种特殊的社会组织,在政府行政过程中也实际存在。它们由于自身的经济实力以及由此而形成的强大影响力,往往使得公共政策偏离公共性的价值取向。因此,在政府决策过程中要注意其不良影响,不能像西方国家利益集团政治那样,政府任凭利益集团的摆布。否则,公共行政就有悖于公正的价值取向和公共性的本质要求。

(四)培养公民精神,培育民本位的行政文化

行政过程的公共性在描述层面表现为公开性、参与性和回应性以及由此而形成的一系列公开、参与和回应的制度安排和运行机制;在规范层面则表现为"民主公民权""公民本位""人民当家做主"等基本价值理念在行政过程中的体现。事实上行政过程公共性的描述层面与规范层面、制度层面与价值层面是相辅相成的。"在大多数情况

---

[1] 涂锋:《2001年来中国公民的公共政策参与》,载房宁、杨海蛟、史卫民主编《中国政治参与报告(2011)》,第137—138页。

[2] 参见贾西津《民间组织与政府的关系》,载王名主编《中国民间组织30年——走向公民社会》,社会科学文献出版社2008年版,第197页。

第三章 中国行政管理公共性的公共过程

下,价值与制度之间所起到的是相互支援的作用,即价值观规范着制度的基本模式,而制度的正常运转强化着人们的价值观念。"[1] 因此,提升中国行政过程公共性还要从价值理念层面着手,即培养公民的公民精神和培育"民本位"的行政文化。

由于受长期的人治行政和中国传统行政文化的影响,导致了广大公民权力依附的品行和民主参与精神的缺乏。从历史上说,中国人一直有关心国家大事的优良传统,当代的中国公民也承继和保持了这一传统。中国公民并不缺乏政治责任感和政治热情,而缺少的是公民主体意识和公民精神。这在很大程度上制约了公民对行政过程的参与和监督。因此,培育现代公民精神是提升行政过程公共性的基础。要从"培养公民的权利意识、参与意识、公正意识、责任意识和公民关于政治决策实质的认知能力、发现政治决策程序的发现能力以及将政治知识转变为政治行动的转换能力等方面着手,培养中国公民的公民精神"。[2] 与之形成鲜明对比的是,政府官员的"官本位"的思想相当严重,这是一种"管制于民"的施政理念,而不是服务于民的施政理念。因此,只有实现从"官本位""权力本位"向"公民本位"、"权利本位"的彻底转变,才能使行政过程的公开、透明、参与和回应找到正确的价值基础。

综上所述,在价值层面,提升中国行政过程的公共性依赖于培养公民的公民精神和培育"民本位"的行政文化。只有如此,才能使中国公共行政成为一种典型的公共过程,并以这种公共过程为载体,充分实现"问政于民""决策于共""行政于和""监政于公"以及政府与公民之间的良性互动。

---

[1] 杜志华:《价值—制度互动:中国现代化进程分析的新视角》,《新视野》1997年第1期。
[2] 参见傅耕石《服务型政府的构建:中国语境下的审视》,博士学位论文,吉林大学,2007年。

第四章　中国行政管理公共性的宪法法治

在公共行政领域，理解公共性的传统标准就是"公行政"与"私行政"界限的差异性或清晰度。循此思路，公共行政的公共性主要体现为公共行政与私人行政基于法律环境的不同所体现出的根本差异，即公共行政必须基于宪法法治而运作，这是行政公共性在宪法法治层面的重要体现。

公共行政是在特定情境中应用与实施法律的活动。相对于私人行政而言，公共行政首先要以宪法为基础，宪法是国家的根本大法，是国家政治制度的核心与基石，制定和实施宪法是向现代国家转型的重要标志之一。宪法法治是制约公共行政的重要因素，只有实施宪法法治才能从根本上保障公共行政的公共性、合法性与有效性。行政公共性与宪法法治究竟在哪些方面具有和多大程度上体现其相关性？基于宪法法治平台上的公共行政应如何运作？为什么需要和如何有效地实施宪法法治，以规制和引导中国行政管理以彰显其公共性？这些都是需要深入探讨的具有重要理论意义和实践价值的问题。

第一节　中西方学者的观点及启示

一　西方学者的观点

在西方公共行政思想史上，历来存在着宪制主义和管理主义两种倾向。在价值取向方面，前者主要关注社会公正、平等、民主、回应

第四章 中国行政管理公共性的宪法法治

性等，后者则关注效率。宪制主义的思想传承者更多的是从宪法的角度来理解和强调行政公共性的重要性。对他们来讲，宪法之于维护公共行政公共性的重要性在于对公共权力的制约、法治精神、民主平等观念、公民精神等。

作为新公共行政学的代表性人物，弗雷德里克森的观点最具代表性。弗雷德里克森认为公共行政公共性一般理论的第一个要件是"公共行政必须建立在宪法的基础之上。人民主权原则、代议制政府原则、权利法案中的公民权利、程序性正当的法律程序、分权制衡，以及联邦宪法和州宪法中的许多规定，都是这种理论的基础，这种基础是稳固的、不可动摇的"。[①] 这是公共行政学者从宪法法制角度对行政公共性做出的最具代表性的论述。

弗雷德里克森认为，公共的观念可以追溯至古希腊。古希腊的公共观念把政治共同体（城邦）视为公共，所有的公民（即成年男子和自由民）都可以参与这种政治共同体，政治共同体的目的在于设立通行的标准和惯例，支持、宣传和实施这些标准。这些标准有利于实现公民的最大利益。公民持有对城邦国家热爱和忠诚的义务，城邦国家也有保护和关心公民的责任。从政府行政的角度看，公共性主要体现在城邦公民积极参与公共生活、平等地分享公共权力、共同决定和管理公共事务。这也是古希腊民主行政中的"权力在民""轮番为治"的体现。无论是在行政权力的归属上，还是行政权力的行使过程都充分体现了公共性的特征。然而一个半世纪以来，功利主义哲学取代了希腊人的公共观念，并支配着政治思想实践。

按照功利主义的逻辑，社会绝不是同个人相脱离的特殊的实体，社会是个体的总和，个人在关注自我利益的同时，也在共同的功利中或功利的总量中增加了一份。因此，社会的利益就是个人利益的总和，只要每个人都能追求和实现个人利益的最大化，那么整个社会也

[①] [美]乔治·弗雷德里克森：《公共行政的精神》，张成福等译，中国人民大学出版社2003年版，第39页。

就实现了利益的最大化。这种观点就是众所周知的功利主义的观点,它追求的是个人利益、自我快乐和幸福。它并不特别关注社会的价值和观念,诸如伦理、更大的善或公共利益的可能性。根据功利主义的观点,利他主义虽然好,但在现实中找不到。因此,占主导地位的观点必定是个人主义的观点。对个人的欢乐和所得、个人效用或成本斤斤计较取代了为了更大的善而治理的努力。政府的目的被降至为私人谋取福利。人们以结果或后果作为判定福利、快乐或者效用的标准,而结果或者后果是通过官僚化的、技术的或者科学的方法来测定的。"这里已毫无公共可言,公共成为原子化的个体的集合,除了个人利益的简单相加之外,不存在任何公共利益之类的东西。"[1]

功利主义哲学与市场经济模式的发展是相伴而生的。公共选择理论把功利主义的逻辑和市场规则引入公共行政,这也是新公共管理理论最主要的知识来源。从经济人假设出发,公共选择理论把公务员看成是效用最大化的追求者,将公民与政府的关系比拟为顾客与企业的关系。这种自利人的假设有失偏颇,它并没有反映出公共行政的全貌。例如一大批政府官员、利益集团和公务员都在竭尽全力促进他们心中的公共利益最大化。这种不恰当的比喻在毫无顾忌地为公共行政人员追求个人利益寻求正当的借口,从而引发公共责任和公共伦理危机。如弗雷德里克森所指出的,"官僚意识形态已经成为官僚文化的一个组成部分……行政的专业化和官僚的社会化改变着公务员的观念……而不是把自己视为公务员或者公共官员"。[2] 这种"自利人"造成了公务员与其"公共人"角色的冲突,使得公共利益成为公务员行为动机中一个可有可无、无足轻重的变量,导致公共精神危机。

此外,这种"顾客"隐喻暗含着公民身份的矛盾与冲突。"顾客"

---

[1] W. A. R. Leys, *Ethics for Policy Decisions*, New York: Prentice Hall, 1952. 转引自[美]乔治·弗雷德里克森《公共行政的精神》,张成福等译,中国人民大学出版社2003年版,第39页。

[2] [美]乔治·弗雷德里克森:《公共行政的精神》,张成福等译,中国人民大学出版社2003年版,第31—32页。

第四章 中国行政管理公共性的宪法法治

隐喻的本意是将顾客满意作为政府施政的目标，认为在顾客理念的指引下服务的供给方直接对顾客负责，从而为顾客提供多元的、及时的服务。然而，这种顾客隐喻无法全面理解公民在民主治理过程中的角色，公民不仅是公共服务的被动接受者，更是参与者和监督者。"顾客"隐喻至少存在两方面的问题。首先，"顾客"隐喻降低了公民的宪法权利和法律地位。从政府与公民的关系来看，人民主权或者政府的一切权力来自人民的委托，公民是政府的唯一真正的主人，政府是民众的公仆。因此，在终极意义上，公民高于政府。而顾客是一个基于交换或契约关系的概念，"顾客"隐喻意味着作为交换双方的顾客和服务供给者是平等地位。可见，顾客代替公民实际上降低了公民的民主权利。其次，"顾客"隐喻忽略了公民参与的权利。依据"顾客"隐喻的逻辑，公民实际上处于被服务的被动地位。顾客是以购买或不购买来表达自己对于提供的产品或服务的意愿，但是提供什么样的产品或服务是由企业决定的，顾客并没有参与的权利。政府把公众仅仅当作被动的服务的接受者或者纯粹的消费者，与政府的宗旨相违背。民众不仅要通过"顾客"意愿、"顾客"满意来表达自己对服务的需要，更期待自己的权利、价值偏好和价值得到尊重。这就需要政府与公民之间的互动，而不是"顾客"隐喻逻辑下的政府单向度地行使权力。因此，顾客理念忽略了当代公共行政最重要的基础，即公民参与。公民参与是政府决策时必须考虑的重要因素，也是公民对政府监督的重要途径。否则，就不可能确立人民在国家中的主体地位。在此意义上讲，公共行政的公共性取决于公众能否被纳入公共行政的过程之中。

基于对公共行政中功利主义倾向所造成的"公共"沦为原子化的个体的集合的批判，弗雷德里克森提出"公共"即公民的观点。"这种公民精神的观念主张公众不仅仅追求自身的利益，而且还应该追求公共利益。"[①] 由于公共与公民关系的密不可分，那么在寻求公共行

---

① ［美］乔治·弗雷德里克森：《公共行政的精神》，张成福等译，中国人民大学出版社2003年版，第37页。

政的公共性时，就十分强调公民在公共行政过程中广泛参与的重要性。"一般而言，在公共行政领域，现代的公民精神理论假定，充满活力的公民和有效的公共行政是相辅相成的。公民参与已经改变了公共政策领域内传统的决策方式并成为民主行政的重要特征。"[①] 对于公共行政人员必须具备公共责任和伦理责任，对公民充满关爱。弗雷德里克森将之概括为"乐善好施"，即"一种对人民无限的爱，以及宪法和法律所赋予的基本权利必须受到保护的规则……在民主国家，公务员同公民之间的应该存在的特殊关系是建立在公民知晓他们是受爱戴的基础之上的"。[②]

美国学者戴维·H. 罗森布鲁姆等认为公共行政的公共性在于公共行政与私营部门的行政在运作上的法律要素层面的区别。公共行政以宪法为基础。他以美国公共行政为例指出，美国联邦与州宪法不仅提供了公共行政存在的空间，同时也对其运作形成限制。宪法对权力进行分立并对行政权进行控制。由于宪法采取分权与制衡原则，故使得公共行政常常受到来自行政、立法、司法三种力量的主导。公共行政基于宪法上的考虑在其他方面也很重要。它确立了公共部门特有的、不同于私人部门管理的价值观。这些观念常常与私营部门所持价值观相背离，如政府对效率的考虑要从属于许多政治原则之下，包括代表性、责任与透明性等。效率原则同样需要让位于某些法律考量，如正当程序等。法律途径的公共行政强调法治，它包含着几个核心价值。首先是"程序性正当法律程序"，它意味着公平性，被认为是保护个人免于遭受政府恶意的、无端的、错误的或反复无常的违宪剥夺生命、财产与自由的必要程序。其次是个人应享有的实质权利和法律的平等保护。最后一个价值是公平。[③]

[①] 参见［美］乔治·弗雷德里克森《公共行政的精神》，张成福等译，中国人民大学出版社2003年版，第37页。

[②] ［美］乔治·弗雷德里克森：《公共行政的精神》，张成福等译，中国人民大学出版社2003年版，第175页。

[③] 参见［美］戴维·H. 罗森布鲁姆、罗伯特·S. 克拉夫丘克《公共行政学：管理、政治和法律的途径》，中国人民大学出版社2002年版，第6、35—37页。

※ 第四章 中国行政管理公共性的宪法法治 ※

综上所述，弗雷德里克森等人关于公共行政公共性的一般性理论的观点，表明行政公共性离不开宪法基础上的民主运行机制，即现代公共行政不仅要与宪法相一致，还要实现宪法的愿景；公民对行政过程的广泛参与；以及在宪法法治之下的公共管理者不仅要在技术上是能胜任的，而且必须对宪法承担道义上的责任，而这种道德的责任必须是超越行政绩效的技术要求的。

二 中国学者的观点

中国学者从宪法法治的层面对公共行政及其公共性进行解释，并强调了宪法法治之于行政公共性的重要性。

张成福在反思和重塑公共行政的公共精神时，提到我们这个时代的公共行政需要"法的精神"。法治在理念和实践上是这样一种状态：法律是建立在尊重民主、自由、人权的基础上；宪法和法律有着最高的权威和效力；法律面前人人平等；它不承认任何人、团体和组织具有超越法律之外的特权；任何人都在法律的范围内享有平等的权利，平等地承担义务；它意味着"政府的全部活动应预先确定并加以宣布的规则约束——这些规则能使人们明确地预见到特定情况下当局如何行使强制力以便根据这些认知规则规划个人的义务"。[①]

王乐夫从宪法法治的角度对公共管理的公共性进行了解读。他认为近年来随着法治主义的兴起和行政权力的发展，公共管理与法律的关系变得日益紧密起来。如何通过法律使公共部门拥有的公共权力不被滥用的同时，促进公共各部门有效发挥作用，已经成为现代公共管理彰显其公共性的重要课题。公共权力在本质上是一种凝聚和体现公共意志的力量，是公共管理活动的后盾和基础，公共权力的公共性集中体现了公共管理的公共性。然而，公共权力从其产生的那天起就具有双重性质，是一把"双刃剑"。这就产生了对其加以约束的必要性

---

① 张成福：《论公共行政的"公共精神"——兼对主流公共行政理论及其实践的反思》，《中国行政管理》1995 年第 5 期。

问题。将公共权力列入法律裁判的范畴,强调法对公共权力的规范和约束是确保公共管理公共性的根本途径。在人类社会中,没有宪法和法治,几乎就不存在负责的公共行政。在现代法治社会中,法律的功能一方面是使公共部门受到严密的控制,体现出有限的特征;另一方面是保障公共权力的正确运行,使公共部门能够增进社会公共利益,体现出有效特征。从公共管理法律途径来体现其公共性,主要包括以下内容:"其一,强调宪法层面的公正、程序、权利和平等价值。其二,把公共部门视为一种能够通过公正的抗辩程序来解决争端的机构形式。其三,建立明确的公共管理行为准则和监督机制。其四,把公共管理的对象看作完整和独立的个体,关心个人宪法权利和法律权利的保障。其五,重视公共管理结果的合理性,不仅要求公共管理行为的主体和程序合法,还要求有利于保护公共管理相对人的合法权益和提高效率"。[①]

俞可平教授认为,在公共行政领域,公共性的集中体现就是善治。善治就是使公共利益最大化的社会管理过程和管理活动。[②] 善治的基本要素之一就是法治政府。法治政府是一种受确定的、可预期的法律规制的政府。法治政府将政府置于法律的约束之下,依法行政。这不是因为公民个人的守法不重要,而是因为政府作为公权力的行使者,承担着维护公共秩序、保障公民权利的使命,政府本身的运转状况如何,直接关系到社会整体的运行状况。只有当政府本身的运行是有规则的而不是随意的,社会整体才可能是有秩序的;也只有当执行法律的政府服从法律的约束时,社会才可能建立起普遍的法律秩序。法治政府主要表现在两个方面:一是政府必须依法产生、受法律约束、依法办事、对法律负责;二是依法保障公民权利的实现。[③]

[①] 参见王乐夫、蔡立辉主编《公共管理学》,中国人民大学出版社2008年版,第423—425页。
[②] 俞可平:《论国家治理现代化》,社会科学文献出版社2014年版,第59页。
[③] 俞可平等:《中国的治理变迁(1978—2018)》,社会科学文献出版社2018年版,第190—191页。

※ 第四章　中国行政管理公共性的宪法法治 ※

美国学者费斯勒认为：公共行政与私人行政、公共组织与私人组织之间的一个主要差别就在于法治，公共管理者所采取的每一项行动最终都必须追溯到权威的法律的授权，而私人公司不必这样。而对法律的忠实执行则成为对公共管理者的最高要求和行政责任制的核心。[①]

综合国内外学者的观点，可见，公共行政公共性在法治层面上就表现为公共行政必须基于宪法法治而运作。宪法法治之于公共行政公共性的重要性不仅在终极价值上二者是契合的，都体现了"以人为本"的价值关怀，而且宪法法治的本质在于防止和制约公共权力的滥用，保护公共权力的良好运行，从根本上保障公民权利的实现。

宪法法治的本质在于人民主权、法治精神和人权保障。宪法法治所体现的对公共权力的制约、法治精神、民主平等观念、公民精神等，是规制政府行政以显示行政公共性的重要因素。只有实施宪法法治才能从根本上保证政府行政的公共性、合法性和有效性；反之，政府行政也在许多重要方面和很大程度上影响和制约宪法法治的实现。这些观点对于从宪法法治层面来提升和彰显中国行政管理公共性具有重要的借鉴意义。

第二节　行政公共性与宪法法治的相关性分析

一　古希腊法治理性与公共性

在古希腊文化中，"公共"一词有二重意义。一重是指具备公共精神和公共意识，就是古希腊成年男性公民身体上成熟到一定程度的时候，他才有这样一种公共精神和公共意识，才能够参加公共事务。另一重是人与人之间在相互交往中互相关心和照顾的状态。[②] 希腊人把政治共同体（城邦）视为公共，所有的公民（即成年男子和自由民）都可以参加这种政治共同体。因此，古希腊文化中的公共是一种

---

① [美] 詹姆斯·W. 费斯勒：《行政过程的政治——公共行政学新论》，陈振明等译，中国人民大学出版社2002年版，第9—10页。

② 郑杭生：《社会和谐与公共性》，《中国特色社会主义研究》2005年第1期。

· 105 ·

民主性的公民政治生活方式。无论在政治思想还是政治实践中，古希腊政治共同体都体现了一定程度的公共性，即哈贝马斯所说的城邦型公共性。

由于古希腊城邦还没有出现国家与政府的分立，如果我们从现在国家与政府分离的视角来反刍古希腊的政治实践，即从政府行政的角度讲，这种民主的政治生活方式就体现为民主行政。张金鉴认为远在古希腊时代即有民主的行政制度和思想。雅典的民主派大政治家伯里克利在阵亡将士葬礼上称："我们的政府是民主的，因为政权掌握在全体公民手中，而非由少数人所操纵，公民在法律面前人人平等，并且公民参与政治生活的机会也是平等的。让一个人担负公职优先于他人的时候，所考虑的不是某一个阶级的成员，而是他的真正才能。任何人只要他能够为国家做贡献，决不会因为贫穷而在政治上湮没无闻。人民对公共政策决定，都有参加的机会与权利。[①] 可见，在古希腊民主政治实践中，政府行政也是民主的"，[②] 公民对于政策的决定，都有参与的机会和权利。古希腊民主行政公共性主要体现在城邦公民积极参与公共生活、平等地分享公共权力、共同决定和管理公共事务。这是古希腊民主行政中的"权力在民""轮番为治"的体现。无论是在行政权力的归属上，还是在行政权力的行使过程中都体现了公共性的特征。

古希腊民主行政是以法治为基本特征的。古希腊政府行政的公共性及其发展与法治理性密切相关。从某种意义上说，正是法治才孕育了行政公共性的基本条件。宪法虽然是一个现代概念，但其滥觞却可以追溯到古希腊城邦。"很多近代的政治观念——例如公道、自由、立宪政体和尊重法律——或至少是这些观念的定义都起源于希腊思想

[①] 参见张金鉴《行政学典范》，三民书局1979年版，第29—30页。
[②] 这种民主的行政是建立在古希腊奴隶制基础上的，以伯里克利时代的雅典城邦为例，雅典城邦总人口为30万—40万人，其中雅典公民为4万人，如果加上他们的家庭成员，总数约为16万人，外邦人约为9万人，奴隶约为8万人，随意真正分享行政权力的公民约占总人口的1/10。

第四章 中国行政管理公共性的宪法法治

家对城邦制度的看法。"① 正是这一次又一次的改革确立并完善了古希腊的城邦制度及其城邦理性。城邦理性实质上就体现为法治理性。第一,古希腊法治理性孕育了民主平等的观念。在这种观念下,一切公共权力完全属于全体公民,公民平等地直接参与政府决策,管理公共事务。第二,法治理性体现为法治精神。古希腊很早就产生了法的观念,大多数城邦都严格实行法治,视法律为神圣不可侵犯,而且主张法律一经制定就要严格执行,任何人都不应该避开法律而自行其是。在亚里士多德看来,法治最大的好处是法律没有感情,不会因人而异,因而体现了公正。"法治应包含两重意义:已成立的法律获得普遍的服从,而大家所服从的法律又因该本身是制定得良好的法律",② 即良法要合乎正义,是为了公众利益而不是为了某一阶级或个人的利益。第三,法治理性体现为公民意识。古希腊城邦政治实践孕育的民主法治精神培育了公民意识和公民精神。"公民意识就是公民对自己身份和政治角色以及由此而来的权利义务的认知,对他们与公民团体即城邦之间关系的看法以及他们的政治价值取向。"③ 这种公民意识主要表现为对政治生活的广泛参与、对维护和促进公共利益做出优先性的价值选择、自由平等观念、崇尚法治的精神等。第四,法治理性体现为对公共权力的制约。包括全体公民对公共权力实行监约、法律对权力的监约,如城邦的立法、行政、司法等权力分别由不同的机构和官吏来行使,并且每个机构和官吏行使的权力都是受到限制的。

虽然古希腊民主政治生活实践是建立在奴隶制基础上的直接民主制,却为我们从源头上展示了政府行政公共性的原始图景,揭示出政府行政公共性与法治的关系。这也是目前学术界在探讨行政公共性问题时,将其追溯至古希腊的原因所在,并认为古希腊民主政治生态下

---

① [美]乔治·霍兰·萨拜因等:《政治学说史》(上),盛葵阳等译,商务印书馆1986年版,第22页。
② [古希腊]亚里士多德:《政治学》,吴寿彭译,商务印书馆1965年版,第163页。
③ 丛日云:《古代希腊的公民观念》,《政治学研究》1997年第3期。

的政府行政已经具有了公共性质。古希腊政府行政的公共性与古希腊城邦政治生活所孕育的法治精神密切相关,法治所体现的对公共权力的制约、法治精神、民主平等观念、公民精神等是制约政府行政和显示行政公共性的重要因素。只有实行法治才能从根本上保证政府行政的公共性、合法性和有效性。这种法治与行政公共性的关系为后来的公共行政学家所继承,如前已述及的弗雷德里克森、罗森布鲁姆、费斯勒等,无论是在公共行政研究上还是实践中,都注重从宪法法治层面来阐述行政公共性。

二 近代以来依法行政与行政公共性的演进

法治是现代政治文明的基础,是迈向现代政府治理和实现良政善治的必要条件。法治不仅具有工具层面的价值,即它能为政治治理和经济社会发展提供动力和保障,同时它本身就应成为人类生活中一种理想价值追求。法治是相对于人治而言,一部政府治理变迁史就是法治取代人治的历史过程。

(一) 西方国家依法行政与行政公共性

现代意义上的法治和依法行政是西方资产阶级革命的产物。从整个人类历史发展进程看,正是在法治和依法行政的实践中,才实现了政府行政管理性质上的突破,政府行政才开始拥有公共性的内容。

1. 西方国家依法行政的缘起与发展

法治是与人治相对应的政治思想和法律原则。作为一种治国理论,人治强调国家的兴旺发达和长治久安应当寄希望于有一两个好的领袖人物,即所谓"为政在人,人存则政举,人亡则政息"。作为一种治国的原则,人治强调人的权威,国家可以以人而治。[①] 法治的基本意义是,法律是公共政治管理的最高原则,任何政府官员和公民都必须依法行事,在法律面前人人平等。法治的直接目标是规范公民的

[①] 李步云:《宪政与中国》,载俞可平主编《中国学者论民主与法治》,重庆出版社 2008 年版,第 161 页。

行为、管理社会事务、维持正常的社会生活秩序；但其最终目标是保护公民的自由、平等及其他基本政治权利。①

依法行政是法治理论和实践在政府行政管理领域的体现。近代意义上的法治和依法行政是资产阶级革命的产物。依法行政作为一种重要的政治理论和法律原则，是适应新兴的资产阶级反对封建专制制度的需要而产生的，在资产阶级夺取政权后的、政府体制建构过程中逐渐形成的，并在自由资本主义向垄断资本主义的过渡中不断发展。300多年的发展历程中，西方国家依法行政实践意味着在三权分立的国家政治体制格局中，公共行政权力主体即狭义的政府，应当依法设定和实施行政行为。至于对法的解释则在不同的时期、不同的国家有不同的理论和实践。但法的规范性或约束性作用始终是依法行政的核心理念。②

2. 依法行政与行政公共性的演进

近代以来，在人们对法治和依法行政的追求中，政府行政也获得了根本性的重塑。西方资产阶级民主革命的胜利，不仅在思想上完成了"主权在民"对"主权在君"的置换，而且在政治实践上推翻君主专制统治，建立了代议制民主政体。民主法治的政治制度设计为行政公共性的获得和展现提供了根本的保障和途径，其主要特征表现在以下几个方面：

其一，"人民主权。人民定期选举出自己的代表或国家元首，委托其组织政府，依法管理国家公共事务。因此政府只是代理人民管理社会事务的工具，政府存在的目的就是保障人民的权利和自由。人们凭借监督和更换政府及其代表的方式来保证主权在民的终极权力的实现；其二，宪法、法律至上。体现人民意志的宪法和法律明确规定公民个人的基本权利和自由神圣不可侵犯，并对政府权力进行规制。政府必须严格遵循宪法、法律的规定并受其制约。政府必须按照正当的

---

① 俞可平：《民主与陀螺》，北京大学出版社2006年版，第128页。
② 张国庆等：《典范与良政——构建中国新型政府公共管理制度》，北京大学出版社2010年版，第285—286页。

合法程序和规则来行使权力并承担公共责任;其三,分权制衡。权力分为立法、行政、司法三权,彼此独立又互相制衡,以防止权力滥用和走向暴政;其四,公民参与。公民可以通过多种方式或渠道参与政治,表达自己的利益诉求,并监督政府"。①

因此,在民主法治的政治框架内,政府行政实现了根本性的重塑。在对宪法法治和依法行政的追求中,政府行政逐渐从政治中分离出来而获得独立性,逐渐脱离"私天下行政"的色彩,开始获得公共性的内容。这种公共性主要表现如下:首先,公共行政应以谋取公共利益为宗旨,对公共利益的追求是"公行政"区别于"私行政"的本质体现。"由于公共利益随着民主观念的普及再次成为公共事务管理的目标取向,行政也因此具有了一定的公共性,从而使公行政与私行政之间的界分成为可能。"② 其次,"公共行政应当具有普遍的代表性,从行政组织到行政人员,在政策和行为上应当公开,能够在构成和行为动机上公平地反映社会的主要人口类别。再次,公共行政应当具有充分的开放性,不仅对代议机构开放,还应当对全体民众开放,防止行政人员独占与公务有关的信息,杜绝行政人员可能以机密或欺骗的手法损害民众的利益。最后,公共行政应当接受民众的广泛参与"。③ 总之,公共行政要成为公共利益的代表者、维护者和实现者,要具有代表性、公开性,并把公众纳入行政过程之中,是近代以来民主法治赋予政府行政展现其公共性的基本途径。

自从有了国家,也就有了作为国家直接代表的政府对社会公共事务的管理,有了某种形式的行政。在前工业社会占主导地位的政府治理模式是统治行政。国家是统治者的私有物,政府行政也不过是统治者的私人行政的延伸。因此,维护统治阶级的阶级利益便成为政府行政的首要出发点和根本归宿。这种为了满足统治阶级的需要和为统治

---

① 参见黄健荣等《公共管理新论》,社会科学文献出版社2005年版,第502页。
② 陈刚:《公共行政与代议民主——西方公共行政的历史演变及其启迪》,中国社会科学文献出版社2010年版,第24页。
③ 张康之:《社会治理的历史叙事》,北京大学出版社2006年版,第96页。

第四章 中国行政管理公共性的宪法法治

阶级服务的统治行政忽视和侵犯了人民大众的利益或社会公共利益。尽管它也承担一些诸如兴修道路交通、水利工程、维护社会治安等方面的公共职能或社会职能，但这些公共职能只是从属于阶级统治的目的，所以它只是以手段形式存在而不能被看作行政的公共性质。正如恩格斯所指出的，"政治统治到处都以执行某种社会职能为基础，而且政治统治只有在它执行了它的这种社会职能时才能维持下去"。① 所以这种统治行政在本质上是一种"私天下的行政"，根本不具有公共性质。

正如有学者指出，"公共部门、政府的公共性等，不是取决于国家权力机构的主观界定，也不是由法律做出的规定，而是一种来源于历史发展过程的客观规定性"。② 从政府职能的角度来看，就是在统治行政向管理行政转变的过程中，伴随着政府的政治统治职能与社会管理职能的此消彼长，或者说社会管理职能逐渐取代政治统治职能的过程中获得的。这一过程最突出的表现，就是19世纪80年代英美等国在政府行政管理领域上演的"政治与行政分化"的变革运动，结果是出现了相对独立于政治的、拥有自身属性和不同于以往统治行政的管理行政。与传统的统治行政相比，在本质上发生了实质性的变化，开始拥有了公共性。它是在宪法法治的规制和引导下的行政，"为政遵循法律，不以私意兴作"是其精髓所在。但这种管理行政的公共性比较薄弱，是一种形式上的获得。因为依法行政与其他资本主义原则一样，从根本上都是源自资本主义经济的兴起和发展，是以资本主义生产力和交往的发展程度为转移的经济生活状况在政治和法律上的表现。③ 自此，管理行政的出现和公共性形式上的获取，在公共行政的发展史上无疑具有进步意义。公共性作为政府行政管理的根本属性，不仅具有解释意义，而且在政府行政管理活动中的规范性作用

---

① 《马克思恩格斯选集》第3卷，人民出版社1972年版，第219页。
② 张康之、王喜明：《公共性、公共物品和自立性的概念辨析》，《行政论坛》2003年第4期。
③ 参见《马克思恩格斯全集》第3卷，人民出版社1960年版，第412页。

日益明显。随着政府服务职能的增强和依法行政的完善，未来公共行政的发展趋势是形式上的公共性与实质上的公共性相统一。

因此，宪法法治和依法行政的实施不仅赋予了公共行政以公共性的内涵，而且也提供了展示行政公共性的平台和保障。宪法法治和依法行政不仅是一种理念，更是一套相互协调的政治制度。正是在制度的建构和运行中，政府行政的根本属性发生了质变，实现了从"私行政"向"公行政"的转变，在公共性上实现了质的突破。

第三节　中国行政管理公共性的宪法法治诉求

法治是政治文明进步的标志。法治贯彻到政府建设中就是依法行政和法治政府。依法行政和法治政府建设则是中国行政管理公共性的必要条件。

一　宪法法治与中国行政管理的公共性

（一）"法制"与"法治"

"文化大革命"严重破坏了中国的民主与法制，"拨乱反正"的一项重要任务就是尽快恢复民主与法制的应有地位。因此，1978年党的十一届三中全会明确提出，"为了保障人民民主，必须加强社会主义法制，使民主制度化、法律化，使这种制度和法律具有稳定性、连续性和极大的权威性，做到有法可依，有法必依，执法必严，违法必究"。[1] 这是基于"文化大革命"的惨痛教训而对民主和法制价值的重新认识。在党的十五大上，江泽民明确提出依法治国的基本方略。随后，在学者专家的建议下，党和政府的有关文件均将"法制"改成了"法治"。[2]

---

[1] 中共中央文献研究室编：《十一届三中全会以来重要文献选读》（下卷），人民出版社1987年版，第1177页。

[2] 徐湘林：《八十年代以来的中国渐进政治改革》，载徐湘林等主编《民主、政治秩序与社会变革》，中信出版社2003年版，第133页。

第四章　中国行政管理公共性的宪法法治

20世纪90年代早期和中期，中国学术界曾就法治与人治问题展开了一场大辩论，并产生了深远的影响。争论中出现过三种完全对立的观点：其一，认为法治与人治是根本对立的，倡导法治，反对人治（简称"法治论"）；其二，认为法治与人治都需要，主张法治与人治相结合（简称"结合论"）；其三，认为法治概念不科学，主张抛弃法治这一概念（简称"取消论"）。[①] 作为一场学术争论，理论观点上的争鸣似乎还在延续。事实上，"法治论"在争论中占据上风，取得了全社会的共识；并且执政党治国理政的理路和战略，更是给出了明确的回答：依法治国，建设社会主义法治国家。

（二）宪法法治之于中国行政管理公共性的重要性

公共性是公共行政的基本属性，也是当前中国行政管理合法性的前提和基础。如果说在"普天之下莫非王土，率土之滨莫非王臣"的中国古代社会的私天下的行政，可以借助上天与神意来谋取一定的合法性的话，那么对于现代中国社会来说，没有公共性的政府行政绝对不会有合法性，而真正具有公共性的行政必然具有合法性。从理论上讲，宪法法治之于中国行政管理公共性的重要性以及二者之间的相关性主要体现在以下几个方面：

1. 在终极价值上二者是契合的，都体现了"以人为本"的价值关怀

如前所述，宪法法治主张通过宪法和法律制约公共权力，来保障公民的尊严、自由和权利。依法治国的终极目的就是实现人的价值与维护人的尊严。从抽象意义上讲，公共行政的目标是公共利益，对公共利益的追求使公共行政获得了"公共性"。公共利益是通过一定的方式体现为公共权力意志，在很大程度上是以宪法的形式表现出来，所以公共行政对公共利益的追求，就是通过行政权力的运行使体现在宪法之中的公共意志得以实现。公共利益的主体是现实生活中的人，

[①] 李步云：《宪政与中国》，载俞可平主编《中国学者论民主与法治》，重庆出版社2008年版，第160页。

只有与人联系起来，才有现实意义。"一方面，公共利益的主体是具体的人。它是存在于个人与集体、不同社会利益集团、不同的利益阶层之间的普遍性的利益，是超越任何个人、集体、社会集团、社会阶层的，却又是与人直接关联在一起的利益；另一方面，公共利益需要通过特定主体来加以实现。具体而言，就是通过行政人员来把公共行政对公共利益追求变为现实。行政人员的观念、态度和行为对公共利益的实现至关重要。可见，在公共行政公共性的概念中，包含着以人为本的内涵，行政组织以及行政人员能否有着以人为本的观念和行为意向，也决定着公共行政的公共性能否实现。"① 因此，宪法法治与行政公共性在终极价值上是契合的，都体现了以人文本的价值关怀。这是依法行政和建设法治政府的价值基础。

2. 公共行政必须基于宪法法治运作，才能体现出不同于私行政的公共性

公共行政必须在宪法法治平台上运作才能具有合法性、合理性和有效性。"合理性与合法性是公共行政的两个必要的向度，正是这两个向度的统一，才赋予公共行政以公共性，并且在一定程度上，公共性的含义应该超越管理的技术层面，更加关注公共行政的合法性。"② 公共行政公共性的本质特征在于公共权力的公共性。在现代社会，公共权力不可能由每一个公民亲自行使，而是通过委托—代理的形式，由社会公众作为委托人，授权公共行政人员来行使公共权力。社会公众作为委托人是"主人"，而公共行政人员作为受托人是"公仆"。可是，一旦公众授权代理人行使公共权力、管理公共事务，那么"主人"就成为被管理者和服从者，而"受托人"就成为公共事务管理现实的"主人"，有可能随意超越代理的范围，违背公众的意愿，追逐私人利益，这就是委托代理理论的二律背反。正因如此，才体现出宪法法治的价值所在。宪法法治不仅从根本上约束和制约公共行政权

---

① 张康之：《社会治理的历史叙事》，北京大学出版社2006年版，第94—95页。
② 同上书，第93页。

第四章 中国行政管理公共性的宪法法治

力,而且保障和发展公共权力,促进其良性运行。因此,宪法法治能从根本上保证公共行政的合法性、合理性和有效性,保障公共行政的公共性。同样,政府行政管理只有在宪法法治框架内才具有合法性和合理性。公共行政的合法性包括符合宪法原则及其相关行政的合法律性和政治学意义的合法性两个方面。前者之重要自不待言,公共行政管理只有在宪法法治的框架下运行才是合法的。"后者的法理基于前者而又具有更为突出的现实意义。政治学意义的合法性最重要的基础是公众对公共管理组织、权威、体制及其运行方式出自内心的认可和同意,衡量合法性最根本的标准是获取公民的认可。公共行政管理的合理性很大程度上体现为政府为核心的公共部门能根据需要及时制定、执行有效的公共政策,合理性意味着公共行政管理是有活力且行善的。"① 可见,合法性意味着政府行政要体现民意,因为宪法和法律就是公民意志的体现。合理性意味着政府行政应追求公共利益。体现民意和追求公共利益的政府行政,就具有不同于私天下行政的公共性。

3. 宪法法治要通过行政公共性来实现,行政的合法性与公共性是吻合的

如果说私天下的行政,可以借助上天与神意来谋取一定的合法性的话,那么对于现代社会来说,没有公共性的政府行政绝对不会有合法性,依法行政只能流于形式。作为国家行政机关,政府代表国家,通过实施行政管理来履行国家的社会职能。因此,政府行政管理是国家社会职能的主要表现形式。政府不仅名义上享有公共行政权力而且在实际上也具体行使公共行政权力。现代社会公共事务日益复杂化、多样化,对公共行政管理的专业化、技术化提出了更高的要求。公共行政的这些特征也决定了不可能每一个成员都亲自参与对社会事务的管理,只能由社会成员委托一部分人作为代表去履行管理的职能,而代理人要按照社会公众的意愿和要求,通过行使公共行政权力,履行

---

① 参见黄健荣《公共管理新论》,社会科学文献出版社2005年版,第478页。

公共行政管理职能，最大限度地增进社会公共利益。政府正是这样的社会公共利益的代表者、维护者和实现者。政府公共行政管理的一个重要使命是通过构建有效的行政管理模式，高效率地向社会公众提供优质高效的服务，同时更要维护民主、法治、公正、责任等公共精神。换言之，强调有效的公共行政管理的前提，是在公共行政过程中体现和维护宪法法治原则，其中包括运行民主机制，这对于实现宪法法治至关重要。公共行政的民主机制的运行是宪法法治原则的具体化，也是实施宪法法治的一个重要基础。

通过以上宪法法治之于中国行政管理公共性的重要性分析，我们可以得出这样的结论：当代中国行政管理不能离开宪法法治，没有法治的规制，就不可能有合法、合理和有效的行政管理，行政公共性也就无法体现。因此，推进依法行政，建设法治政府，对当代中国公共行政进行规制和引导，使其不仅仅追求经济、效率和效能，更彰显公正、责任、民主、法治和人权等公共价值。这既是提升中国行政管理公共性的主要途径，也是增强政府合法性的必由之路。

二 中国行政管理公共性的法治实践

公共性之于中国公共行政的重要性不仅仅要从"应然"的角度进行解释，更为重要的是如何从"实然"的视角寻求维护和彰显公共行政公共性的制度安排和现实路径。从历史上看，中国的宪法制度建设，肇始于清末的戊戌变法运动。以康有为、梁启超为代表的资产阶级改良派打出了"变法""维新"的主张，提出了"伸民权、争民主、开议院、定宪法"的政治纲领，开展了以实现君主立宪为目标的戊戌变法运动。从此开启了近代以来漫长而坎坷的宪法制度建设历程。中国宪法制度建设大致经历了四个时期：清末时期维新改制中的修宪活动、民国时期的宪法制度、中华人民共和国初期的宪法制度和社会主义新时期的宪法制度建设。

事实上，1978年改革开放以后，中国宪法制度建设才真正取得了实质性的进展。党的十一届三中全会，开启了改革开放历史新时

第四章 中国行政管理公共性的宪法法治

期,发展社会主义民主、健全社会主义法制成为党和国家坚定不移的基本方针。就是在这次会议上,邓小平同志深刻指出:"为了保障人民民主,必须加强法制。必须使民主制度化、法律化,使这种制度和法律不因领导人的改变而改变,不因领导人的看法和注意力的改变而改变。"[1] 根据党的十一届三中全会确立的路线方针政策,总结我国社会主义建设正反两方面经验,深刻吸取十年"文化大革命"的沉痛教训,借鉴世界社会主义成败得失,适应我国改革开放和社会主义现代化建设、加强社会主义民主法制建设的新要求,我们制定了我国现行宪法。同时,宪法只有不断适应新形势、吸纳新经验、确认新成果,才能具有持久生命力。1988年、1993年、1999年、2004年,全国人大分别对我国宪法个别条款和部分内容做出必要的,也是十分重要的修正,使我国宪法在保持稳定性和权威性的基础上紧跟时代前进步伐,不断与时俱进。

改革开放以来,中国的宪法制度建设取得了相当大的成就。40年来的发展历程充分证明,"我国宪法是符合国情、符合实际、符合时代发展要求的好宪法,是充分体现人民共同意志、充分保障人民民主权利、充分维护人民根本利益的好宪法,是推动国家发展进步、保证人民创造幸福生活、保障中华民族实现伟大复兴的好宪法,是我们国家和人民经受住各种困难和风险考验、始终沿着中国特色社会主义道路前进的根本法制保证"。[2]

宪法制度建设为中国政府行政管理公共性奠定了坚实的法治基础,最突出的表现就是依法行政,建设法治政府的实践稳步展开。依法行政和法治政府建设的第一块里程碑,是1990年实施的《行政诉讼法》。该法确立了对政府行政管理行为是否合法的司法审查机制,是政府行政管理公共性从抽象的属性概括和表述,变成一个对行政管理活动具有约束力的规范性概念,真正为中国行政管理的公共性确立

---

[1] 《邓小平文选》第2卷,人民出版社1994年版,第146页。
[2] 习近平:《在首都各界纪念现行宪法公布施行30周年大会上的讲话》,《人民日报》2012年12月4日第1版。

了一个法的尺度，以及在背离公共性情况下的救济途径。1993年政府工作报告就提出，"各级政府都要依法行政，严格依法办事，一切公职人员都要带头学法懂法，做执法守法的模范"。① 1997年党的十五大提出"依法治国，是党领导人民治理国家的基本方略"，指出"一切政府机关都必须依法行政，切实保障公民权利"。②

1999年国务院发布了《国务院关于全面推进依法行政的决定》。2004年国务院发布了《全面推进依法行政的纲要》，提出推进依法行政的目标是建设法治政府，并具体阐述了依法行政、建设法治政府的基本要求。党的十六大、十七大都对依法行政，建设法治政府提出了明确的要求。党的十八大提出到2020年全面建成小康社会和全面深化改革开放的目标。其中就包括"依法治国基本方略全面落实，法治政府基本建成"。③ 十八届四中全会提出要"坚持依法治国、依法执政、依法行政共同推进，坚持法治国家、法治政府、法治社会一体建设，实现科学立法、严格执法、公正司法、全民守法"；④ 明确指出深入推进依法行政，加快建设法治政府。法治政府的本质就是实施法律，"法律的生命力在于实施，法律的权威也在于实施。各级政府必须坚持在党的领导下、在法治轨道上开展工作，创新执法体制，完善执法程序，推进综合执法，严格执法责任，建立权责统一、权威高效的依法行政体制，加快建设职能科学、权责法定、执法严明、公开公正、廉洁高效、守法诚信的法治政府"。⑤ 这是对法治建设历史经验的总结，对依法行政、法治政府建设的认识和推进迈入了一个新的高度。

---

① 李鹏：《1993年政府工作报告——1993年3月15日在第八届全国人民代表大会第一次会议上》（http：//www.gov.cn/test/2006-02/16/content_200926.htm）。
② 《江泽民文选》第2卷，人民出版社2006年版，第29—31页。
③ 《胡锦涛文选》第3卷，人民出版社2016年版，第626页。
④ 习近平：《中共中央关于全面推进依法治国若干重大问题的决定》，《人民日报》2014年10月29日第1版。
⑤ 同上。

三　提升中国行政管理公共性的法治路径分析

进入 21 世纪，特别是党的十八大以来，以构建服务型政府为目标的政府转型思路逐渐明晰，构建以人为本服务型政府是中国行政管理体制改革的基本目标取向。服务型政府在本质上就是公共性的政府。实现这一重大的历史使命，需要围绕着行政公共性的理念和原则进行制度创新。在法治维度上，提升中国行政管理的公共性就是深入推进依法行政，建设法治政府。本书认为应该从以下方面着手：

（一）坚持党的领导，更加注重改进党的领导方式和执政方式

如何规制和引导政府权力，是依法行政和法治政府的目的。从我国政权结构看，人民代表大会是国家的最高权力机关，宪法上的"议行合一"原则从法理上规定了中国立法权力与行政权力之间的关系，即政府向人大负责。然而从政治过程的经验层面上看，中国共产党实际上处于国家生活的领导地位（政治领导、组织领导和思想领导），包括对全国人民代表大会和地方各级人民代表大会的领导，并且这一点也为宪法从原则上加以规定。所以在奠基于"议行合一"制基础上产生的、宪法性行政结构——功能系统外，存在一个以党的政治权力为基础和以党的组织形式为外貌的另一个行政结构——功能系统，出现了"双轨行政结构——功能系统"。[①] 这一点导致行政权力实际上主要向党负责而非主要向立法机关负责，宪法规定的最高权力机关——人民代表大会对行政权力的控制和监督缺乏足够的权威，并且行政机关也不能依法行使管理社会的职能。

依法行政和建设法治政府，首先要加强和改善党的领导方式和执政方式。中国共产党领导是历史的选择，符合中国的国情，应该坚决拥护。在新时期，党要与时俱进，不断加强自身建设，真正做到科学执政、民主执政和依法执政。把党的领导、人民当家作主和依法治国

[①] 黄小勇：《现代化进程中的官僚制——韦伯官僚制理论研究》，黑龙江人民出版社 2003 年版，第 280、284 页。

有机结合和辩证统一起来。在依法行政和建设法治政府进程中，要正确处理执政党与国家政权的关系，把发展民主政治、严格依法办事与转变党的执政方式统一起来。"将执政体制合理地安置在宪政的基石上，是保证执政党能给人们一个具有正当性与合法性基础的执政体制的前提条件。执政党以宪执政是现代政党合法执政的基本选择，执政党必须将自己放置宪法之下，执政党必须将自己放置到法律之下，执政党才足以保证自己的合宪执政地位，否则就会伤害自己的执政利益。"[1] 如党对国家政策的领导，可以通过以政党提出方案的方式交由立法机构人民代表大会表决后以国家的意志形成法律来执行，而不是频频以党的红头文件来贯彻。党对各级人事的控制更不能由党委直接任命，而应提交同级人大讨论后任命。总之，要坚持依法治国的基本方略，执政党要依法执政、行政机关要依法行政，权力机关要依法对政府权力进行控制和监督。只有如此，才能以宪法法治规制和引导中国的公共行政管理，以彰显其公共性。

党的领导是全面推进依法治国，加快建设社会主义法治国家最根本的保证，也是深入推进依法行政，加快建设法治政府的根本保证。必须"把依法治国确定为党领导人民治理国家的基本方略；把依法执政确定为党治国理政的基本方式"。[2] "依法治国，首先是依宪治国；依法执政，关键是依宪执政。"[3] "宪法的生命在于实施，宪法的权威也在于实施。"[4] "新形势下，我们党要履行好执政兴国的重大职责，必须依据党章从严治党、依据宪法治国理政。党领导人民制定宪法和法律，党领导人民执行宪法和法律，党自身必须在宪法和法律范围内

---

[1] 任剑涛：《为政之道：1978—2008 中国改革开放的理论综观》，中山大学出版社 2008 年版，第 190 页。

[2] 习近平：《中共中央关于全面推进依法治国若干重大问题的决定》，《人民日报》2014 年 10 月 29 日第 1 版。

[3] 习近平：《在首都各界纪念现行宪法公布施行 30 周年大会上的讲话》，《人民日报》2012 年 12 月 4 日第 1 版。

[4] 同上。

活动，真正做到党领导立法、保证执法、带头守法。"① 因此，改进党的领导方式和执政方式，是深入推进依法行政和建设法治政府的前提和保障。

（二）完善人民代表大会制度，真正发挥人大对政府的监督作用

如前所述，依法行政是政府行政脱离私人色彩获得"公共性"的前提和基础，正是在宪法法治的框架下，公共行政的"公共"才具备了"公有的""公众的""共同的"的实质内涵。因此，依法行政和建设法治政府，"对于公共行政的制度、体制和行为模式都有着终极的规范意义。公共行政既是实现公共性的行政，也是公共的行政"②。目前，在推进依法行政、建设法治政府过程中，依法行政的意识有所提高，能力有所提高，但与法治国家、法治政府的要求相比还有不少距离。法治政府建设在重点领域、重点制度方面有所突破。如在问责制上，十八届四中全会进一步明确了重大决策终身责任追究制度及责任倒查机制。近年来中央政府致力于行政审批制度的改革，在削减行政审批事项、下放管理权、转变政府职能、推进依法行政方面发挥了积极作用。

但是，我们也应该看到，当前法治政府建设存在着诸多问题，面临一些新的挑战。其中最突出的问题，是"保证宪法实施的监督机制和具体制度还不健全，有法不依、执法不严、违法不究现象在一些地方和部门依然存在；关系人民群众切身利益的执法司法问题还比较突出；一些公职人员滥用职权、失职渎职、执法犯法甚至徇私枉法严重损害国家法制权威；公民包括一些领导干部的宪法意识还有待进一步提高。对这些问题，我们必须高度重视，切实加以解决"③。

---

① 习近平：《在首都各界纪念现行宪法公布施行30周年大会上的讲话》，《人民日报》2012年12月4日第1版。
② 张康之：《社会治理的历史叙事》，北京大学出版社2006年版，第94页。
③ 习近平：《在首都各界纪念现行宪法公布施行30周年大会上的讲话》，《人民日报》2012年12月4日第1版。

因此，在推进依法行政，建设法治政府进程中，必须要强化对政府的权力监督和制约。其首要的、关键的是强化人民代表大会的地位和作用，真正树立人大的权威。只有人大最高权力机关的地位真正确立，宪法法律至上原则才能得以确立，人民的意志和要求才能得到体现和贯彻，依法治国和依法行政才有可能实现。首先，要强化人大的立法功能。人大要真正担负起宪法赋予的职责，减少授权立法，自始至终把握整个立法过程，提高立法质量，尽可能减少政府基于自利目的而利用"二次立法"任意扩大自己的权限。其次，强化人大的监督功能。要设立专门的监督机构，如宪法监督委员会等从组织结构上保证国家权力机关监督职能的落实。同时要强化工作监督，如乐清市人大常委会探索实行的一种由人大常委会出面组织，由人大代表和群众代表参加，通过网络等媒体直播，向公众开放的"听证会"制度，即通过年初审议工作思路、年中审议工作进展、年底审议工作结果等形式，既强化了对政府工作的监督，又扩大了公民的参与。

（三）公共行政权力既要接受制约，又要给予保障

行政公共性的本质特征在于公共权力的公共性。它是公共行政领域中由公众所赋予和认同的、反映公众公共意志的集体性权力。在现代社会，公共行政权力不可能由每一个公民亲自行使，而是通过委托—代理的形式，由社会公众作为委托人，授权公共行政人员来行使公共行政权力。社会公众作为委托人是"主人"，而公共行政人员作为受托人是"公仆"。可是，一旦公众授权代理人行使公共行政权力、管理公共事务，"主人"就成为被管理者和服从者，而"受托人"就成为公共事务管理现实的"主人"，有可能随意超越代理的范围，违背公众的意愿，追逐私人利益，这就是委托代理理论的二律背反。公共行政权力最终还是要组织和个人来行使，而他们在行使权力的过程中，可能受到人性本原欲望的支配，运用公共行政权力来谋取私人利益。这就是公共行政权力运作过程中的某种程度的"私人性"或"自利性"。正因如此，才体现出依法行政和法治政府的价值所在。

第四章 中国行政管理公共性的宪法法治

依法行政和法治政府不仅应从根本上约束和制约公共行政权力，还要保障和发展公共行政权力，促进其良性运行。因为当代中国政府行政管理的使命就是政府和其他公共组织，通过行使公共行政权力最大限度地增进、维护和实现公共利益。因此，必须对公共行政权力进行充分的发展和保护。政府的权力应该受到限制，要建设一个有限政府；但同时政府还必须是一个高效的政府，有限政府与高效政府并不矛盾。关键是确定政府权力在哪些领域行使，政府权力是如何行使。这就要合理地界定政府职能，转变政府行使权力的方式，由人治转向法治，对政府权力的依法运行、合法运行进行监督。

（四）深入推进依法行政，加快建设法治政府

依法行政是中国行政管理的必然要求，也是展现和保障行政公共性的必要条件。如前所述，行政公共性在法治层面就是公共行政基于宪法和法律进行运作，以体现人民的意志而不是私天下的统治阶级的意志的法律为根本准则。法治行政之于当代中国行政管理及其公共性的重要意义在于："法律是公共政治管理的最高准则，任何政府官员和公民都必须依法行使，在法律面前人人平等。法治直接目的是规范公民的行为，管理社会事务，维持正常的社会秩序；但其最终目标在于保护公民的自由、平等及其他基本政治权利。"[①] 政府权力从其产生的那天起就具有双重性，是一把"双刃剑"，这就产生了对其加以约束的必要性问题。对于这一问题的求解，人类政治文明演进给出的最好答案，是将政府权力列入法律裁判的范围，强化对政府权力的规范和约束。政府存在的目的就是提供公共服务、促进公共利益的实现。没有法治的约束和保障，公共利益往往会被私人利益侵蚀，公共目标也会被经济人的自利动机扭曲，最终损害政府的公共性与合法性。

依法行政对于规范和引导中国公共行政管理具有重要性和紧迫性。依法行政原则和法治政府的目标，在中国经历了一个从逐步确立

---

① 俞可平：《民主与陀螺》，北京大学出版社2006年版，第128页。

到最终全面实施的过程。党的十八届四中全会明确提出,"各级政府必须坚持在党的领导下、在法治轨道上开展工作,创新执法体制,完善执法程序,推进综合执法,严格执法责任,建立权责统一、权威高效的依法行政体制,加快建设职能科学、权责法定、执法严明、公开公正、廉洁高效、守法诚信的法治政府"。[①] 然而就目前依法行政状况来看,无论是在观念上,还是在制度上,仍然存在着很多问题,应从以下方面进行改进。

1. 培养行政法治意识,将"法治 GDP"作为绩效考核的重要指标

良好的法治意识是依法行政落到实处的前提条件。正如美国著名的法学家伯尔曼所说,法律必须被信仰,否则它将形同虚设。它不仅包含有人的理性和意志,而且包含他的情感、他的直觉和献身,以及他的信仰。然而就中国目前情况来看,行政机关工作人员依法行政的观念还比较淡薄。在中国推进依法行政过程中,一个重要的方面就是对公民特别是行政人员法治意识的培养,把作为外在控制的法上升为发自内心认识的信仰,以最终达至法的约束与自我约束的合力。具体来说,法治意识应包含如下内容:

其一,法律至上意识。法大于权,任何行政行为都不能逾越法所界定的界限,都必须接受法的审查和裁量,承担法律责任。同时,法律面前人人平等,任何人不能以权代法、以权压法、以权乱法、以权废法。树立法律的工具主义和至上主义并重的观念,把依法行政的重心转向公民权利的保障。其二,服务意识。当代公共管理的一个重要发展趋势就是放松规则,把服务作为其本质,作为其生命根基和灵魂,这也是"公共性"的必然要求。只有树立服务观念才能真正领会法的意图。其三,责任意识。随着社会的发展,行政职能也不断扩张,担负起更多的调节经济社会发展的使命,这要求行政人员要树立

---

① 习近平:《中共中央关于全面推进依法治国若干重大问题的决定》,《人民日报》2014年10月29日第1版。

第四章 中国行政管理公共性的宪法法治

良好的责任意识。责任意识是法律赋予的沉重使命感,既要求在法律的指导下积极行政,也要求承担相应的法律责任。①

在中国特色社会主义进入新时代的今天,为了提高政府官员的法治意识,应建立以法治为重要指标体系的政绩考核评价体系,即"法治 GDP"。以"法治 GDP"作为地方党政领导晋升的重要考核指标。比如,是不是善于运用法治思维和法治方式深化改革、推动发展、化解矛盾、维护稳定、促进生态文明。"法治 GDP"绩效考核是提升法治意识,推进依法行政和建设法治政府的基础条件和重要保障。

2. 改革现行的行政执法体制,走综合执法道路

在行政执法方面,现存的行政执法体制不顺,影响了行政执法的效果。改革开放以来,特别是自 20 世纪 90 年代以来,中国行政执法取得了很大的成绩,促进了依法治国、依法行政的进程。但目前中国的行政执法仍然存在诸多不尽如人意的地方,不少管理领域中的违法现象仍然十分严重,有些违法行为没有得到及时有效地制止甚至蔓延开来,愈演愈烈。特别是有些基层执法部门和工作人员由于法治观念淡薄、业务素质低下,在执法中有法不依、执法不严,使国家颁布的法律、法规走样变性,严重违背了依法行政的精神。不仅损害了行政相对人的权益,侵蚀了公共利益,同样也损害了公共行政的公共性。这些问题主要体现在以下方面:其一,行政执法体系机构不合理,执法机关设置混乱。中国目前还没有形成完整的执法体系,过去的机构及其职责是在计划经济体制下设置的,而且在新旧体制交替过程中行政执法机构和职能分配尚未严格依法规范,以至于现行行政执法体系仍存在分工过细、职责不清、职能交叉等弊端。其二,在具体的执法过程中出现了"'强于运动式执法,怠于平时执法''趋利性执法盛行,导致执法权异化''执法冲突、不作为或滥作为严重'以及'执

---

① 参见王乐夫、蔡立辉主编《公共管理学》,中国人民大学出版社 2008 年版,第 431 页。

· 125 ·

法程序不规范，随意性大'等弊端"①。因此，必须改革现行的行政执法体制，按照条块、适当分权、便于执法、讲求时效的原则，走综合执法道路。

3. 强化行政执法监督，健全问责制度

随着中国依法行政进程的加快，行政执法监督的重要性也得到了社会的广泛认同。中国先后制定了一系列有关监督行政机关执法和守法方面的法规，一个具有中国特色的多元化的、内容广泛的、多层次的行政执法监督体系与权力制约机制正在形成。目前，中国对行政权力的监督形成了比较全面和严密的体系，主要包括权力机关的监督、监察机关的监督、审判机关的监督、检察机关的监督、行政机关自身的监督、党的监督以及新闻舆论、人民群众、各民主党派、社会团体等社会监督。这样比较全面的监督体系对督促行政执法机关及其工作人员依法行政发挥了重要作用。但也应清醒地看到行政执法实践中依然存在行政执法监督机制还不完善、监督乏力、监督效果不佳等弊端。虽然中国目前的行政执法监督涉及的人员多、范围大、主体、客体、对象复杂等，但并不是"人多力量就强大"，还存在着很多薄弱环节。首先是监督机构的内在动力不足。目前中国的监督机构的内在动力主要依赖于监督人员的道德水平，缺少有效的责任机制约束，内在的精神力量和外在的制度力量缺乏有机结合。其次是权力机关监督、新闻媒体和人民群众的监督实际效力比较小。最后是各行政监督机构缺乏必要的沟通与协调，相互之间推诿扯皮的事情时有发生，严重影响了行政执法监督的威信。因此，应该从强化监督机构的动力机制、建立公共监督的协调机制、强化人大监督和社会监督等方面着手，完善和强化中国行政监督的协调机制，真正把依法行政落到实处。

行政问责是依法行政和法治政府的内在要求。问责最早始于2003

---

① 石佑启、杨治坤、黄新波：《论行政体制改革与行政法治》，北京大学出版社2009年版，第324—327页。

年"非典",从那以后问责风暴一浪高过一浪,问责制度从过去非常情况下的极端措施,变成一种常态的制度。党的十八大报告强调,"建立健全决策问责和纠错制度"①。党的十八届四中全会进一步明确,"建立重大决策终身责任追究制度及责任倒查机制,未经合法性审查或经审查不合法的,不得提交讨论"②。问责制度从过去运动式、风暴式的、应急性问责,向现在的常态化、制度化、长效化问责转变,有了很大的进步。但存在问责主体单一、问责范围狭窄、问责程序不健全、问责效力有限等突出问题。这是进一步完善问责制度,推进依法行政和建设法治政府建设必须正视和解决的问题。

---

① 《胡锦涛文选》第3卷,人民出版社2016年版,第636页。
② 习近平:《中共中央关于全面推进依法治国若干重大问题的决定》,《人民日报》2014年10月29日第1版。

第五章　中国行政管理公共性的公共组织

20世纪90年代以来,"治理"成为一个重要的理念,对政府行政管理实践产生了重要的影响。"治理是各种公共和私人的机构管理其共同事务的诸多方式的总和。"① 治理意味着多元主体的合作共治。这就意味着政府行政管理活动中呈现出治理主体的公共性,即组织维度的公共性。因此,既不能完全从政府角度来理解和运用公共性的概念,因为社会公益组织也存在公共性,尽管其程度比政府稍逊一些,也不适宜把公共性的内涵限定得过于具体,太具体容易使这个概念显得太狭隘。应该把它看作一个统摄性更强、层次更高、包容性更大的概念,它不仅能够涵盖公共管理的其他价值,而且能够体现公共组织本身的特殊属性。公共性是公共管理和公共组织的公共属性的简称,是区别于企业管理和私人组织所有特性的集中概括。

第一节　行政公共性的组织维度分析

现代社会是一个高度组织化的社会。组织是社会的细胞,是人们实现共同目标的工具。有些组织以服务于公共利益并不以营利为目的,而有些组织以实现私人利益最大化为目标。人们通常将前者称为

---

① The Commission on Global Governance, *Our Global Neighborhood: The Report of the Commission on Global Governance*, Oxford: Oxford University Press, 1995.

第五章 中国行政管理公共性的公共组织

公共组织,后者称为私人组织。对于公共组织而言,通常假定政府组织的公共程度最高,还有一些公共组织其公共程度居于政府组织和私人组织之间,本书将其统称为社会组织①。

一 关于组织维度公共性的相关观点

目前,从组织层面来理解和探讨公共行政的公共性,大致有三种观点:

(一) 将"公共"等同于政府组织

弗雷德里克森在《公共行政的精神》一书中对此观点进行了概括。"'公共'是一个涵盖范围很广的、前政府的概念。它体现在许多方面,如邻里、志愿团体、教堂、俱乐部等人类活动的许多领域,并由此分解出许多的公共机构"。② 然而把"公共"等同于政府(组织),就缩小了"公共"的内涵,因为"政府(组织)是体现公共性的一个重要部门,但它只是体现公共性的部门之一"。③

还有学者在对公共管理的界定中也体现出了将公共等同于政府组织的观点。"公共管理,就是政府主要提供公共产品与公共服务,不提供私人产品,不干预私人领域的活动;政府负责执行市场经济法律,对市场秩序与市场运行进行平等的监管与公正执法,

---

① 社会组织是党的十六届六中全会正式提出的概念,涵盖了政府组织与营利组织之外的社会团体、民办非企业单位和基金会等。事实上,关于这类组织至今没有确切的统一称谓。较具普适性的概念是"非政府组织""非营利性组织",英文原名为 Non-governmental Organization(缩写为 NGO),和 Nov-profit Organization(缩写为 NPO)。除了这两个词汇外还有其他许多用语,它们分别强调了组织性质的不同侧面。"非政府组织"强调组织的官方性,表明其不属于政府组织系统;"非营利组织"主要突出其与企业和公司等市场组织的区别,强调它不以追求利润为目标;"志愿组织"强调组织的志愿特征,在英国等欧洲国家较为流行;"慈善组织"强调组织的公益慈善性质;"公民社会组织"强调组织以公民自治、志愿参与、民主治理等为特征,其中公民社会主要突出公民对社会政治生活的参与和对国家权力的监督与制约;"第三部门"强调组织是相对于政府代表的公共部门和企业代表的私人部门的另一个部门。(参见黄晓勇主编《中国民间组织报告(2008)》,社会科学文献出版社 2008 年版,第 2 页。)

② [美]乔治·弗雷德里克森:《公共行政的精神》,张成福等译,中国人民大学出版社 2003 年版,第 4 页。

③ 同上。

运用宏观调控手段实现公共政策；除了必要的社会管制和经济管制之外，政府不直接干预企业活动，不采用行政手段干预市场运行。"①

将"公共"界定为政府组织事实上强调的是政府作为公共管理主体的垄断地位，在一定程度上强化了政府的核心作用。但是近年来随着社会组织的崛起并积极参与公共管理活动，其开创的公共性也逐渐引起人们的关注。因此，将"公共"等同于政府组织的观点逐渐式微。

(二) 将"公共"等同于公共组织

沃尔多在《公共行政学研究》中对"公共"的解析，反映了这种观点。沃尔多认为，"公共"有几个方面的含义：一是从哲学、法学和政治理论层次上，即从国家或政府的角度给"公共"下定义，这里涉及的是主权、合法性、公共福利等一类的问题；二是从经验层次上，即从公共职能和公共活动的范围上来界定；三是从政府执行活动或职能的角度来下定义。因此，"公共"作为与"私人"相对应的概念，表示国家、政府及其他公共组织的职能、活动范围；与多数人的利益相关，有较多的社会公众参与；表示一个众人的事务领域。②依据沃尔多的观点，从组织层面来理解，"公共"就等同于政府部门、社会组织、非营利性组织等构成的公共组织；公共性就是公共组织的根本属性。

同样，中国学者对公共管理的理解大都体现了这种观点。"所谓公共管理是指社会公共组织以及其他组织推进社会整体协调发展、增进社会共同利益实现，通过制度创新对社会公共事务进行调节和控制的活动。"③"公共管理是公共组织包括政府和非政府公共机构对社会的公共事务进行规划、管理和控制，通过公共政策对各种资源加以配

---

① 李军鹏：《政府职能要从直接干预转向公共管理》，《理论导刊》2001 年第 10 期。
② Dwight Waldo, *The Study of Public Administration*, New York: Random House, p. 8.
③ 张良编著：《公共管理学》，华东理工大学出版社 2001 年版，第 13 页。

第五章 中国行政管理公共性的公共组织

置,对各阶层、各行业的利益进行分配、调整的行政活动。"①

这种界定拓展了公共管理的主体范围,由政府组织推展到公共组织,体现了公共管理实践中主体分化和多元化的趋势。从组织层面里来看,它强调了政府组织与社会组织所组成的公共管理主体的公共性质或者至少是它们行为所体现的公共性。

(三)将"公共"等同于社会行为主体

将"公共"等同于社会行为主体,即认为公共管理的主体不仅包括在公共事务治理中居于主导地位的政府部门,还包括社会组织、私营部门和社会公众等其他社会行为主体。显然,这种观点主要受到治理理论的影响。正如研究治理理论的权威学者杰瑞·斯托克所言,"治理意味着一系列来自政府但又不限于政府的社会公共机构和行为者。它对传统的国家和政府权威提出了挑战,政府并不是国家唯一的权力中心。各种公共的和私人的机构只要其行使的权力得到公众的认可,就都可能成为在各个不同层面上的权力中心"。② 治理理论所追求的善治就是使公共利益最大化的社会管理过程。治理理论颇受公共行政学者的认可和追捧。弗雷德里克森强调,"现代公共行政是一个由政府组织、非政府组织、准政府组织、营利组织、非营利组织、志愿组织等纵横联结所构成的网络"。③ 陈庆云认为,"所谓公共管理是指那些不以营利(不追求利润最大化)为目的,旨在有效地增进与公平地分配社会公共利益的调控活动"。④

可见,将"公共"等同于社会行为主体的观点,突破了公共组织作为公共管理主体的界限,而认为一切社会行动者包括政府组织、社会组织、营利组织甚至个人等都可以参与到公共管理过程中

---

① 肖平、郭红玲:《对公共管理硕士核心课程设置的思考——试论公共伦理学在公共管理硕士培养中的地位和作用》,全国公共管理理论与教学研讨会论文,2001 年 12 月,第 3 页。
② 俞可平主编:《治理与善治》,社会科学文献出版社 2000 年版,第 3 页。
③ 参见[美]乔治·弗雷德里克森《公共行政的精神》,张成福等译,中国人民大学出版社 2003 年版,第 5 页。
④ 陈庆云:《公共管理基本模式初探》,《中国行政管理》2000 年第 8 期。

来，以实现社会公共利益的最大化。该观点从客观的公共利益的角度来审视公共管理主体的定位。事实上，公共管理主体是政府还是政府以外的其他机构，不取决于先验的看法，而取决于实现、增进和维护公共利益的需要。但是这种观点模糊了公共组织与私人组织的区别和界限，没有正视公共组织在公共事务治理中的角色定位和实际发挥的公共性功能。同时，对公共利益的追求也未免有些空洞。如果公共利益不存在或者不能被有效地界定，那么公共管理的目的也就不能实现。

通过对以上三种关于"公共"观点的分析，本书认为将"公共"等同于政府组织的观点，强调的是政府部门作为公共管理主体的垄断地位，但是忽视了社会组织所开创的公共性。将"公共"理解为社会行为主体一方面有可能忽略了政府部门在公共管理中的主体地位，另一方面模糊了公共组织与非公共组织的区别，同样不能恰当地理解组织层面的行政公共性的内涵。因此，本书认为将"公共"等同于公共组织的观点比较中肯，具有说服力，更符合公共管理的日常经验。所以，从组织层面来理解公共性，就是公共组织所体现的公共性（见表5-1）。公共组织包括政府部门和政府部门以外的社会组织。

表5-1　　　公私组织的区别及其在公共管理中的地位

组织类型	社会行为主体	在公共管理中的地位	价值取向	本质属性
公共组织	政府部门	核心主体	公共利益	公共性
	社会组织	准主体		
私人组织	私营部门	潜在的可能参与者	私人利益	私人性
	社会公众			

二　公共组织的公共性

公共组织是指不以营利为目的，以追求公共利益为价值取向，以协调公共利益关系、提供公共服务、管理公共事务、维护公共秩序为基本职能的组织。它一般拥有公共权力或者经过政府的授权，负有公

第五章　中国行政管理公共性的公共组织

共责任。公共组织是公共管理的主体，其中政府部门是公共管理的核心主体，社会组织是公共管理的准主体。因此，从公共组织层面来理解行政的公共性，就是公共管理主体的公共性，即政府部门和社会组织所体现的公共性。这种公共性是公共组织区别于私人组织的标志。很多学者都从公共组织与私人组织的差异中来界定公共性，其代表性观点如下：

美国行政学者尼古拉斯·亨利给出的公共性的组织性定义，主要从公共组织和私人组织的差异来理解公共行政的公共性。亨利指出公共组织和私人组织至少在一个方面存在绝对关键性的差异，其他许多重要性的差异都来源于此，即组织的"任务环境"对组织内部工作和一般行为的影响。"一般而言，任务环境对公共组织的影响力和重要性要大于私人组织，与私人组织相比，公共组织格外具有可进入性。"①

同样，美国学者瑞尼在《理解和管理公共组织》一书中认为，与私人组织和私人管理相比，公共组织与公共管理的特点至少可以体现在三个方面："其一，就环境因素而言，公共组织缺乏市场诱因，依赖政府拨款作为资金来源；受到来自立法部门、各级行政部门和监督机构及法庭等非常繁多的正式法律限制，以及利益集团、选民、公众意见等外部政治势力的制约。其二，在组织与环境的关系上，公共组织经常参与公共产品的生产和重要外部效应的处理；其活动带有强迫、垄断或不可避免的性质，具有较大的影响力和象征意义；公众对公共组织的监督较为严格，对公共组织的公平、响应、诚实、开放及责任有一种独一无二的期望。其三，在组织的角色、结构和过程上，公共组织的目标具有模糊性、多样性和相互冲突的特点；公共管理人员在决策过程中拥有的自主权和灵活性较少，且外部权威和利益集团

---

① ［美］尼古拉斯·亨利：《公共行政与公共事务》（第八版），张昕等译，中国人民大学出版社2002年版，第74页。

也可能加入到决策过程中"。① 可见，正是这些显著的区别才使得公共组织有别于私人组织而显示出公共特性。

国内学者也从类似的角度对公共组织的公共性进行了探讨。王乐夫认为国家、政府和社会公共组织共同构成公共管理的主体（这里的国家与政府都是从狭义角度上说的）。作为公共管理主体，这些组织具有不同于其他私域组织的公共性的特征，主要表现在：

公务性：政府和社会组织及其工作人员的基本任务，就是从事直接或间接的提供公共产品或准公共产品的公共事务，而不是私人事务。

代表性：基于委托—代理理论的逻辑，政府行使的是公民让渡出来的委托权，其目的是让政府更好地代表、维护和实现公民的生命、自由和财产等基本权利和公共利益。并且，在现代民主社会，政府为了增强其公共性与合法性，都致力于成为公民利益的代言人，增强政府过程的开放性和参与性。而社会组织本身就是基于一定的利益需求而结成的共同体，以表达和维护其共同利益。

公益性：公共组织的主要任务是处理公共事务，满足共同体成员对公共服务的需求。一般而言，公共服务具有共享的特点，即共同体成员中某一成员的享有不能阻止其他成员的享有。这鲜明地体现了公共组织的公益性，公益性是公共组织自身存在的价值基础。

权力的法定性：公共组织作为公共权力的具体行使者，必须依法开展活动。世界各国都以宪法或法律的形式对政府组织和其他社会公共组织的产生、设立、日常活动、废止等方面进行了明确的规定。公共组织只有依法行使权力，才具备合法性与公共性。

基于上述分析，可见公共组织的公共性主要体现在两个方面：一是公共组织是现代意义上公共管理的主体，包括核心主体的政府组织和准主体的社会组织。作为公共管理主体的公共组织，其公共性功能

---

① ［美］海尔·G.瑞尼：《理解和管理公共组织》，王孙禺、达飞译，清华大学出版社2002年版，第78—82页。

是为社会提供公共产品和公共服务，但这并不意味着所有处理公共事务、提供公共物品的供给者都是公共管理的主体。因为从经验上看，人类处理公共事务的主体结构至少容纳如下几种实体性元素："作为国家权力载体的政府、追求私人利益的个体、由个体联合而成的民间组织。其中民间组织又可分为三类：追求利润的经济组织、满足特定群体需要的互动组织或互益组织、向一般社会成员提供帮助的公益组织。在这些元素中，政府是最重要的、基础性的一元，其他元素的治理行为往往是政府治理的延伸"。[①] 二是作为公共管理的主体，公共组织的本质特性在于公共性。这种公共性是与私人组织相区别的显著特性，包括公益性、非营利性、代表性、服务性、权力法定性、公开性、责任性等。在公众需求日益多样化的今天，社会组织在公共服务供给的多元化上正日益成为一支重要的力量，在某些领域甚至比政府拥有更大的优势。

第二节　公共管理准主体的社会组织

对社会组织的理解，涉及国家与社会关系的历史性演变。随着国家与社会关系的不断调适以及政府、市场、社会边界清晰而又良性互动的现代国家治理结构的成型，对社会组织的理论研究，经历了从二元分析框架向三元分析框架的拓展和深化过程。

一　三元分析框架

在漫长的封建社会中，国家是垄断合法使用暴力和享有合法征税权力的组织，对社会进行统治。国家与社会的关系是融合的，社会自治程度极为低下，也就不存在现代意义上的社会组织、第三部门或非政府公共组织等。现代意义上的社会组织是在国家与社会关系从融合走向分离的过程中出现的。

---

① 唐娟：《政府治理理论》，中国社会科学出版社2006年版，第1页。

"国家与社会在现实中的分离是在资本主义时代完成的，是资本主义市场经济发展的内在要求。"① 伴随着市场经济的发展、市民阶级的成长以及资产阶级革命对封建帝王统治权的剥夺和公民权利的发展，一个在国家之外与国家之间构成了某种"委托—代理"契约关系的社会领域才获得生存和发展的经济和政治条件。社会终于从国家强权的统治下第一次分离出来，国家与社会的二元结构才得以形成。在此，"社会"的概念是指建立在国家与社会的二分法基础上公民社会的概念，"既独立于国家但又受到法律保护的社会生活领域以及与之相关联的一系列社会价值或原则"。② 在二元结构下，由于市民社会中的经济领域和非经济领域还没有得到明确的区分，因此，所有的组织分为国家组织和国家之外的社会组织。后者既包括经济（企业）组织，也包括政府与企业之外的社会组织。

20世纪后半期以来，在市场化和民主化潮流的推动下，公民社会概念得到复活，在继承传统的国家—市民社会两分的基础上，开始重新认识市民社会的结构要素，并在此基础上形成了国家—经济领域—社会领域的三元分析模式。哈贝马斯认为，资本主义市场经济的发展引起了国家与社会的分离，与国家相对应是"政治领域"或"公共权力领域"；市民社会是独立于公共权力代表者国家的"私人自治领域"，它包括"私人领域"和"公共领域"。"对于私人所有的天地，我们可以区分出私人领域和公共领域。私人领域……亦即商品交换和社会劳动领域，家庭以及其中的私生活也包括在其中"，"私人领域当中同样包含真正意义上的公共领域，因为它是由私人领域组成的公共领域"。③ 哈贝马斯的"公共领域"包括"教会、文化团体和学会，还包括了独立的传媒、运动和娱乐协会、辩论俱乐部、市民

---

① 参见俞可平《马克思的市民社会理论及其历史地位》，《中国社会科学》1993年第4期。
② 何增科主编：《公民社会与第三部门》，社会科学文献出版社2000年版，第3页。
③ ［德］哈贝马斯：《公共领域与结构转型》，曹卫东等译，学林出版社1999年版，第35页。

第五章　中国行政管理公共性的公共组织

论坛和市民协会，此外还包括职业团体、政治党派、工会和其他组织等"。① 他更明确地指出，"'市民社会'的核心机制是由非国家和非经济组织在自愿的基础上组成的"。② 可见，哈贝马斯的三元分析框架下的公共领域或"市民社会的核心机制"，大体上相当于今天我们所谈论的社会组织的概念。

柯亨和阿拉托继承了哈贝马斯公共领域的范畴，把"'市民社会'理解为经济与国家之间的社会互动领域。它首先是由私人领域（尤其是家庭）、结社的领域（尤其是志愿结社）、社会运动，以及各种公共交往形式构成的"。③ 他们主张一些必要的区分，"一方面把市民社会同一个党派、政治组织和政治公共体（尤其是议会）构成的政治社会区别开来；另一方面把市民社会同一个由生产和分配的组织（通常是公司、合作社、合营企业等）构成的经济社会区别开来"。④ 可见，柯亨和阿拉托明确地主张把"经济领域"从"市民社会"中分离出去，进而确立了"社会领域—经济领域—国家"三元分析框架。莱斯特·塞拉蒙把"非营利部门"看作有别于"政府部门"和"营利部门"的"第三部门"，分别对应着的"国家""经济领域""市民社会"，以此来描述当代西方世界特别是美国社会的基本结构。

与西方强调国家与社会关系的对立、冲突的发展路径不同，改革开放后中国国家与社会关系在变迁和调适中凸显的是良性互动与功能互补，重在塑造政府、市场、社会边界清晰而又良性互动的现代国家治理结构。改革开放 40 多年来，政府、市场、社会边界清晰而又良性互动的现代治理结构已经基本形成。对此，党的十八届三中全会提出"坚持系统治理，加强党委领导，发挥政府主导作用，鼓励和支持

---

① ［德］哈贝马斯：《公共领域与结构转型》，曹卫东等译，学林出版社 1999 年版，第 29 页。

② 同上。

③ 参见童世骏《"后马克思主义"视野中的市民社会》，《中国社会科学季刊》1993 年第 5 期。

④ 同上。

社会各方面参与,实现政府治理和社会自我调节、居民自治良性互动"①。这就明确肯定了社会组织是系统治理中的重要力量,是对社会组织在社会治理中重要作用的肯定,也是社会组织公共性功能的重要体现。可见,我们对社会组织这一概念的界定和理解,同样是建立在国家—市场—社会三元分析框架的基础上。三元分析框架突出了社会组织的"非政府性"与"非营利性"的特征。

二 社会组织的特征

社会组织是介于政府与企业之间的社会公共组织。由于各国文化传统和语言习惯的差异,关于这类组织尚没有确切的统一称谓。与之相类似的称谓还有非政府组织、非营利组织、志愿者组织、慈善组织、免税组织、民间组织等,这些不同术语之间并无根本性的区别。它们只是提供了从不同的角度来认识那些既非政府部门也非私营部门的组织形态的可能性。本书根据研究的需要采用"社会组织"这一概念。社会组织是有别于政府组织的公共组织。社会组织追求公共利益,向社会成员或特定共同体成员提供服务,具有公共性。根据目前学术界对社会组织的研究,可以总结出其所具有的一些基本特征:

非政府性:意味着社会组织在体制上独立于政府,它不是政府的组成部分,也不由政府来控制,但是这并不意味着不能得到政府的资助或政府人员不能参加其活动。

非营利性:意味着不为其拥有者谋取利润,其活动所得到的剩余额必须投入到实现组织使命的活动中,不得在组织成员之间进行分配。这是社会组织区别于营利组织的基本特征。

自治性:指社会组织有能力控制自己的行为,能够有效地进行自我管理。

志愿性:意味着参与这些组织活动是以志愿为基础的。这并不意

---

① 习近平:《中共中央关于全面深化改革若干重大问题的决定》,《人民日报》2013年11月16日第1版。

味着大部分收入或所有收入都来自志愿性捐助,也不等于说全部或大部分工作人员都是志愿者。

公益性:社会组织是出于某些公益或互益的目的为社会公众或特定群体提供服务。无论是公益性,还是互益性,都具有利他性质,互益性可以理解为一定范围内的公益性。总之,它们具有特定的公共性目标。

基于上述特征,本书把社会组织界定为:以增进社会公共利益为目标,开展各种志愿性的公益活动、具有不同程度独立性和自治性的非政府的公共组织。如果严格按照萨拉蒙的定义,中国真正意义上的社会组织几乎不存在。因为很多社会团体可能都不完全符合非政府、自主管理性这些特征。因此,国内学者大多更倾向于从推动和促进社会组织发展出发,不把界定限制得过于严格。有学者就认为,只要是依法注册的正式组织,从事非营利性活动,满足志愿性和公益性要求,具有不同程度的独立性和自治性,就称为中国的社会组织。还有学者认为,只要从事非营利性活动,满足志愿性和公益性要求,就具有不同程度的独立性和自治性,就可称为中国的社会组织。因此,本书在对社会组织的理解上立足于国情,并不照搬西方的定义。

三 中国社会组织的发展

在漫长的封建社会中,国家与社会的关系是融合的,社会淹没于国家统治中而失去了自我意识和能力。自然也就不存在现代意义上的社会组织。

自中华人民共和国成立至改革开放之前,中国形成了高度集中的政治体制和计划经济体制,与这种体制相适应,中国社会也形成了高度"单位化"的社会,即所谓的"社会国家化"。"单位制"是真正理解国家与社会分化和社会组织发育的逻辑起点。

单位制是中国的一种集政治管理功能、经济分配功能和社会生活保障功能于一身的特殊组织形式。从个人与单位的关系来看,单位成为个人安身立命的依托。"个人一旦进入单位,便获得了接收单位永久性庇护和抚恤的资格与权利。单位对个人的庇护进一步强化了个人对单位的依附。单位在此承担了类似血缘关系而形成的家族功能。"①在单位与国家关系上,单位是国家政权的延伸,或者本身就是国家政权的一部分。单位所再生的资源都被行政机关强制性提取收归到国家之中,然后在国家统御性的再分配体制中获取资源的供给,从而导致单位对国家的过度依赖。因此,"单位制导致了国家对单位、单位对个人的支配权力,构成了'国家—单位—个人'的支配链条,同时,也导致了个人对单位和单位对国家的依附,形成了'个人—单位—国家'之间的依附链条"。②此外,政府通过户籍制度严格限制社会流动,形成并强化了中国独特的二元社会结构。总之,通过以上制度的实施,中国在计划经济体制下形成了"强国家、弱社会"的国家与社会关系格局,不存在一个相对于国家权威的自治社会领域,社会组织、社会权力没有得到很好的发展环境保障。因此,真正意义上的社会组织或纯民间组织几乎没有任何自我生存和发展空间。

当代中国的社会组织主要是在社会主义市场经济体制的改革过程中开始出现和逐渐发展起来的。其起点可以追溯到1978年中国开启的一场广泛而深刻的社会变革。这场变革使中国总体性的社会结构开始解体。国家或政府与社会的关系逐渐从"国家主义"的模式中走了出来。政府对资源和社会活动空间的垄断不断弱化,社会正在成为一个与政府并列的、相对独立的提供资源和机会的源泉。政府开始还权于社会,社会在与国家分离中逐渐显示出自治能力。这为社会组织的形成和发展提供了难得的机遇和空间。这主要表现在以下几个方面:

1. 市场经济体制改革为社会组织发展提供了"资源基础"

没有市场经济的发展,就没有现代意义上的中国社会组织。这种促进作用主要表现在三个方面:第一,伴随着市场化改革而出现的市场经济,是社会组织生存和发展的基础。随着市场机制在社会资源配置中发挥越来越重要的作用,经济领域逐渐脱离国家的控制,国家与

---

① 刘建军:《单位中国》,天津人民出版社2000年版,第34页。
② 吴锦良:《政府改革与第三部门发展》,中国社会科学出版社2001年版,第38—39页。

第五章 中国行政管理公共性的公共组织

社会开始分离。这为社会组织的发育提供了难得的生存空间。只有社会获得自我发展的空间和能力，社会组织才有可能出现和发展。第二，市场经济为社会组织的出现和发展提供了基础性的社会资源。市场化改革意味着一部分资源要脱离国家的控制，成为受市场配置的体制外的自由流动资源。这部分流动资源为社会组织的发育和发展提供了资源基础。第三，市场化改革不仅为社会组织的发育提供了可以获得的社会资源，还直接催生了一大批行业性组织。它们在市场经济体制的不断完善中发挥着重要的作用。这类行业性组织是社会组织的重要类型。

2. 政府机构改革和职能转变为社会组织的发展提供了"发展空间"

在计划经济体制下，中国政府长期扮演着"全能政府"的角色。随着经济体制改革的深入，政府机构改革和职能转变也稳步推进。政府由微观管理转向宏观管理，由直接管理转向间接管理，由部门管理转向行业管理，由以"管"为主转向以服务监督为主，由机关办社会转向后勤服务社会化。在政府职能转变上，强调下放权力、政府和市场职能分开、政府和企业职能分开、政府和事业单位职能分开和政府和社会职能分开等。政府机构改革和职能转变进一步改变了"强国家、弱社会"的权力格局，迫切需要社会组织承接由政府转移出去的职能和事项，从而为社会组织的发展提供了难得的发展机遇。正如党的十八届三中全会所提出的："激发社会组织活力。正确处理政府和社会关系，加快实施政社分开，推进社会组织明确权责、依法自治、发挥作用。适合由社会组织提供的公共服务和解决事项，交由社会组织承担。支持和发展志愿服务组织。限期实现行业协会商会与行政机关真正脱钩，重点培育和优先发展行业协会商会类、科技类、公益慈善类、城乡社区服务类社会组织，成立时直接依法申请登记。"[①]

[①] 习近平：《中共中央关于全面深化改革若干重大问题的决定》，《人民日报》2013年11月16日第1版。

3. 社会领域的改革为社会组织的发展提供了"需求动力"

中国改革开始于经济领域，发挥市场在资源配置中的决定性作用。这一渐进的改革进程和改革逻辑逐渐扩展到其他领域。随着改革的深入，社会领域改革也提上了日程。社会领域的改革主要涉及教育、卫生、科技、文化、就业、住房、医疗等领域的组织体制、投资体制、管理体制和监管体制的改革。目的在于建立科学的组织体制、多元化的投资体制与管理体制、严格的监管体制，以打破政府大包大揽，激励社会组织、市场组织等参与公共服务生产，降低公共服务成本，提高公共服务效率和质量，满足公众日益多样化的需求。目前，中国公共服务供给主体和供给方式多元化的格局基本形成。在满足公众需求、缓解社会矛盾、促进社会公平正义、增进民众福祉等方面发挥了重要作用。与民众需求的多样化和人民对美好生活的向往相比，还存在不小的差距，如公共服务存在规模不足、质量不高、成本较高、发展不平衡不充分、资源保障不够、需求回应乏力等弊端。因此，社会领域的改革和公共服务需求的不断增长，为社会组织参与公共服务供给和社会治理提供了深厚的"需求动力"。

4. 法治的不断完善为社会组织迅速发展提供了"制度环境"

经过40多年的改革和发展，中国社会组织已经进入相对稳定的成长轨道。改革开放以来，中国有关社会组织的法律体系建设已取得了较大的进展，这些法规直接为社会组织的存在与发展提供了保障。特别是中国目前已经初步形成了以《社会组织登记管理条例》为主，地方性法规、部门规章和一系列相关政策共同组成的政策法规体系，基本上为各种社会组织提供了依法设立和发展的途径。近年来一些相关法律的出台，对社会组织发展起到了保障和规范作用。如2016年9月1日生效的《慈善法》、2017年1月1日生效的《境外非政府组织境内活动管理法》、2017年10月1日生效的《民法总则》（正式确立了非营利法人的法人类型）、2017年12月1日生效的《志愿服务条例》等。法规政策的不断完善为社会组织发展提供了良好的制度环境。中国社会组织从无到有、从少到多迅速发展起来，在社会治理和公共服务供给中发挥着重要的作用。据民政部《2018年民政事业发展统计公报》公布的数据，截至2018年底，全国共有社会组织91.7万个，比上年增长7.3%。其中社会团体36.6万个，比上年同期增长3.1%；民办非企业44.4万个，比上年同期增长11.0%；慈善组织0.7万个，比上年同期增长15.8%。[①]

四 中国社会组织的公共性

中华人民共和国成立至改革开放前，中国是一个总体性社会，国家几乎垄断了所有的社会资源。整个社会在价值取向和生活理想上一味追求"公"，"公"的规模越大越好。国家理所当然把"公"集中到自己的名下，实现了对公共性的垄断。国家等同于"公"。由此，形成了一元化为特征的国家主义公共性。政府作为国家的代表扮演了一种全能主义的为民服务和谋幸福的角色。

改革开放以来，伴随着社会主义市场经济体制的逐步建立，尤其是20世纪90年代市场化改革向纵深推进，中国公共性的形态发生了深刻的结构性转型，以往由国家垄断公共性的一元化格局不断解体，公共性的建构主体逐渐由"垄断"走向了"扩散"，形成了多元主义的公共性。[②] 社会组织逐渐成为多元公共性结构中的新生力量。

（一）公共性的表现途径

如前所述，社会组织出于公益或互益的目的为社会公众或特定群体提供服务。无论公益性还是互益性，皆具有利他性（互益性可以理解为一定范围的公益性），即社会组织公共性。通俗地讲，就是社会组织成员以组织化的形式思考、讨论、决定和实行"为大家好"的事情过程并由此而带来的"为大家好"结果。在此处所述的"大家"，没有明确的界限，只是相对于"私人"而言的笼统概念，可以

[①] 民政部：《2018年社会服务发展统计公报》，2019年8月15日，民政部网站（http://www.mca.gov.cn/article/sj/tjgb/）。

[②] 参见唐文玉《社会组织公共性的生长困境及其超越》，载王名主编《中国非营利评论》（第十七卷），社会科学文献出版社2016年版，第131—132页。

仅仅是指组织成员，也可以扩展到社区、城市、国家乃至整个人类社会。① 社会组织公共性主要体现在以下方面：

1. 增进公共利益

社会组织的核心价值在于体现公益或互益的利他。对于人类社会来说，私人利益与公共利益是一个恒久的话题。长期以来人们由于空洞的道德说教而不能把二者很好地统一起来。直到人们在结社互助的社会组织中发现了利益平衡的奥秘，即基于志愿精神的人们在参加社会组织的活动中，发现了将个体利益与公共利益等同起来的桥梁，把个人利益的诉求寓于参加集体生活，实现共同利益和公共利益之中。因为只有当人们自愿而不是被迫承担公共义务时，才能感受到无私带来的真正快乐。而这种载体就是以公共利益为目标的社会组织。据有关部门统计，截至2018年底，全国共有社会组织81.7万个，比上年增长7.3%。② 它们中的相当一部分是出于公益或互益目的处理各种形式的公共事务，并为社会公众或特定群体提供公共服务的组织。这些公共事务和公共服务主要包括环境保护、扶贫开发、权益保护、社会福利、公益信托、慈善救济、社区服务、医疗卫生、教育科研等。

2. 分享公共权力

社会组织与政府所行使的公共权力是同源的，都是公民权利的体现。首先，从政府行使的公共权力来看，按照社会契约论的逻辑，在自然状态下，人人都是自由、平等和独立的。生命、自由、财产是自然法为人类规定的基本权利，是不可让与、不可剥夺的自然权利。由于自然状态存在许多缺陷，于是人们订立契约，成立政府，形成公共权力。政府的产生是人类理性的结果，政府行使的公共权力是被"让渡"出来的公民的权力或权利。一切公共权力都是来自人民的信托和契约，来自公民权力（权利）。其次，从权力来源看，中国社会组织

---

① 唐文玉：《社会组织公共性的生长困境及其超越》，载王名主编《中国非营利评论》（第十七卷），社会科学文献出版社2016年版，第126页。
② 民政部：《2018年社会服务发展统计公报》，2019年8月15日，民政部网站（http://www.mca.gov.cn/article/sj/tjgb/）。

第五章　中国行政管理公共性的公共组织

的发展大致有两条路径：一是"自上而下"的路径，政府主动组建或主导社会组织发展。在此路径下，社会组织的权力主要来自于法律或政府授权。二是"自下而上"的路径，社会组织是公民基于社会需求和自我利益而寻求组织性保护而形成的。其权力仍是来源于公民权力（权利），特别是结社权利。综上两个方面，可见政府与社会组织在权力来源上是相同的，都是公民权力的体现，分别通过民主授权机制和结社权利获得合法性。政府和社会组织基于权力同源，共同分享公共管理权力。这是社会组织公共性的重要体现。

3. 承担公共责任

社会组织分享公共权力，追求公共利益，就要承担公共责任。因为公共管理过程是以"权、责、利"统一为基础。追逐利益的行为往往以权利为基础，而利他的行为往往是以责任为基础。当权利与责任真正统一时，它就需要从事某些公益性和互益性的行为。公共伦理学家特里·库珀在谈及行政责任时，将其划分为主观责任和客观责任："主观责任是对忠诚、良知、认同的信仰，是行政人员职业道德的反映，是信仰、价值观和被理解成禀性特征的这样一些内部力量驱使人们以特定的方式行为；客观责任源于法律、组织机构、社会对行政人员的角色期待，强调职责和应尽的义务"。[1] 虽然这是针对行政责任而言的，但是可以适当地扩展并用来说明社会组织的行为，即简单地把主观责任看成是内部控制，而把客观责任视为外部控制，特别是法律的约束。对于社会组织而言，其承担的公共责任的实现主要依靠内部控制[2]——基于志愿精神和公益精神而对公众、捐赠者、志愿

---

[1] 参见［美］特里·L. 库珀《行政伦理学：实现行政责任的途径》，张秀琴译，中国人民大学出版社 2001 年版，第 74、63 页。

[2] 外部控制和内部控制分别对应着客观责任和主观责任，公共伦理学家库珀在谈及行政责任时，将其划分为主观责任和客观责任："主观责任是对忠诚、良知、认同的信仰，是行政人员职业道德的反映，是信仰、价值观和被理解成禀性特征的这样一些内部力量驱使人们以特定的方式行为；客观责任源于法律、组织机构、社会对行政人员的角色期待，强调职责和应尽的义务"（参见［美］特里·L. 库珀《行政伦理学：实现行政责任的途径》，张秀琴译，中国人民大学出版社 2001 年版，第 63、74 页）。

者和新闻媒体等负责。"公共责任机制更强调行为主体自觉的责任意识，强调道德对行为主体内在的约束。"① 如1998年重庆市绿色志愿者联合会通过中央电视台对川西森林砍伐的报道，引起了中央高层的重视，最终迫使四川省迅速做出了全面禁伐天然林的决定。这就是中国社会组织勇于承担公共责任的典范。

（二）公共性的功能作用

社会组织在承担政府和企业"不愿做、做不好或不常做"的公共事务和公共服务上，具有独特的优势并发挥了日益重要的作用。社会组织公共性的功用主要体现在以下两方面。

1. 有效弥补政府失灵和市场失灵

传统经济学认为市场是提供社会产品和服务的最佳机制，这只是相对于私人物品而言的。市场配置资源的有效性是建立在"经济人假设"、完全竞争、信息完备、生产要素自由流动、无外部性等一系列预先设定条件的基础上的。在现实生活中，这些假设条件常常无法满足，由此导致市场失灵。市场失灵理论认为，由于公共物品具有不可分割性和非排他性，无法通过市场机制来提供。这就需要政府来进行干预，解决公共产品供给不足、分配不公和消除垄断等问题。换言之，政府是对市场失灵的补充，但是政府在提供公共产品时也会失灵，比如低效率、缺乏降低成本的激励机制、权力扩张与寻租，特别是政府提供的公共物品往往倾向于满足大多数处于中间状态的公众选择偏好。由于社会公众需求的多元化，一部分对公共物品的超量需求和多样需求就得不到满足。在这种情况下，社会组织以其自身的优势，提供适宜于不同群体需求的准公共物品，从而可以及时缓解政府失灵和回应社会多元化的需求。"在因人口的多样性导致的政治争论使得政府不可能对这些集体需要做出反应的地方，公民社会部门基本

---

① 周志忍：《自律与他律——第三部门监督机制个案研究》，浙江人民出版社1999年版，第33页。

第五章　中国行政管理公共性的公共组织

上成了政府的'替补者'。"① 实践表明在公共产品的操作和实施层面，与政府依靠强制性机制求公益相比，社会组织是以志愿或企业运作的方式求公益，具有更高的灵活性和效率。

2. 有利于培育公共精神和公民文化

民主是一种生活方式，离不开公民文化、公共精神和公共道德的滋润与涵养。而以"克己"为出发点的传统中国道德体系，只不过是差序格局中的私人道德，并没有超越亲疏厚薄的差序特性，缺乏个人与共同体（团体）之间的公共道德要素。② 中国传统道德体系积淀深厚并影响深远，不利于社会主义民主政治的发展。那么如何培育民主文化和公共精神呢？在这方面，社会组织发挥了重要的作用。社会组织成员在自愿的基础上，自愿结社和自我管理，为了共同的事业而从自私性的狭小圈子里走出来，积极参与社会公共事务。在日常的社会组织活动中学习如何平等相处、相互信任、勇于承担公共责任；在公益与互益的目标追求中，逐渐养成了民主自由和公共精神的理念。人们的生活是民主的，带有自觉、自愿和参与的风格。可见，通过参与社会组织的活动，有利于养成民主的生活方式，这为民主政治的发展提供了政治文化基础。社会组织在一定程度上成为民主价值社会化的重要平台。值得一提的是，作为自治主体的村民自治组织和居民自治组织是一类特殊的社会组织。它们在管理农村和社区事务，协调村民、居民与政府的关系，组织参与政治选举，促进基层民主政治发展，维护社会稳定方面发挥了巨大的作用。

第三节　中国行政管理公共性的公共组织诉求

政府是中国行政管理的核心主体，社会组织是行政管理的准主体。对公共利益的追求是公共管理主体公共性的外在体现。公共利益

---

① ［美］莱斯特·萨拉蒙、赫尔穆特·安海尔：《公民社会部门》，载何增科主编《公民社会与第三部门》，中国社会科学文献出版社2000年版，第265—266页。

② 参见费孝通《乡村中国　生育制度》，北京大学出版社1998年版，第31—36页。

是一个抽象的概念，其物质表现形式就是提供公共产品和公共服务。因此，从公共组织层面上讲，公共性的实现过程，就是政府和社会组织更好地合作供给公共产品和公共服务的过程。这种合作互动的公共性，本书称为合作治理公共性。

一 合作治理公共性的生成

改革开放以来，中国日渐走入了一个多元化的时代。多元化时代公共需求的满足和公共秩序的建构，要求不断突破以往由国家或者政府单一主体承载公共性的一元公共性格局，而不断发展出由多元主体共同构建公共性的新型多元公共性格局。[①] 在多元化公共性格局中，社会治理主体呈现出多元化特征。其中，社会组织已经成为共治共享社会治理格局中的重要成员，社会组织开创的公共性是当代中国多元公共性的重要内容。

近代以来，公共性呈现出两大类型："言论谱系的公共性"和"实践谱系的公共性"。从阿伦特经过哈贝马斯到梅路西的有关公共性的讨论，这些公共性是公共舆论和讨论等言论谱系的公共性；而由支援活动开拓出来的公共性，则是实践的公共性。[②] 改革开放40多年来，言论谱系的公共性和实践谱系的公共性逐渐为社会组织所拥有，并呈现在社会组织的日常活动中。有学者将之概括为政策或价值倡导与公共服务提供。政策或价值倡导是就某些公共议题发表意见、看法和建议，如倡导社会公平正义，或者为社会公众或某些群体代言，发挥公共政策过程中的参与和利益表达功能，即社会组织的公共言论生产功能。公共服务功能是指社会组织与政府在诸如环境保护、扶贫开发、权益保护、慈善救济、医疗卫生等领域合作提供公共物品或服务。它们在这些领域发挥着政府难以起到的作用，即为实践谱系的公共性。

[①] 唐文玉：《社会组织公共性的生长困境及其超越》，载王名主编《中国非营利评论》（第十七卷），社会科学文献出版社2016年版，第125页。

[②] ［日］今天高俊：《从社会学观点看公私问题》，载［日］佐佐木毅、［韩］金泰昌主编《社会科学中的公与私》，刘荣、钱昕怡译，人民出版社2009年版，第60页。

第五章　中国行政管理公共性的公共组织

在当代中国，政府仍是公共管理的核心主体，社会组织在公共服务社会化的过程中日益发挥着重要的作用。社会组织不仅参与提供公共产品和公共服务，而且承担着对社会公共事务的管理。政府部门与社会组织要进行适当的分工与合作，合理定位各自的角色。从本质上看，这就是关于政府公共性功能如何实现的问题，政府应该提供多少公共服务，什么样的方式更加有效，与公民社会的关系如何，"这个边界是在变动之中的。自市场经济制度建立以来，除了外交与安全职能外，对政府职责范围和实现方式一直具有不同的看法。政府提供的公共产品包括纯公共物品，如外交、安全、环境、秩序，以及具有一定外部性的公共福利，如公共交通、义务教育、基本医疗保障、养老保险、残疾人保障等"。[①]

那么在公共产品和公共服务需求日益多元化的今天，政府与社会组织应当如何合作，促进公共性功能的最大实现呢？萨拉蒙较早地提出了委托政府理论，该理论认为政府为实现自己的目标可以将提供公共服务的任务委托给社会组织来承担，政府负责公共资金支持和对全局的掌握，社会组织负责提供服务，二者之间达成一种依赖各自优势的分工，各自发挥出自己的特长。按照萨拉蒙的逻辑，吉德伦等人提出了政府与社会组织互动合作的模式。该模式强调政府使用授权与合同的方式来支持社会组织提供服务。"该模式认为在公共服务的供给中有两个关键因素：一是服务的资金安排和授权，二是服务的实际实施。"[②]

可见，政府与社会组织通过合作提供公共服务，进而实现公共性功能，系于两个关键的因素：一是公共财政，即合理配置公共财政资金，促进公共服务提供的社会化（公共服务购买），使政府的作用更

[①] 参见王名主编《中国民间组织 30 年——走向公民社会》，社会科学文献出版社 2008 年版，第 200 页。

[②] Lester M. Salamon, "Partners in Public Service: The Scope and Theory of Government-nongovernment Relations", In Walter W. Powell, ed., *The Nonprofit Sector*, New Haven, Conn.: Yale University Press, 1987. 转引自王名、刘培峰等《民间组织通论》，时事出版社 2004 年版，第 35 页。

加间接,从而成为公共资源的调配者而不是服务的直接供给者。二是公共政策。一方面,社会组织通过政策参与和价值倡导功能,可以影响公共决策,从而在公共政策中体现多元价值,促进政策的公共性;另一方面,政府通过公共政策协调各主体的行为,确保在公共服务提供中的主体地位和主导作用。在公共服务社会化的过程中,政府决不能放弃公共服务责任,社会化只是提供服务的手段或措施,其目的是更好地提供公共服务。

综上两个方面,社会组织与政府的关系发展目标应该放在"公共性"的框架下思考(见图5-1)。

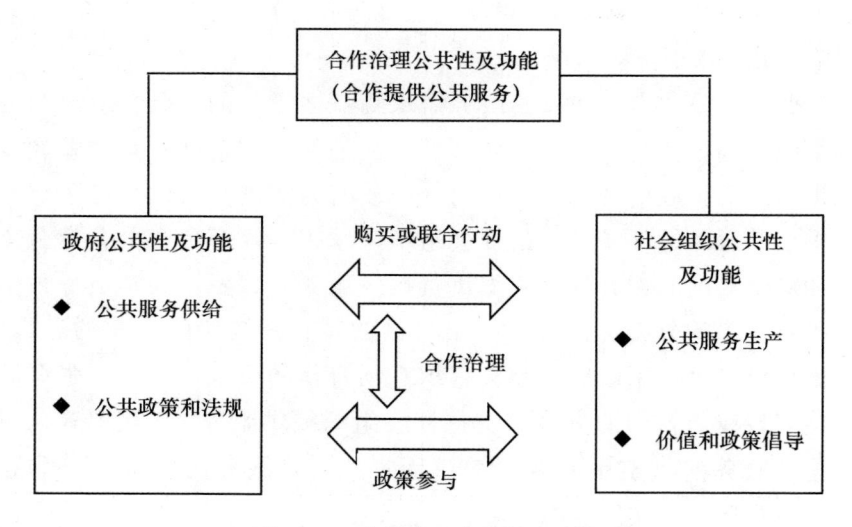

图5-1 合作治理公共性及功能

二 合作治理公共性的发展空间

改革开放40多年来,伴随着社会组织成长和制度环境的改善,在社会治理领域逐渐形成了政府与社会组织合作伙伴机制以及政府与社会组织在公共服务供给上的合作伙伴关系。在政府与社会组织良性互动中开拓出一种新的公共性,即合作治理公共性。合作治理公共性是当前中国多元公共性建构的主要内容。

公共事务复杂化、多样化和公共服务需求的多元化是处于转型中

第五章　中国行政管理公共性的公共组织

的中国面临的重要课题。自改革开放以来，中国在经济领域进行了以建立社会主义市场经济为主要目标的改革，确立了市场经济的主体地位，由此带来了国家与社会的分离。随着社会领域的逐步开放和社会组织的发展，在公共物品和服务的供给上，政府已不再包揽一切。基于公共性的目标，政府与社会组织在功能上互为匹配，二者合作提供公共物品和服务更能满足社会公共服务多元化的需求。

那么，我们就需要思考这种合作治理公共性在转型期的中国，其发展空间有多大，有哪些制约因素，如何促进合作治理公共性功能更好发挥作用等问题。之所以提出这些问题，主要是由于政府出于自身利益而对这些社会"自治性"组织的政治上的顾虑。因为"对于一个威权主义政府来说，一切社会组织具有'双重属性'。一方面，它是一种挑战力量，因为社会组织是最有力的集体行动的载体之一；另一方面，它又是一种辅助力量，因为社会组织可以为社会提供公共物品，而这也正是政府应尽的职责"，[1] 后者即本书所说的基于公共性视角下的政府与社会组织在功能上互补，合作提供优质的、多元化的公共物品和服务，满足社会多样化的需求。合作治理公共性的发展空间系于以下几个方面：

（一）既限制又利用的平衡策略，为合作治理公共性开辟了一定的"生长空间"

对于中国的政治体制或国家与社会的关系，人们常用全能主义或整体主义的概念加以描述。然而，经过40多年的改革与发展，作为基础的经济领域已发生了深刻的变革，市场已经成为资源配置的主要机制。伴随着经济领域的变革，政治领域和社会领域也发生了显著地变化。政治、经济和社会生活高度一体化的"整体性国家"开始解体，私人领域逐渐从全能主义的阴影中走了出来，公民的个体权利得到了前所未有的发展，在此基础上立足于私人领域的、丰富多样的社

---

[1] 康晓光、韩恒：《行政吸纳社会——当前中国内地国家与社会关系再研究》，载卢宪英、韩恒主编《非营利组织前沿问题研究》，郑州大学出版社2010年版，第5页。

会组织开始涌现。至此,一种新型的国家与社会的关系开始形成,尤其是新生的社会组织引起了国家的重视。

对此,有学者提出了具有说服力的"行政吸纳理论"。该理论认为,政府在管理社会组织上双管齐下:"一方面,政府采用'限制'方式,政府为了自身的利益,根据社会组织的挑战能力和提供的公共物品,对不同的社会组织采取不同的控制策略。另一方面,政府采用了'功能替代'的方式,具体又可以归纳为以下四种策略:延续,即继续使用老组织;发展,即适应全新的环境,发展新的组织形态;收编,即把社会自发成立的组织纳入政府管理体系;放任,即对一些无关紧要的组织不加限制。通过这些措施,政府用'可控的'或'无害的'的社会组织从功能上替代了'自治的'或'有害的'社会组织,从而限制了'自治的'社会组织的出现和发展,同时也在一定程度上满足了经济和社会发展的需要"。[1] 可见,国家对社会组织既限制又利用的平衡策略,不仅避免了社会组织的挑战,而且较好地利用了社会组织提供公共物品的能力,也为公共性视角下的政府与社会组织基础功能互补,进行合作提供公共物品和服务创造了一定的空间。

(二)公共服务需求的转型,为合作治理公共性创造了"生长机会"

经过40多年的改革和发展,中国已经超越以温饱为目标的生存型阶段,开始进入到以人的自身发展为目标的发展型阶段。党的十九大报告明确提出:"中国特色社会主义进入新时代,我国社会主要矛盾已经转化为人民日益增长的美好生活需要和不平衡不充分的发展之间的矛盾。我国稳定解决了十几亿人的温饱问题,总体上实现小康,不久将全面建成小康社会,人民美好生活需要日益广泛,不仅对物质文化生活提出了更高要求,而且在民主、法治、公平、正义、安全、环境等方面的要求日益增长。同时,我国社会生产力水平总体上显著提高,社会生产能力在很多方面进入世界前列,更加突出的问题是发

---

[1] Kang Xiaoguang and Han Heng, Administration Absorption of Society: *A Further Probe into the State-Society Relationship in Chinese Mainland*, Social Science in China, Issue 2, 2007.

展不平衡不充分,这已经成为满足人民日益增长的美好生活需要的主要制约因素"。①

社会转型和社会主要矛盾的变化,必然带来公共服务需求的变化。在需求结构上,由生存型公共服务需求向发展型公共服务需求转变。民主法治、公平正义、教育、社会保障、公共医疗卫生、食品安全等已经成为社会公众需求结构的主体;在公共服务需求层次上,逐渐由生存型、消费型向发展型、享受型升级。过去私人产品短缺是一个突出矛盾,而今天公共产品短缺取代私人产品短缺成为全社会的突出矛盾,这已经成为一个现实。在公共服务需求日益增加和多元化的今天,依靠政府单独来提供公共服务和产品存在财力、能力、信息等方面的困境。一个普遍的趋势是政府应该成为政策执行的监控者或者服务的购买者,而不应是简单地成为一般性服务的直接供给者。

在中国改革开放以后,经历了"发展型政府"历程的中国政府,正面临着公共服务供给不足的窘境,主要表现是公共服务需求的升级和快速增长与政府财力有限和公共服务供给不足之间的矛盾。因此,为了更好地满足公众多元化、多层次公共服务的需求,和民众对美好生活的期待,必要以新的政策工具,创新公共服务供给方式,吸引社会资本、民间资本参与到公共服务供给中来。这就为合作治理公共性提供了难得的"生长机会"。

(三) 日益宽松的政策环境,为合作治理公共性提供了"生长条件"

现阶段中国实行以改善民生为重点的社会建设,开展以加强社会治理和公共服务为主的政府职能转变,构建新的社会治理体制,都需要政府与社会组织之间建立一种良好的合作伙伴关系。党的十八大以来,政府正在努力通过制度规约和政策引导,构建政府、市场、社会三者合理区隔、有效互动的国家宏观治理结构,创造有利于社会参与、激

---

① 习近平:《决胜全面建成小康社会 夺取新时代中国特色社会主义伟大胜利——在中国共产党第十九次全国代表大会上的报告》,人民出版社2017年版,第11页。

发社会活力的结构基础。新一届政府为彻底转变政府职能,推行政府权力清单制度,以清单的方式进行清权、确权、放权,拟定政府与市场和社会的职责范围,把政府向市场和社会随意伸出之手,阻隔在市场和社会组织治理领域之外。党的十八届三中全会提出,"坚持系统治理,加强党委领导,发挥政府主导作用,鼓励和支持社会各方面参与,实现政府治理和社会自我调节、居民自治良性互动"。[①] 党的十八届五中全会明确提出来"全民共建共享的社会治理格局","全民"要求社会组织作为结构性的力量参与到社会治理和公共服务供给中;"共建"意味着合作治理是基本的社会治理方式;"共享"则要求致力于公共利益的实现。这是国家治理理念的重要突破。应该说,中国社会组织积极参与社会治理,进行公共价值的倡导,与政府合作提供公共服务,进而促进合作治理公共性功能的发挥等正迎来日益宽松的外部环境。

三 合作治理公共性的提升路径

政府部门与社会组织作为中国公共管理的主体,其本质特征在于其公共性。在社会功能上,二者均是进行公共治理、实现公共价值的主体。政府利用公共财政提供公共服务并通过公共政策和法规引导社会组织提供公共产品,社会组织通过服务和倡导两大功能来促进公共价值。因此,二者关系发展的目标应该放在"公共性"的框架内,在功能上通过合作互补来提供公共产品和服务以满足社会公众多元化的需求,进而实现公共性的功能。这有赖于以下几个方面的变革:

(一)加快实施政社分开,彻底转变政府职能

合作治理公共性功能的发挥与政府职能转变是一个互动的过程。政府机构改革和职能转变为社会组织的发展提供了机遇,而社会组织的发展也将有力地推动政府职能转变的真正实现。在现实中,社会组织参与公共服务供给仍比较有限,当然这与社会组织能力不足、行为

---

① 习近平:《中共中央关于全面深化改革若干重大问题的决定》,《人民日报》2013年11月16日第1版。

第五章 中国行政管理公共性的公共组织

不规范等自身原因，但更主要的还在于政府并未充分"放手"让社会力量参与公共服务供给。政社关系远没有摆正，政府职能转变不彻底，在很大程度上制约了合作治理公共性功能的发挥。

当前要以推进服务型政府建设为契机，彻底转变政府职能。"正确处理政府和社会的关系，加快实施政社分开，推进社会组织明确权责、依法自治、发挥作用。适合由社会组织提供的公共服务和解决的事项，交由社会组织承担。"① 其具体要求有三个方面：一是要主动承担社会治理职能，政府在退出那些不该管理的领域的前提下，强化在公共服务提供和社会治理中的新职责。二是政府要主动承担为社会服务以及在公共服务基础上的社会治理职责，必须从原来的监督者、控制者的全能型政府转变为具有公共服务精神的服务型政府。三是为社会组织发育、成长和多元公共服务提供机制的形成创造良好的制度环境。

（二）改革双重管理体制，破除制度障碍

所谓"双重管理体制"是指民间组织的登记注册和业务主管分属不同的部门，即民政部门登记管理，业务主管同意接受。以中国社会组织发展的实际情况来看，一方面得益于社会需求，另一方面主要得益于相关政策的逐步完善。但是在看到成绩的同时，也应认识到"民间组织在发展过程中还存在大量的制度环境障碍和政策缺陷。双重管理体制作为中国民间组织管理的核心制度，其指导精神和实际运作不能适应中国民间组织蓬勃发展的现实要求，也不符合中国当前积极扩大公民有序政治参与，大力建设服务型政府和构建社会主义和谐社会的新形势"，② 同样也限制了社会组织公共性功能的发挥。

有学者总结出了中国社会组织的生存环境存在两大特征：一是宏观鼓励与微观约束脱节的现象，如党的十七大报告对民间组织均持积

---

① 习近平：《中共中央关于全面深化改革若干重大问题的决定》，《人民日报》2013年11月16日第1版。
② 黄晓勇主编：《中国民间组织报告（2008）》，社会科学文献出版社2009年版，第49页。

· 155 ·

极的肯定和鼓励态度，但是有关部门对民间组织依然是"多有控制性规定，而少有鼓励性条款"。二是制度剩余与制度匮乏并存的困境。一方面，大量的管理规定重复、交叉、烦琐；另一方面，存在着许多"真空地带"，造成民间组织的现实空间远远大于制度空间，实际存在的民间组织数量甚至十倍于法定登记的民间组织数量，导致民间组织生存的合法化困境。[①] 例如，社会组织发展遭遇的注册困境、监管困境和扶持困境，依然在很大程度上导致社会组织"进不来""管不了""长不大"；对社会组织的不信任、多头管理、注册困境、限制干预和监管无方的状况依然存在，政府与社会组织之间的伙伴关系仍未确立。[②] 因此，要改变目前以控制为导向的双重管理体制，向发展和培育型转变，为政府与社会组织的合作和公共性功能的发挥创造良好的制度环境。

（三）加大培育力度，依法管理

目前社会组织发展的最大"瓶颈"在于其资金匮乏，经费来源单一。据清华大学 NGO 研究所调查"中国民间组织面临的五个主要问题中，'缺乏资金'占总数的 37.8%，居首位"。[③] 对此，政府应该加大扶持力度，一方面，政府可以通过向社会组织购买服务，间接为其提供发展资金；另一方面，可以通过财政税收等手段支持社会组织的发展。在对社会组织的管理上，由重行政管理转变为依法管理，目前，法律层次的立法缺位，已经导致行政法规层次的立法不堪重负。既有超越立法权限的嫌疑，也无能为力于改革开放后迅速变化的现实。制定社会组织法，重新制定或修改民间组织法规，逐步建立和完善民间组织的法律体系是时势之必然，也是法治所必需。2013 年 9

[①] 参见俞可平《中国公民社会的制度环境》，载俞可平等《中国公民社会的制度环境》，北京大学出版社 2006 年版，第 29—33 页。

[②] 俞可平等：《中国的治理变迁（1978—2018）》，社会科学文献出版社 2018 年版，第 355 页。

[③] 邓国胜：《中国 NGO 问卷调查的初步分析》，中国社会组织网，2006 年 5 月 31 日，转引自黄晓勇主编《中国民间组织报告（2008）》，社会科学文献出版社 2009 年版，第 13 页。

第五章　中国行政管理公共性的公共组织

月《国务院办公厅关于政府向社会力量购买服务的指导意见》。2014年12月财政部、民政部、国家工商总局联合印发《政府购买服务管理办法（暂行）》。2016年12月，经国务院同意，财政部、民政部出台《关于通过政府购买服务支持社会组织培育发展的指导意见》。这些法规的出台，既从资金财力上加大了对社会组织的培育，也有利于对社会组织依法管理。中国目前已经初步形成了以《社会组织登记管理条例》为主、地方性法规、部门规章和一系列相关政策共同组成的政策法规体系，基本上为各种社会组织提供了依法设立和发展的途径。但是中国至今没有一部"社会组织法"或"社会组织等级管理条例"等行政法规以上层次的法律对社会组织的法律概念予以确认。这不能不说是一大遗憾。

（四）理顺利益关系，建立责任分担机制

从理论上讲，政府是代表国家利益和公共利益的公共组织，社会组织是属于公益性或互益性的准公共组织。因此，政府与社会组织结成合作伙伴关系，在合作提供公共服务，增进公共利益方面具有一定的重合性和一致性。但是也必不能忽视它们相冲突的一面。因为社会组织毕竟属于社会公益性或互益性组织，它们往往代表的是某一局部利益，或者从自身的角度理解公共利益，其活动并不一定体现社会整体公共利益。在某些情况下甚至会出现对社会整体利益造成伤害。甚至有些社会组织以"获利"为支配性动机，披着社会组织的合法性外衣大肆追逐社会捐助和政府政策优惠所带来的物质利益，或者向相关政府工作人员进行隐性利益输送等。这些都背弃了非营利性的基本原则，导致政府与社会组织之间关系的扭曲。对此，政府作为公共管理的核心主体，在与社会组织合作互动的过程中，必须坚持社会整体公共利益的基本取向，体现公共管理的公共性本质。不能像西方国家利益集团政治那样，政府任凭利益集团的摆布。否则，就有悖于中国行政管理公正的价值取向和公共性的本质要求。

从现实中看，中国社会组织在提供公共服务方面存在着公益性不足而导致的责任困境。如贪污或假公济私、忽略社会责任和公共利益、以营利为取向等问题,都在一定程度和范围内存在。因此,必须界定政府与社会组织的责任关系。就提供公共服务而言,政府和社会组织主要承担的是一种政治责任(当然也包括法律责任、管理责任、职业责任和道德责任),即公务员对公众和公众选举出来的政治家负责。那么,社会组织在承接公共服务的同时,也承接了提供公共服务的责任,政府转移了部分公共服务的职能,并不意味着放弃了责任。因此,在政府和社会组织之间建立责任分担机制是必要的。

第六章　中国行政管理公共性的
　　　　　公共官僚体制

美国公共行政学者尼古拉斯·亨利在《公共行政与公共事务》一书中提出了理解公共行政"公共性"的制度性界定：传统上，由于人们对公共行政的研究，是按照制度①术语来考虑的。换句话讲，是对由赋税支持机构的管理，这些机构出现在政府组织结构图上，即政府官僚体制。公共性的制度定义是从政府组织编制表中靠税收支持的机构即政府的官僚制度来考虑公共性。② 其言下之意是，只有那些以税赋作为资金来源的官僚机构或组织，才具有公共性。因为这些税赋是政府通过合法的税收形式集中起来，由社会公众让渡的社会资源或利益。显然，这种对行政公共性的制度性界定，只是一种经验式的结论。

值得注意的是，这种经验性的结论对现实世界的考察存在一定的

---

① 制度有多重定义，主要存在于两类学者之间，一类学者采用这一术语指组织性实体，而另外一些学者使用这一术语涉及的是被个体接受的、运行于组织内或组织间的规则、规范和策略等构成要素。［参见 Crawford, Sue E. S., Sep. and Elinor Ostrom, "A Grammar of Institutions", *American Political Review*, 89（3），1995，pp. 582 – 600，转引自［美］保罗·A. 萨巴蒂尔编《政策过程理论》，彭宗超、钟开斌等译，生活·读书·新知三联书店 2004 年版，第 48 页。］本书中的行政公共性的制度性问题主要是指现代政府管理中的官僚科层制，即一批训练有素的专业人员依据固定的规章、制度开展活动的一种理性而高效的现在行政管理体制。因为当代社会以及政府行政管理发展的突出特点是家长制或世袭制的行政管理体制向官僚科层制转变，官僚科层制构成了现在行政管理体系的核心，也是衡量政府现代化的决定性尺度。

② ［美］尼古拉斯·亨利：《公共行政与公共事务》（第八版），张昕等译，中国人民大学出版社 2002 年版，第 72 页。

背离：首先，一个强有力的挑战来自第三部门的崛起。第三部门也称为非营利部门，它们作为政府提供公共服务的伙伴，或者间接从政府那里获得资金来源，或者向社会募集资金，而履行着某些与政府部门类似的职能。政府与第三部门之间广泛的合作，可以使政府在保持较小规模的前提下，有效地完成政府的福利责任。从这个角度来看，第三部门因自身的公益性而开创的公共性，可以有效地弥补政府公共性的不足，并不必然带来政府机构无限制的扩张和规模膨胀。其次，公共选择理论从"经济人"假设出发，推演出政府自利性的属性，被现实生活中大量存在的政府及其官员追求自身利益最大化的行为所映射和证实，政府的自利性及其与公共性之间的矛盾和冲突也使得公共性的制度性界定存在一定的缺陷。

尽管对行政公共性的制度性界定不那么完善，却启示着我们从制度，即官僚制的角度去思考公共行政的公共性。对现代意义上的公共行政而言，其建立的基础是政治与行政二分法和韦伯的官僚制理论。公共行政是关于提供公共服务和对个人和团体施以限制的组织管理活动。无论在理论上还是在实践上，官僚科层制都为公共行政提供了技术化的管理体制和方式。

第一节 官僚制与行政公共性

众所周知，马克斯·韦伯对官僚制的研究做出了开拓性的贡献。按照韦伯的观点，官僚制是指一种由训练有素的专业人员依照既定规则持续运作的行政或管理体制。当然，韦伯意义上的官僚制概念并不局限于政府内部，而是存在于一切组织中的一种特定的结果模式。就本书研究而言，官僚制主要是指政府行政领域的官僚制，作为近代以来"形式合理性的政府行政类型或行政模式"，[1] 在此意义上也可称为官僚制行政。韦伯理想中的官僚制是一种组织形式的纯粹形式，在

---

[1] 参见张康之《公共行政：超越工具理性》，《浙江社会科学》2002年第4期。

第六章 中国行政管理公共性的公共官僚体制

现实生活中并不存在,但是这种理想的官僚制是对现实中官僚制的特点、规范和发展趋势的逻辑抽象,为我们分析政府官僚体制提供了标准的理论范本。在理论上,韦伯对官僚制研究做出了开创性的贡献,公共行政与现代官僚制有着天然的内在契合性,并由此形成了公共行政的"威尔逊—韦伯"范式或者官僚制范式。在现实的政府行政实践中,现代官僚制与政府行政管理紧密结合。现代意义上的政府管理体系就是按照官僚制的原则构建的行政管理体系。公共性作为公共行政的根本属性,是政府行政合法性的来源。官僚制作为公共行政不可或缺的组成部分,与公共性存在着怎样的关系,对此,不同学科背景的学者从不同的研究角度进行了探讨。

一 马克思官僚制理论与行政公共性

在马克思主义政治学视域下,政治、国家、政府、官僚制等皆属于政治上层建筑的范畴。官僚制以及与官僚制有关的政治、国家、政府四个概念中,政治的范畴最大,政治是发生和运行于上层建筑领域中的一种社会历史现象,是特定社会成员借助社会公共权力规定其权利并实现其利益的特定方式和社会关系。国家是特定社会中享有主权的政治组织,是政治现象和政治生活中最典型的主体。政府是代表国家行使主权的机关,官僚制是政府的组织结构,政府行政即为官僚制行政。可见,政治、国家、政府和官僚制并不是同一层次的概念,在范畴上从大到小依次为政治、国家、政府、官僚制。马克思对官僚制的分析在很大程度上包含在对政治、国家和政府的分析之中。"政治是经济的集中表现"是马克思主义政治学对人类社会政治现象和政治生活的基本规定性,也是马克思主义政治学揭示政治现象和政治生活,分析国家、政府和官僚制最具方法论的观点。

(一)一种阶级分析的观点

官僚制理论是马克思主义从历史唯物主义基本原理出发,在分析社会、国家、经济基础与上层建筑等基本范畴时的延伸。历史唯物主义的观点认为,社会的实体是发展到一定阶段的生产关系。政治、国家、政府和官僚制是人类社会发展到特定历史阶段的一种具有公共性的社会关系。马克思认为人类社会存在从而政治社会存在的第一个前提，就是人类为了能够创造历史，从事各类社会活动和政治活动，必须能够生活；而为了生活，首先需要衣、食、住、行以及其他东西。因此，人类社会第一个历史活动就是物质生产活动。在物质生产活动中，人结成一定的生产组织方式并形成社会关系。"法的关系正像国家的形式一样，既不能从它们本身来理解，也不能从所谓人类精神的一般发展来理解，相反它们根源于物质的生活关系，这种物质的生活关系的总和，黑格尔按照十八世纪的英国人和法国人的先例，称之为'市民社会'。"①

在阶级社会中，政治、国家、政府和官僚制所体现的社会关系在社会群体的形态上体现为阶级关系。由于人们对生产资料占有关系不同，在生产组织方式中的地位和作用也就不同。其中掌握生产资料的阶级，一般以统治者和管理者的身份出现，垄断了一切生产管理和社会政治权力。而失去或很少占有生产资料的劳动者，则不得不处于服从和被剥削的地位。因此，自阶级产生以来，人类社会生产组织形式的一个基本特征就是，通过占有和控制生产资料所有权和生产手段，一个阶级可以无偿占有另一个阶级的劳动成果。按照列宁的理解，"所谓阶级就是这样一些集团，由于它们在一定社会经济结构中所处的地位不同，其中一个集团能够占有另一个集团的劳动"。② 政治是经济的集中表现，这里的经济是指特定的经济关系，主要内容是生产资料的所有权关系、生产过程中支配与被支配关系以及生产成果的分配关系。

国家、政府和官僚制是从社会分化出来的管理机构。在阶级社会，经济上占主导地位的阶级，必然要在政治上占据主导和统治地位，从而对社会进行全面的统治，而这一切是通过国家这一中介来实

---

① 《马克思恩格斯选集》第2卷，人民出版社1972年版，第82页。
② 《列宁选集》第4卷，人民出版社1972年版，第10页。

第六章 中国行政管理公共性的公共官僚体制

现的。"国家是社会在一定发展阶段上的产物;国家表示:这个社会陷入了不可解决的自我矛盾,分裂为不可调和的对立面又无力摆脱这些对立面。"① 作为管理机构的官僚制就是进行阶级剥削和压迫的国家机器的组成部分。马克思指出,虽然资本主义的生产制度具有市场交换和法律平等的外在形式,但是作为管理机构的官僚制不仅仅是生产过程的协调机制,同时还是对无产阶级进行剥削和控制的工具。因此,马克思认为,在阶级社会中官僚制、官僚制国家、官僚制权力等并不具有真正意义上的公共性。唯有当阶级差别在发展进程中已经消失而全部生产集中在联合起来的个人的手里,资本变成社会的公共财产的时候,才能让官僚制权力失去政治性质,从而实现最普遍意义上的公共性。尽管马克思对官僚制的论述没有明确提出公共性的概念,却隐含着公共性的思想。他批判了官僚制在阶级社会的双重性质,把公共性的实现寄希望于无阶级的未来社会中。通过对行政结构的重构,以确保自下而上对官僚制进行有效的民主控制,官僚制权力将失去其政治性质而具有公共性;那时其社会性质仍然被保留下来,并在社会生产和公共生活中继续发挥作用。"代替那存在着阶级和阶级对立的资产阶级旧社会的,将是这样一个联合体,在那里,每个人的自由发展是一切人的自由发展的条件。"② 可见马克思对官僚制公共性的批判具有深刻性和彻底性,并将其与人的解放联系起来。

马克思对官僚制行政的探讨从属于对阶级关系和国家本质的分析。马克思的分析基本上集中在政治层面或政治统治层面,集中解释了官僚制的阶级压迫功能和无产阶级从官僚制压迫中解放出来的途径。在这个层面上,政治揭示了一个社会中占主导地位的全部经济关系和政治关系的总和以及由此结成的社会政治权力结构,这是官僚制所处的外部环境,而忽略了官僚制的技术型和行政性功能的影响。③按照戴维·比瑟姆的分析,"马克思关注官僚制的阶级功能而忽视其

---

① 《马克思恩格斯选集》第4卷,人民出版社1972年版,第166页。
② 《马克思恩格斯选集》第1卷,人民出版社1972年版,第273页。
③ 黄小勇:《现代化进程中的官僚制》,黑龙江人民出版社2003年版,第12—13页。

技术功能是理论本身的逻辑使然,同时也与以下两个因素相关:第一,马克思的分析产生于现代官僚制空前膨胀之前,官僚制技术功能所产生的影响还未充分显现出来;第二,马克思是在19世纪的典型意义上使用官僚制这一术语,将它与特定类型的国家相连,与议会制相对立"。① 尽管如此,在当今时代,马克思的官僚制理论依然具有其特定的分析价值:将官僚制行政置于一个广阔的政治环境中进行考察,这对将官僚制看作是社会发展的技术化、理性化产物的观点提出了挑战,同时也摒弃了管理主义所主张的政治与行政二分、价值中立、纯工具意义上的理性官僚制。并且马克思官僚制理论所蕴含的公共性思想与人的自由发展统一起来,使其具有强烈的道德感召力和吸引力。

近年来,无论是西方学者还是国内学者,都认识到公共性之于行政管理的重要意义,认为对公共性问题的探讨不仅丰富和发展了公共行政的理论,而且有利于明确行政发展的价值取向,深化对政府改革实践的理论指导。当前很多学者对官僚制行政及其公共性问题的研究,深受马克思官僚制理论的启发,基本上延续了马克思对官僚制的分析,是对马克思官僚制理论在新的历史条件下的继承和发展。

(二) 统治型官僚制行政与公共性的缺失

张康之教授从历史与逻辑相统一的方法出发,考察了"行政"及"公共行政"的历史演进和基本内涵。他认为行政是一种特殊的管理形式,包含着管理的含义。管理是人类社会的主要活动,与人类社会相伴始终。人是天生的社会动物,首先,人类第一个历史活动是物质生产活动,作为物质生产活动的劳动,对人类来说具有永恒性;其次,在物质生产活动中,个人就必须有某种协作关系,从而结成一定的社会。对物质生产活动的协作和社会关系的协调就需要一定的管理。在人类社会的早期阶段,管理是极其粗糙的,既没有稳定的形

---

① David Beethem, *Bureaucrac*, Open University Press, 1987, pp. 71-72. 转引自黄小勇《现代化进程中的官僚制》,黑龙江人民出版社2003年版,第12—13页。

第六章 中国行政管理公共性的公共官僚体制

式,也没有可遵循的规范程序和过程。行政与国家或政府产生联系在一起,有了国家和政府才出现行政。正如威尔逊所说,行政是政府最明显的部分,它是行动中的政府;作为政府的执行者、操作者最显露的方面,当然,它的历程也和政府一样悠久。[①] 行政作为管理的一种特殊形式,推动了人类管理活动的整体进步,管理因行政而得到发展。但是行政不是一般意义上的管理,而是一种特殊形式和有着特殊内容的管理。"行政"一词的基点在于"政","行"是个动词,"政"才是所行之事,而"政"则是国家出现之后才出现的。所以,"行"和"政"结合起来就是管理国家政务。在漫长的农业社会里,不存在一种边界尚未清晰化的政府行政管理体系,主要体现为国家与社会相融合,不存在公私领域的分离和公私部门的分立,政府行政从属于统治阶级的利益,沦为阶级统治和阶级压迫的工具,这一时期的行政管理可以称作"统治行政"或"统治型官僚制行政",根本不具有"公共"性质。所谓统治型官僚制行政是前工业社会时期的政府管理模式,它以统治者为中心,以贯彻统治者的意志和实现统治者的利益最大化为宗旨,以维护阶级统治为主要任务的专断式和强制性的管理方式。统治型官僚制行政突出的是国家的政治统治功能,属于阶级行政的范畴。

韦伯从传统型支配的社会政治权力结构及其对前官僚制行政属性的影响出发,对统治型官僚制行政及其公共性的丧失进行了深刻的分析。在韦伯语境中,前官僚制行政主要就是指统治型官僚制行政,是与韦伯理想类型的官僚制行政相对应的前工业社会的政府行政模式。依据韦伯的观点,在传统型支配类型中,支配或统治的合法性来源于统治者所宣扬的,并为被统治者所信仰的历代沿袭的传统、规则及权力的神秘性和神圣性。在以支配者为核心的统治体系中,支配者以主人的身份与统治体系的其他成员构成一种以个人效忠与服从为基础的

[①] 参见伍德诺·威尔逊《行政学研究》,《政治科学季刊》第二期(1887年6月),见彭和平、竹立家等编译《国外公共行政理论精选》,中共中央党校出版社1997年版,第2页。

依附关系；辅助支配者行使统治和管理权力的行政人员不是严格意义上的"官僚"，而是支配者的"奴仆"。他们与支配者的关系建立在个人忠诚的基础上，而非建立在非人格性的职责观念基础上；被支配者或被统治者则为支配者的"子民"。① 在此基础上，韦伯从西方社会发展的历史经验出发概括出前官僚制行政模式的典型形式——"苏丹制"和"封建制"。② 家产制支配可以分为相互影响、相互作用的两个部分：一部分是君主对其直接领地的支配，由君主家计进行管理，目的是满足君主个人的、私人生活的需求；家计式行政管理的对象是君主领地上的、与君主具有人身依附关系的隶属民，具有人身强制性。另一部分是"政治的支配"，是指君主领地辖域之外、不具有人身依附关系和强制性手段的权威。这两种支配类型作为家产制支配的两个方面虽然存在差别，但是在西方国家的统治型官僚行政实践中事实上呈现出一种融合的趋势。一方面，家产制君主企图迫使政治的子民像家产制子民一样无条件地服从其权力，将所有权力皆视为他个人的财产，就像家权力与家产一样，③ 这是家产制支配的内在倾向；另一方面，随着君主制政治权力的集中与扩张（主要表现就是日渐持续化与理性化），政治子民所承担的义务逐渐扩大，同时也越来越类似家产制义务。④ 由于以上两个方面的相互融合，使得家支配与政治性的界限日渐模糊，从而使得家产制社会权力结构严重缺乏公与私的分野。这是统治型官僚制行政公共性缺失的主要原因。

　　统治型官僚制行政及其公共性的缺失，在中国传统的农业社会同

---

　　① ［德］马克斯·韦伯：《支配的类型》，康乐等编译，远流出版事业股份有限公司1996年版，第29页。
　　② 韦伯认为在家支配下，支配者最具独断性和最大限度地占有行政机构及其人员和物质的情形称为"苏丹制"；行政人员不同程度地占有行政工具、得以占有并处置特定权力及其相应的经济利益情形称为"封建制"（［德］马克斯·韦伯：《支配的类型》，康乐等编译，远流出版事业股份有限公司1996年版，第89—105页）。
　　③ ［德］马克斯·韦伯：《支配社会学》（第1册），康乐等编译，远流出版事业股份有限公司1993年版，第96页。
　　④ ［德］马克斯·韦伯：《支配的类型》，康乐等编译，远流出版事业股份有限公司1993年版，第85页。

第六章　中国行政管理公共性的公共官僚体制

样具有典型的表现形式。"在统治型社会治理模式发挥作用的历史条件下，由于不存在公私领域的分离和公私部门的分立，'私'的真实内涵仅仅是指以个人生活为中心取向的占有形态和活动内容，而'公'则是以集体生活为中心取向的占有形态和活动内容，私相对于公，只是人群集合规模的大小。小的人群中的事相对于大的人群中的事来说，属于私；反之，则属于公。"① 并且在中国古代官僚体制下，以皇权为中心自上而下构建了发达而庞大的官僚层级体系，以及为维持官僚体系运转而必不可少的、以修齐治平为主要内容的伦理思想，在这方面东西方几乎都是一样的。

　　基于上述分析，可见无论是韦伯对统治型官僚制行政的理论分析，还是东西方社会官僚制行政的经验描述，皆表明在统治型官僚制行政属于阶级行政，不具有公共性。这是由统治型官僚行政的经济基础决定的。官僚制行政作为政治上层建筑，是在经济关系中占主导地位的阶级按照本阶级的意志运用国家对另一阶级进行统治，并对社会事务进行管理。在此意义上，官僚制行政既是国家实施阶级统治的工具（政治统治职能），也是处理社会事务的手段（社会管理职能）。就官僚制行政的社会管理职能而言，如维持社会秩序、兴修水利、赈济灾民等，虽然出于共同利益的需要，但是不能就此认定这些行政活动具有公共性的特征。因为社会管理活动属于"公共"的范畴，是超越私人利益事务的客观现象，属于事实范畴，而公共性则是对"公共"的价值规定，属于价值范畴。在"家天下"的统治型官僚制行政下，很难从"公共事务的存在"而导出"行政具有公共性"的结论。这并不符合传统农业社会的政治法权逻辑。从根本上讲，统治型官僚制行政及其公共性的丧失，是由一个社会中占主导地位的经济关系和政治关系的总和以及由此而形成的社会政治权力结构决定的。将官僚制行政置于社会政治权力结构这一更为宏观和更为基础的环境中

---

① 张康之、王喜明：《公共性、公共物品和自利性的概念辨析》，《行政论坛》2003年第4期。

进行考察，并从社会政治权力结构所规定的秩序和目标来考察官僚制行政的价值取向，从而得出了统治型官僚制行政公共性缺失的结论。这是马克思官僚制行政理论的重要贡献。

二 韦伯官僚制理论与行政公共性

（一）一种理性化的分析

韦伯的官僚制理论主要包括理性官僚制和官僚制的历史类型两个部分。其中，对理性官僚制的论述是作为其官僚制理论的核心部分而展开的，通过对不同历史类型的官僚制比较和演变过程的分析，突出了理性官僚制的特征。根据韦伯的观点，之所以在西欧产生了理性的资本主义形态，是由于西方历史中深远厚重、存续不断的理性主义传统。理性主义为经济、政治、文化、法律、宗教及日常生活方式提供了一种内在的动力——理性化。在理性化的驱动下，开启了西方国家由传统社会向现代社会的变迁。理性官僚制是理性化在政治领域扩张的结果。因此，对理性化的分析就成为韦伯理性官僚制理论的逻辑起点。

按照施鲁赫特对韦伯的解释，所谓理性化是指社会各个行动领域逐渐分化的发展过程，即宗教、政治、经济、法律、科学等从混沌不明的状态下独立出来，依据自身的运动规律发挥作用。[①] 西方中世纪封建社会的权力结构是分散的和断裂的。封建国王的统治权仅在国王自己的领地上发挥作用，国王领地之外的统治权则由国王与封建领主通过采邑契约的方式行使。"中世纪政治的本质在于，没有他人的合作，国王就无法统治国家，甚至按当时的理解连十分有限的国家功能都难以执行。国王必须征询他人的意见——贵族、教会的权势人物，最后还有能够出钱的各城镇代表。"[②] 在此意义上，我们可以说，封建领主占有国王的统治权，国王通过封建领主来行使大部分统治功

[①] 顾忠华：《韦伯学说新探》，唐山出版社1992年版，第38—39页。
[②] [美]肯尼斯·米诺格：《当代学术入门——政治学》，龚人译，辽宁教育出版社1998年版，第29页。

第六章　中国行政管理公共性的公共官僚体制

能。因此，在断裂的政治权力结构下，"独立的政治领域尚未出现，政治或从属于宗教，或消弭于传统的特权之中。以自主性政治目标为基础和标志的政治领域的分化程度极其低下，政治活动被嵌入血缘、地缘与身份团体之中，政治权力也被分解在这些团体之中"。[1] 这对官僚制行政造成了两个方面的影响：事实上的司法和行政成为贵族的特权，并且具有私人性质和封建制支配中的个人忠诚关系和契约关系。这两个方面使得官僚制行政缺乏形式理性的特征，这是官僚制形成迈向理性化的重大障碍。

韦伯认为，从不成熟状态的、非理性化的官僚制行政向比较完备和理性化的官僚制行政的演变，有赖于两次社会政治权力结构的转变：

一是封建制的衰落和绝对君主权力的崛起，造就了一种新的社会政治权力结构和政治秩序。它以君主为权力中心，消除封建支配结构下的分散的领主支配权力，形成了单一有序的权力结构。绝对君权的崛起意味着主权国家观念的萌现和民族国家的兴起。王室不自觉地转变为国家官僚机构。因为君主面对复杂的政治军事事务，无法依靠王室宫廷来进行统治，不得不设置机构，建立官僚体制，亲自挑选和任命有能力的官员。并且这些官员拥有对行政事务的决定权和国家观念。韦伯指出，在绝对君权时期的权力结构已经是"官僚制——理性的"。[2] 绝对君权结构下理性官僚制的代表，是18世纪普鲁士的官僚制，其在官僚制行政活动的系统化、可预测性和非人格化方面堪称当时各国的典范。这一时期，绝对王权国家之所以成为"公"的承担者，在很大程度上是由于在其形成过程中，结束了中世纪封君封臣制造成的国家行政管理系统不完善、政治分裂和国家权力分散的局面，至少在民族国家内部形成了统一的公共权力，在形式上它在一国范围

---

[1] 黄小勇：《现代化进程中的官僚制——韦伯官僚制理论研究》，黑龙江人民出版社2003年版，第135页。
[2] [德] 马克斯·韦伯：《支配社会学》（第1册），康乐等编译，远流出版事业股份有限公司1993年版，第192页。

内具有普泛性质,对市民社会的成员是都是适用的,所以它具有公共的性质而不是私人的性质。这就为公私概念的产生创造了条件。"'私'意味着处于国家机器之外;'公'在这个时候指的是建立在专制主义基础上的国家……据说,政府当局是为民众谋幸福的,而民众只关心自己的个人利益"。[①] 因此,以绝对国家所代表的公共权威的实质性增长,成为由公私边界模糊的中古时代向公私分化的现代社会过渡的必经环节。但是,随着市民社会与绝对国家之间矛盾的日趋激烈,社会发展就进入了第二次社会政治权力结构转型。

二是人民主权原则和代议制民主确立。绝对主义的官僚制行政在开启现代化方面曾发挥了积极的作用,但其合法性的类型仍然属于传统型的"君权神授"传统,只不过这种合法性由君主一人独占,这与国王与贵族共享合法性的封建制官僚行政有很大的不同。"在官僚制政体中,君主式帝王是合法性和权力的唯一源泉,在封建制政体中,君主与贵族共享合法性"。[②] 在此意义上,绝对主义官僚制行政又成为现代化的障碍。可以说,在绝对主义国家建立之日起,在引致政治、经济、社会、宗教以及伦理道德等方面的抵制和抗议,这就是西方社会上"自由主义的历史开端"。[③] 自由主义的力量要求废除专制,实现法律主治,由此形成了第二次社会政治权力结构的转型:代议制民主和新的合法性的确立。绝对君权的专制本质,激起了市民资产阶级的反抗,如何选择合适的工具来限制君主权力,保护本阶级的权益,成为18世纪政治斗争的核心议题。从结果来看,历史选择了代议制民主。随着社会政治权力结构从封建主义形式向绝对主义,再向代议制民主的转变,官僚制行政也不断发展和完善。基于社会契约观念和人民主权思想,代议制民主的确立为理性官僚制的发展赋予了

[①] [德]尤尔根·哈贝马斯:《公共领域的结构转型》,学林出版社1999年版,第11页。

[②] [美]塞缪尔·亨廷顿:《变革社会中的政治秩序》,李盛平等译,华夏出版社1988年版,第145—146页。

[③] [英]霍布豪斯:《自由主义》,朱曾汶译,商务印书馆1996年版,第6—7页。

第六章 中国行政管理公共性的公共官僚体制

新的合法性来源。在政治生活中确立法律理性化和法律主治原则，意味着法律是对任何人都具有约束力的普遍性规范，进而推动了韦伯话语式的理性官僚制的形成。

（二）管理型官僚制行政与公共性的形式化

1. 管理型官僚制行政的生成

管理型官僚制行政是与工业社会治理体系相适应的政府管理模式。该模式以政府为中心，以效率、公平、平等等工具性价值为取向，以应对复杂的社会事务为经济社会发展创造良好环境为任务，以代议制民主为运行机制，以法治为管理方式。管理型官僚制行政突出的是政府的管理功能。

从公共行政学范式上讲，"政治与行政的二分"与韦伯式官僚制理论奠定了管理型官僚制行政的基础。美国学者伍德罗·威尔逊在其1887年发表在《政治科学季刊》上的《行政之研究》一文中萌发了"政治与行政二分法"思想，明确指出"行政是一种事务性的领域，它与混乱和冲突的政治领域相去甚远"，[1] 因此，"行政置身于政治所特有的范围之外，行政问题不是政治问题，虽然政治设定了行政的目标，但是政治无须自找自扰去操纵行政机构"。[2] 从此，公共行政研究从政治学研究中独立出来，成为一门具有"自我"意识并进行独立研究的学科，在此意义上，可以说政治——行政二分法原则成为"美国公共行政的圣经"。无论在理论上，还是在实践中，皆为官僚制行政自主化、理性化开辟了道路。

韦伯官僚制理论则为政治与行政的适度分离提供了组织化的方案。依据韦伯的观点，统治就是基于权力，让自上而下的命令在组织成员中得到服从的行为和过程。组织成员之所以要服从命令，除了出于"达成一致的习俗、个人利益、纯粹的情感或理想动机"（尽管它们并不构成维持组织长久、稳定统治的可靠的基础）的考虑之外，一

---

[1] Woodrow Wilson, "The Study of Administration", *Political Science Quarterly*, Vol. 2, No. 2, Jun., 1887, pp. 197–222.

[2] Ibid..

个深层次的要素是对正当性或合法性的信仰，即存在于人们内心深处、说服人们自愿服从命令的信仰体系，权威就是建立在这种合法性的信仰的基础之上。合法性的信仰能够为统治的正当性提供依据，于是强迫性的权力就转变为权威的命令权力——合法性的权力。基于以上对权力合法化的方式和人们社会行为不同类型的分析，韦伯提出了权威或理性的三个"理想模式"，最早的理想模式是原始社会的"传统型权威"，它建立在为那些行使权威的人提供地位和权力是神圣不可侵犯的传统这一现存的信仰之上。权威的第二个理想模式是以领袖人物个人的特质和吸引力为基础的"超凡魅力的权威"。第三个理想模式是"法律和理性权威"，它可以算作现代文明的基石，其服从性基于对已经制定的法规合法性的信仰，以及对有权威根据这些法规发号施令者权利的信仰。依据韦伯的观点，与这三种类型的权威相对应是三种类型的组织：传统型组织、魅力型组织和法理型组织。其中传统型组织，由于其是为了保存过去的传统而进行管理，并且其领导者不是按能力来挑选的，所以其效率最差；而魅力型组织则过于带感情色彩而是非理性的。只有法理型组织是基于法律和理性的权威，既具有合法性，又具有合理性，是三种形式的权威中效率最高的，成为韦伯官僚制组织的基础。

韦伯把法理型权威作为理想类型官僚制的基础，并概括官僚制的结构性特征：（1）管辖权、职位和任务的专业化；也就是根据组织要完成的目标进行劳动分工和权威分配；（2）通过层级化的权威协调专业化职位活动，并整合其管辖权威；在最理性的官僚组织中，组织由单一权威所领导；（3）存在一种职业阶梯结构，个体成员通过不同的专业和层级逐步晋升，晋升的依据是功绩或年资；（4）永业的官僚结构，不论成员的进入或退出流动，官僚结构维持不变，社会依赖于官僚制的功能发挥，如果官僚制遭到破坏，社会便会出现混乱；（5）从基本上来说，官僚制都是大型的组织，政府就是由官僚制组成的行政管理体系。在程序上，官僚制具有非人情化或去人情化、形式主义、规则限制、高度纪律化等特征。由于官僚制具有这样的结构和程序特征，因此，官僚制具有高度效率性、权威性和持续扩张性特点。①

2. 管理型官僚制行政与公共性的获取

近代以来，民主化在很多方面推动了官僚制的发展，使得官僚制行政至少在观念上获得了公共性的内涵，展现了现代官僚制与行政公共性相统一的一面。对公共行政而言，理解公共性的标准就是公共行政与私人行政的清晰度。从公共行政发展的历史来看，代议制民主的确立使政府行政实现了根本性的塑造。一方面，在权力渊源上，代议制民主的确立意味着官僚制权力来源于人民的授权，而不是君主的私相授受，代议制民主赋予了官僚制权力的公共性；另一方面，官僚制行政必须承担公共责任，对民众负责，民众掌握着对官僚的最终控制权。可见，"在对民主主义的追求中，行政逐步从政治中分离出来而获得了独立性，逐渐脱离私人色彩而获得了公共性"。② 民主的政治统治不仅要求公共行政在目标取向服务于公共利益，而且在行政过程中容纳公民参与。因此，民主的政治制度是行政公共性确立的前提，对民主价值的追求也是行政公共性的应有之义。民主制的发展赋予了行政以公共性的内涵，其本质体现为公共权力公共性的实现，这就使得人民在观念上自觉为统治者的主人，并因而强化了他们对政府服务提出越来越多的要求，从而不可避免地推动了官僚制的扩张。在此意义上，韦伯认为官僚制的产生与近代民主制的发展密切相关。

现代官僚制理性和效率的价值追求也为行政公共性的获得奠定了基础。在韦伯语境下，官僚科层制是建立于法理型统治基础之上的一种现代社会所特有的、具有专业化功能和固定规章制度、设科分层的组织制度和管理形式。它具有技术上的优越性，体现了一种科学的管理方式，这种合理性决定了官僚科层制具有精确、迅速、统一、协

---

① 参见［美］戴维·H. 罗森布鲁姆、罗伯特·S. 克拉夫丘克《公共行政学：管理、政治和法律的途径》，张成福等校译，中国人民大学出版社2002年版，第154—157页。

② 褚添有：《嬗变与重构：当代中国公共管理模式转型研究》，广西师范大学出版社2008年版，第83页。

调、节约和高效率等优势。正如韦伯所指出的,"精确、迅速、明确……统一性、严格的服从、减少摩擦、节约物资费用和人力,在由训练有素的具体官员进行严格官僚体制的、特别是集权体制的行政管理时……能达到最佳效果"。① 因此,在效率成为现代社会发展的主要价值追求的历史背景下,官僚体制凭借其效率优势适应了现代化的趋势和时代要求,构成了现代公共行政的体制基础。官僚科层制最突出的特点就是其效率优势。在这个意义上,韦伯深刻地指出,"经验一般总是表明,纯粹的官僚集权式行政组织——从纯技术观点来看是能够取得最大限度的效率的,从这个意义上来说,这种组织是对人进行绝对必要控制的最合理的手段。在精确性、稳定性、严格纪律性和可靠性等方面,它比任何其他形式都要优越"。② 当代西方国家政府治理模式就是在公共行政官僚制范式的基础上构建起来的,这种官僚制政府最大的贡献就在于推动了人类社会经济绩效的发展,它克服了资本主义建立初期"政党分肥制"所造成的政府行政无力、低效的弊端,适应了工业社会对效率价值追求的潮流,在很长一段时期内,官僚制成了效率的代名词。对效率价值的实现,充分展现了官僚制与行政公共性相统一的一面。因为公共性作为公共行政的"志职"和根本属性,是公共行政在理论和实践中"元价值",是价值理性与工具理性的统一。它不仅体现为对公平、正义、民主、自由、平等、责任等政治价值,也包括效率和经济之类的行政价值,因为效率等行政价值在本质上都是政治价值。按照沃尔多的理解,可以认为并不存在效率等中立的行政价值。通过对效率一词的历史性考察,我们发现它并不是一个描述性的概念,而是一个强有力的道德概念,效率价值必须接受公平、正义、责任、人性尊严等道德价值指引和评判。

如上所述,从价值层面上讲,公共行政的公共性主要体现为对公

---

① [德] 马克斯·韦伯:《经济与社会》(下卷),林荣远译,商务印书馆1997年版,第296页。
② [美] 丹尼尔·A. 雷恩:《管理思想的演变》,李柱流等译,中国社会科学出版社1986年版,第256页。

第六章 中国行政管理公共性的公共官僚体制

平、正义、民主、责任、代表性、回应性、效率等价值理性的追求，官僚制作为公共行政的组织基础，在展现其效率价值的同时，由于其自身的组织缺陷，不可避免地忽视了对其他价值的追求。从而导致了官僚体制与行政公共性既有统一的一面，又存在背离的一面。正如有学者指出，"传统的官僚制行政是按照工具理性和科学精神构建的，公共行政活动中所需要的科学态度就是排除价值因素的干扰，行政人员是以技术官僚的面目出现。他的行政行为不能介入个人的意识，否则会干扰对行政效率的追求。因此，官僚制在整个行政领域及其权力运行机制中，排除了人的价值和人的主体意义"。① 其逻辑是把对平等、公平、正义、民主、责任等公共价值的实现寓于对效率的追求之中，实际上置于行政公共性一种尴尬或隐性的地位，从而造成了一种消极化的行政公共性，或者说对行政公共性追求的形式化。

首先，官僚制行政对公共性追求的形式化最突出的表现是其与民主的分离。民主制是行政公共性确立的前提，因此，对民主价值的追求是行政公共性的应有之义。然而，作为近代民主制发展产物的官僚制与民主又存在着背离的一面，从而在一定程度上背离了民主理念的"公共"本质，也影响着行政公共性的实现。官僚科层制是一个精英统治类型，认为政府治理是超凡魅力的领袖和技术官僚的事业，否认统治的合法性来自人民群众，民众的意志是一种主观虚幻的东西，一般人不可能真正参与重大事务的决策，从而与"每个人是自己利益唯一的、最高的裁判者"的民主原则相违背。官僚制是一种封闭的、金字塔形的权力结构，强调严格的层级节制和自下而上的服从，不需要对社会负责，因此民众对官僚的滥用职权缺乏直接而有效地监督和制约。并且，官僚制凭借其专业技术和信息方面的优势，削弱了或者逃避政治决策层对行政的控制，从而也损害了公共行政的民主责任价值。正如弗里德曼所指出的，行政过程不同于政治过程，后者通过选举过程

---

① 参见张康之《寻找公共行政的伦理视角》，中国人民大学出版社2002年版，第104页。

和落选的威胁可确保政治责任,这是防止权力滥用的公共保证。然而,行政过程没有类似的淘汰机制,官僚制逃避政治控制意味着逃避民主过程,也是对民主价值的侵害。"官僚制作为效率的最高工具,只具有形式合理性,它不将公众同意纳入视野,而视为一个既定的存在,它也不考虑如何回应公众的需求,因此面临着合法化危机。"①

其次,在行政管理活动中,官僚科层制是否真正意味着持续的、一贯的高效率也值得商榷。韦伯描述的高效率、理性化、稳定性官僚科层制,只是一种理想中的行政管理体制,在现实生活中并不存在。近代以来,西方国家建立的官僚制行政在克服资本主义初期的"政党分肥制"所造成的政府行政无力、效率低下的弊端上发挥了巨大的作用,以至于在很长一段时期,官僚制成了效率的代名词。然而,20世纪70—80年代新公共管理运动关于"摒弃官僚制"或"重塑官僚制"的批判,又使官僚制从高效率的工具变成了低效率的同义语。韦伯在推崇现代官僚制"理性"和"效率"的同时,也清醒地认识到它所具有的"非理性"和"低效率"的一面。官僚组织庞大、行动迟缓、不负责任、相互推诿等易导致效率低下,也是滋生官僚主义的温床。如果缺乏效率,官僚制行政很难为社会发展做贡献,公共利益也无法得到实质性的维护,也使得行政公共性大打折扣。

官僚制与行政公共性的背离还表现在行政人员伦理和道德责任的丧失。公共性作为公共行政根本属性,也"体现在每一个行政人员的职业态度、观念和信仰之中。既要求行政人员以'公共利益'为导向竭诚为民服务,明确自身行为必须在道德上、伦理上满足'公共性'的基本要求"。② 公共伦理于公共行政公共性的重要性在于确保行政后果具有公益性。不仅需要通过伦理道德建设来增强官员的道德责任感和道德判断力,也要完善行政制度和体制建设来强化和维护这

---

① 参见陈刚《公共行政与代议民主——西方公共行政的历史演变及其启迪》,中国社会科学文献出版社 2010 年版,第 88 页。
② 丁煌、张雅勤:《公共性:西方行政学发展的重要价值趋向》,《学海》2007 年第 4 期。

第六章 中国行政管理公共性的公共官僚体制

种责任感和判断力。行政制度及其体制无非是行政人员行为的框架和准则,最关键的还是行政人员的行为,只有当行政人员的行为是道德的,符合公共伦理的,公共行政行为才是公正的,行政制度和体制的价值才能体现出来。在此意义上,我们称"行政人员的道德定位是公共行政的内生价值"。① 它既根源于公共行政的公共性,又是实现公共行政公共性不可或缺的因素。

然而,现代理性官僚制行政实现了从人格性向非人格性的变迁,以感情上的中立替代了情感伦理对行政行为的影响,以非人格化的工具理性构建的官僚制导致了对价值理性的排斥。因为官僚制在形式合理性的设计中"完全剔除了道德价值的意义,根本谈不上道德也就无所谓道德,从而杜绝了对它的道德评价的可能性"。② 它把效率视为公共行政的头号公理,强调严格按规则和程序运作,官僚在执行公务时必须排除一些非人格化因素的干扰。他们所需要的不是较高的道德品质,而是无条件地服从。不可否认,与前官僚行政"看人办事"相比,官僚科层制实行的是非人格化的理性原则,这具有历史进步性。但是,严格按照规章办事并不简单地等于唯法规至上、不带任何感情因素。因为法规、规章的落实毕竟由人来执行,而作为行政人员具有内心的情感、渴望,不可能完全像机器一样毫无感情。如果行政人员无视具体情况而机械地执行,就会使公共行政的目的与手段完全本末倒置。正如有学者指出,"在官僚制中,人不见了,剩下的只是根据职位的非人格指令而进行程式化公文写作的'笔'和'纸'。于是人再一次还原化约:知识成了无个性特征的抽象技术,世界观钝化为无恶无好的价值中立,道德良心让位给了无情感色彩的例行公事。"③ "公共的就应当是道德的,在公共领域中如果回避或忽视道德的审视,就无法把握公共领域的性质,就无法确立公共行政的方向",④ 也无法体现行政的公共价值。

---

① 张康之:《寻找公共行政的伦理视角》,中国人民大学出版社2002年版,第287页。
② 同上书,第189页。
③ 张凤阳:《现代性的谱系》,南京大学出版社2004年版,第269页。
④ 张康之:《寻找公共行政的伦理视角》,中国人民大学出版社2002年版,第205页。

但也必须清醒地认识到，上述官僚制与行政公共性的不一致只是说明行政体制改革的紧迫性，而不是新公共管理所倡导的"摒弃官僚制"。在没有获得充足的理由之前，官僚制是不会退出历史舞台的。

第二节　中国官僚体制行政与公共性

在中国行政学语境下，中国官僚体制就是指中国特色社会主义行政管理体制，也称为政府管理体制。社会主义公有制的主体地位从根本上为中国官僚制行政的公共性奠定了坚实的基础。然而从现实情况来看，在当前中国政府行政管理实践中，仍然存在着公共性不充分的问题。历次政府机构改革从根本上讲，都是对公共性的趋近。

一　分析框架的构建

马克思官僚制理论和韦伯官僚制理论为我们分析官僚制行政与公共性的关系，提供了相互补正的视角：一方面，马克思官僚制理论在于将官僚制行政置于由经济关系和政治关系所形成的社会政治权力结构中进行考察。马克思从阶级分析的视角，侧重于官僚制行政的阶级控制职能而非技术功能，深刻地分析了统治型官僚制行政的基本特征和公共性缺失的经济和政治根源。这是从纯粹的韦伯官僚制的技术理性概念中难以推演出来的。由此，构成了分析官僚制行政公共性的一个重要维度。另一方面，韦伯主要从理性化的视角来考察官僚制行政的演变过程、工具理性和技术理性的特征以及对现代工业社会的价值。现代官僚制是政治理性化的表现和重要组成部分，与其他领域理性化一起构成了一种"合力"而推动了西方现代化进程。虽然韦伯在理性官僚制分析中涉及经济行为、权力结构等因素，但韦伯的进路主要是以理性主义为核心的文化视角。如果说马克思对官僚制的分析是政治层面的；韦伯的分析主要是行政层面的，将官僚制行政定位于社会管理的中介。由此构成了分析官僚制行政公共性的另一个不可或缺的维度。关于统治型官僚制行政与管理型官僚制行政的差异（见表6-1）。

第六章 中国行政管理公共性的公共官僚体制

表6-1 官僚制行政的类型与公共性

官僚制行政的类型	社会形态	特征	公共性
统治型官僚制行政	传统农业社会	以统治者的意志为中心、强制性行政、行政体系的非理性、追求秩序价值	缺失
管理型官僚制行政	现代工业社会	行政体系的科学化与合理化、秩序兼具公平、效率的价值	形式化

根据以上"马克思—韦伯"官僚制行政的分析途径，我们可以构建当前中国官僚制行政公共性的分析框架。

首先，依据马克思官僚制理论的分析途径，官僚制行政属于政治上层建筑的重要组成部分，其公共性质从根本上来讲，是由一个社会中占主导地位的全部经济关系和政治关系的总和以及由此结成的社会政治权力结构决定的。社会主义公有制的主体地位从根本上确保了中国行政管理体系的公共性质。党的领导、人民当家作主和依法治国的辩证统一，构成了中国行政管理体制运行的外部环境，也为中国行政管理的公共性提供了重要的保障。中国的行政管理体系是"中国共产党领导现代化建设，推进经济社会文化发展的治权体系，也是承接、遵循和实施人民主权、实现人民民主和国家有效治理的执行机制。与此同时，行政体系又是在政府治理意义上落实依法治国方略，达成依法治国依法执政依法行政共同推进、法治国家法治政府法治社会一起建设重要任务的运行平台"。[①] 由此可见，中国官僚制行政体系在政治权力结构中具有重要地位，是推进党的领导、人民民主和依法治国有机结合和相互促进的连接纽带。

其次，依据韦伯理性官僚制理论的分析途径，官僚制行政是与现代工业社会治理体系相适应的、依据工具理性原则而构建的效率主导

---

① 王浦劬：《国家治理、政府治理和社会治理的含义及其相互关系》，《国家行政学院学报》2014年第3期。

的公共行政模式。韦伯认为，官僚制一经建立就很难被打破。① 然而在实践中，韦伯的官僚制招致了诸多的质疑和批判。与官僚制行政公共性相关的批评，主要体现在两个方面：一是公平与效率的矛盾和冲突。官僚制行政实际上所追求的是一种狭隘的效率观，是工业社会"投入—产出"式的生产效率，而不是追求公共利益最大化的资源配置效率和以兼顾社会公平正义价值目标的发展效率。事实上这种狭隘的效率观在实践中适得其反，造成了官僚机构周期性的膨胀、人浮于事、职责混乱的局面，结果不仅效率目标没能实现，而且公共性也流失了。二是官僚制权力对民主的规避与威胁。随着官僚制化的推进和行政国家的发展，技术官僚的权力也在不断膨胀。在此过程中，官僚制的权力逐渐在支配原来对它加以指导的价值和目标，从而隐含官僚制权力对民主的威胁。这样官僚制行政因缺乏对民众的回应性，成为一个既得利益集团，而违背了公共性的要求。

综合马克思官僚制理论和韦伯官僚制理论，我们可以构建一个分析框架（见图6-1）。

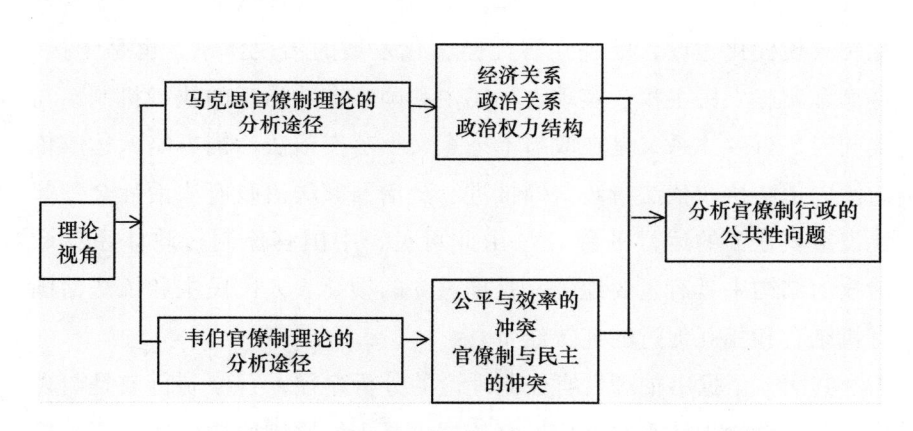

图6-1 "马克思—韦伯"官僚制理论视角下的公共性分析框架

---

① ［德］马克斯·韦伯：《支配社会学》（第1册），康乐等编译，远流出版事业股份有限公司1993年版，第56—57页。

第六章 中国行政管理公共性的公共官僚体制

二 中国官僚制行政存在的公共性问题

官僚制的发展已经深深根植于社会之中。就中国而言,整套行政管理体系的理念是按照官僚制的原则进行设计的,官僚制构成了中国行政管理体系的组织基础。在此意义上,可以说官僚制是中国行政管理体系的中枢。作为工具理性的官僚制,是完成政治决策最理性的、最有效的工具。官僚制具有广泛的适用性,无论是公共部门还是私人部门,无论是西方文化社会还是东方文化社会都可以使用它。这也是中国改革开放40多年来实行官僚制行政的前提条件,并且这种理性行政模式在推动中国工业化进程和社会转型方面发挥了巨大的作用。

中国现代的官僚制不同于西方意义上的理性官僚制,确切地说是在中国传统的官僚制的基础上容纳了西方现代官僚制的理性因素,或者说是中国传统官僚制的现代转型。正如学者指出,"现代理性官僚制同样推动了中国经济社会的发展,并使中国日益融入世界发展主潮流之中。这种贡献主要表现在两个方面:一是西方现代官僚制体制对中国传统官僚制的改造;二是自西方官僚制改造传统的官僚制以来,现代官僚制体制在中国经历了近一百年的发展,尤其是改革开放以来,为中国社会转型做出了巨大贡献"。[1] 中国传统的官僚制和西方现代官僚制都有工具理性的一面,但前者更多的是建构一种等级体系,是一种人身依附关系,而后者则是基于"成本—效益"考量基础上的管理主义取向的效率价值。因此,这种改造主要体现在"法理型的合法权威替代了人治权力,官僚体制的工具理性由人身依附转向了管理主义取向"。[2]

但是,这种改造是不彻底的。如前所述,官僚制是与工业社会相适应的行政管理模式,但这并不是说中国已经建立了现代官僚制。中国在改革开放前一直是一个农业国,改革开放推动了中国社会从农业

---

[1] 董朝君:《中国现代理性官僚体制的检视与反思》,《学术园地》2009年第2期。
[2] 同上。

社会向工业社会的转型,目前这一转型尚未完成。中国现在正处于工业社会的发展阶段,官僚制行政是中国目前主导的政府行政模式。因此,中国与西方国家所处的发展阶段不同,中西方的官僚制行政模式仍然存在较大的差异,如果说西方国家是官僚化过渡,而中国则是官僚化的不足。

从公共行政公共性的角度来看,相比于资本主义国家而言,社会主义国家建立在社会主义公有制为主体的经济基础之上,其所具有的官僚制行政的公共性理应更为真实。宪法规定"中华人民共和国的一切权力属于人民","人民依照法律规定,通过各种途径和形式,管理国家事务,管理经济和文化事业,管理社会事务"。社会主义民主政治的发展使得中国的官僚制行政脱离了私人行政的色彩,而具有"天下为公"的公共属性。官僚制行政权力来源于人民的授权,应该坚持公共利益的价值取向。然而,由于历史的原因,中华人民共和国成立后建立了全能型的政府行政模式,虽然改革开放后政府治理模式由全能行政向管理行政和服务行政的转型,但这一过程尚未完成。这使得中国的官僚制行政的管制色彩依然浓厚,导致了中国官僚制行政的公共性还没有充分展现,存在着公共性不足的状况,主要体现在以下几个方面:

其一,效率价值发挥不足,没有充分发挥管理价值对展现行政公共性的基础性作用。公共行政首先是"公共的",立足于民主、宪法、自由、平等、公平等基本价值,称为行政的公共性或政治性;其次是"行政的",是一项追求技术理性的管理活动,强调效率、经济和理性,称为管理性。对于公共行政的公共性而言,它不仅要关注民主、自由、平等、正义等政治价值,同样也要体现效率、经济等行政价值,因为效率等行政价值在本质上都是政治价值。当然,管理性不能脱离公共性,效率等经济价值应置于民主、公平、正义、公共利益等框架体系之内。官僚制对公共行政的管理价值主要体现在效率上,它在纪律上的精确性、稳定性、严格性以及可靠性方面,要优于任何其他组织,官僚制行政可以使得政府行为的结果可能具有特别高度的

第六章　中国行政管理公共性的公共官僚体制

可靠性，从而可能达到最高的行政效率，满足政府对社会服务和管理的效率需求。然而，中国目前的官僚制最大的缺陷是理性化不足，由此导致了中国政府管理弊端丛生，如效率低下、机构臃肿、浪费严重、官僚主义、形式主义等。既无法有效应对全球化、信息化的挑战，也没能充分体现行政公共性对效率价值的追求。

其二，公民参与不足，对公民的需求缺乏回应性。公民参与是民主行政的基础，也是行政公共性获得的前提和条件。行政公共性在很大程度上取决于能否把公众纳入行政过程之中。通过公民参与可以缩短政府与公众的距离，加强政府与公众、社会的互动，可以提高公共行政的敏感度和回应性，强化公共行政人员的责任意识，这也是提升行政公共性的重要途径。然而，中国目前的官僚体制在不同程度上依然保留了计划经济体制下的全能主义色彩，强调权力集中、层级节制，过多地依靠自上而下的命令控制方式。这不利于公民对行政活动的参与。并且过多的层级控制和权力集中，导致上下级沟通困难、信息失真，也势必造成政府对公民和社会需求缺乏回应性。

其三，官僚制行政法治不足，人治色彩浓厚。在公共行政领域，公共性主要体现为公共行政与私人行政的差异性，其中最主要的表现之一就是公共行政必须依宪法和法律而运作。宪法和法律是人民意志的体现，宪法和法律规定的公民个人的权利和自由神圣不可侵犯。遵守宪法、依法行政是政府行政区别于一般行政最突出的特征。因此，政府必须严格遵循正当的合法程序和规则来行使权力并承担公共责任。由于受中国几千年的人治传统和党政不分的集权体制影响，中国官僚制行政中人治色彩还相当浓厚，法治缺失还很严重。领导者的个人意志往往对政府行政起决定作用，成为政府行政行为的主要准则和依据。有法不依、执法不严、以言代法、以权代法、以情代法的现象屡见不鲜。由此导致了腐败的滋长蔓延，侵蚀了公共利益，也有损行政公共性。

其四，服务意识薄弱、公共精神缺乏。政府的一切权力来自人民的授予，政府行政是受人民的委托来管理公共事务。因此，行政人员必须为人民服务，对人民负责，它应该超脱于各个利益冲突的阶级和阶层，公正地维护和实现整个社会的公共利益，即所有公民的共同利益，既包括所有公民共同的根本利益和长远利益，也包括每个公民的合法利益。这种服务意识充分地体现了弗雷德里克森所说的"公共行政的精神"，即行政人员要"接受一种深层次的道德取向的指导"，[①] 这种公共精神的培育，"既需要对良好的管理充满激情，也要对正义充满激情，称之为'乐善好施'，它意味着一种对公民的广泛的和问心无愧的热爱"。[②] 尽管我们早已提出了全心全意为人民服务的行政理念，但由于几千年的封建专制统治和中华人民共和国成立后高度集中的计划经济体制和全能主义的政府治理模式的影响，使得政府及其官员的官本位意识和权力意识十分浓厚，而服务意识比较淡薄。由于受到自利性的侵蚀，为人民服务没有真正内化为行政人员的坚定信念。再者，公共精神的培养需要运用道德和伦理的力量对行政人员进行制约和引导，并通过行政制度建设强化行政人员的道德责任感，为公共精神发扬提供客观的保障机制。但是，从中国目前的行政人员的道德化和行政制度和体制的道德化来看，这还没有引起足够的重视，尤其是行政改革中道德因素的考量，几乎是一片空白。

第三节　西方国家官僚制行政改革及启示

官僚制行政是与工业社会相适应的治理模式，其所具有的效率优势必须以社会环境为依托，离开了这些条件，优势就不会存在，甚至转化为劣势。社会是不断发展的，特别是到了工业社会的晚期或后工业社会时代，西方国家以官僚制为基础的传统行政管理模式越发表现出不适应性，并引发了所谓的信任危机、管理危机与合法化危机。正如有学者指出，官僚制最核心的价值是效率，它强调权力集中、层级

[①] [美]乔治·弗雷德里克森：《公共行政的精神》，张成福等译，中国人民大学出版社2003年版，第204页。
[②] 同上。

第六章 中国行政管理公共性的公共官僚体制

节制、专业化、职业化、规则化、非人格化等。但是随着官僚化的过度发展,那些能够提高组织效率的因素,反而成了阻碍组织效率的因素,从而出现了官僚制悖论。由于对效率不恰当的过分强调,甚至把效率奉为头号公理,政府行政往往只考虑以客观的、可计量的方法来达到目标,只追求手段的合理性,而不考虑这种效率的外在社会意义、目的和理性。这不可避免地忽视了民主、自由、公平(平等)、正义、公共利益、责任等社会基本价值,使"公共行政成为'牧民之术'(Administration of the Public),而非'为民的行政'(Administration for the Public)",[①] 由此引起了西方国家政府治理危机。

为此,西方国家掀起了声势浩大的政府改革浪潮,试图超越官僚制或突破官僚制。"如果对上半个世纪以来的各国政府改革的进程进行逻辑描述的话,它呈现出三种形态的政府管理模式的更替,即从'传统政府统治模式'(以官僚制为基础的行政管理模式)到'新公共管理模式'再到'服务型政府模式'。"[②] 从本质上讲,每次政府模式转型都是对政府行政公共性求证的逻辑表现和实践结果。所谓超越官僚制作为公共行政及其实践的核心主题,也是力图消除官僚制与行政公共性相背离而走向统一融合的表现。当然,从西方国家改革实践来看,这种超越既有成功的经验,也有失败的教训。对此,需要从理论上进行批判性的分析,进而为中国行政体制改革提供有益的借鉴。因为中国目前也正在进行行政改革,虽然改革的内容和取向与西方发达国家不同,但同样是一次对官僚制的改革。如何提升行政公共性,是中国与西方国家共同面临的时代主题。

一 新公共管理运动

20世纪70年代末,西方大多数发达国家掀起了大规模的行政改革浪潮,其公共部门都有一个显著的变化,即从传统的官僚制行政模

[①] 李承、王运生:《当代公共行政的民主范式》,《政治学研究》2000年第4期。
[②] 孙选中:《服务型政府及其服务行政机制研究》,中国政法大学出版社2009年版,第1页。

式向新公共管理模式转变。正如澳大利亚学者欧文·E.休斯所言,"较早形成的、行政性的、僵化的官僚制模式目前已经在理论和实践上受到了质疑,一种引用经济学和私营部门管理理论的公共管理新模式取而代之,它将全面改变公共部门的行为方式"。[①] 这场改革分别被冠以不同的称谓,如"管理主义""后官僚主义范式""新公共管理""以市场为基础的公共行政"等,但都有一个相同的或相似的基本取向:"从内部来看,第一,主张公共部门与私人部门在管理上并无本质差异,强调用私人部门精神和方法改造公共部门,建设企业型政府,从私人部门引入战略管理、标杆管理、无缝隙组织等管理技术和方法。第二,轻过程重结果,提出结果导向、顾客导向,加强绩效管理和绩效评估,以3E,即经济(Economy)、效率(Efficiency)、效能(Effectiveness),作为公共部门的评价标准。第三,突破等级森严的官僚制,建设弹性化、分权型和参与式组织。从外部来看,通过民营化、放松管制等措施,扩大私营部门与社会组织自主管理的空间;在公共产品和服务供给上引入竞争机制;建立公共和私人部门伙伴关系,形成政府、市场和社会共同治理的格局"。[②]

概而言之,新公共管理的核心要素在于分权、授权或委托、私有化或民营化、结果导向、顾客取向、重塑政府或突破甚至取代官僚制。其中,前两个要素是实践层面的操作手段,结果取向和顾客导向是价值理念,重塑政府或突破官僚制是目标。不可否认,这些要素使得以公共选择理论和组织经济学理论为基础的新公共管理,赢得英美等西方国家和政府改革者的青睐而风靡一时。新公共管理的改革实践也取得了明显的成效,主要表现为:提高公共服务的效率,合理配置公共管理资源,在把"3E"作为核心价值的同时,也强调了行政人员的服务意识、回应性以及公民参与行政活动等。

---

① [澳]欧文·E.休斯:《公共管理导论》(第2版),彭和平等译,中国人民大学出版社2001年版,第24页。

② 参见曾峻《公共管理新论:体系、价值与工具》,人民出版社2006年版,第95—96页。

第六章　中国行政管理公共性的公共官僚体制

但是随着人们认识的深入和西方国家新公共管理运动的推进和效果的呈现，对新公共管理的诸多质疑又将之置于尴尬的境地。倡导与质疑、批评与正名之间的争论促使公共管理研究者开始从新思考"重塑政府和突破甚至取代官僚制"措施的"未来走向"。

二　对官僚制的突破而非取代

新公共管理改革实践是对传统政府治理模式的不完善特别是对官僚制的缺陷做出的回应。彼得斯根据改革者倚重的革新路径的不同，将公共管理运动中的政府概括为四种类型：（1）市场模式：引进市场机制，打破官僚制的垄断行为，以提高政府效率。"私人部门的管理技术和激励手段能够以较少的成本缔造一个运作良好的政府。"[1]（2）参与模式：主张对话民主，即政府在制定政策时应该广泛听取民众意见。（3）弹性模式：强调政府机构的灵活性和适应性，以提高政府工作的效能和服务水平，"政府及其机构有能力根据环境的变化制定相应的政策，而不是用固定的方法迎接新的挑战"。[2]（4）解制模式：解除内部繁文缛节，释放公共部门的能量；简化内部规制，提高管理者能力；赋予自由裁量权，实施更有效的政策。应当说，这四种模式对新公共管理的概括是相当全面和精准的。

但是新公共管理既没有提出改善官僚制的可行方案，也没有提出替代官僚制的理想路径。正如彼得斯所言，在组织授权上，"将服务移交给较低级别的政府部门有时被看成是解决很多问题的一种方法，但这种做法往往只是用一种科层体制和一种官僚制代替了另一种科层体制和另一种官僚制"。[3] 还有私有化、公私伙伴关系可能掩盖了取悦代表特殊利益的私营部门这一"真实"目的；强调"顾客导向"或"顾客主权"则淡化了不同党派的政治家控制高级公务员，在对

---

[1]　［美］盖伊·彼得斯：《政府未来的治理模式》，吴爱明、夏宏图译，中国人民大学出版社2001年版，第28页。
[2]　同上书，第87页。
[3]　同上书，第57页。

己有利的方向上调整政府结构的政治色彩。这样一来，焦点仍然是官僚制政府内部的权威与控制关系，仍然没有跳出官僚制与民主、责任相冲突的困境。因此，新公共管理改革实践并没有突破官僚制，只是在反对官僚制的同时，也建立了现代的官僚制。

三 官僚制行政公共性的忽视与回归

20世纪90年代以来，反思和批判新公共管理运动的声音不绝于耳。这些质疑与批评主要集中在两个层面：一是聚焦于新公共管理的理论基础：新公共选择、委托代理理论和交易成本经济学。这些理论从理性经济人假设和方法论上的个人主义出发，认为每个人都以不同的方式追逐自我利益（一般公众追求和实现个人利益，企业家追求利润最大化，政治家追逐权力和声望等）。这种行为逻辑能够解释大量的社会政治现象，但无法解释非营利组织、慈善捐助、邻里互助等公益性的行为。由此导致了新公共管理逻辑上的内在矛盾与经验层面的偏离。二是对新公共管理改革工具的批评：（1）大规模地借鉴私营部门的管理理念、技术和方法，模糊了公共部门与私营部门的界限。比如，私有化或民营化策略，可能面临着公共服务由政府垄断转向私人垄断的风险，从而使预期中的竞争变得不完全，顾客能否得到预期的公共服务就充满着不确定性；甚至私有化或民营化策略就是政府逃避公共责任的托词。因为公共部门毕竟不同于私营部门，其独特性就在于其公共性。对于公共行政而言，定义其公共性的传统标准就是公私界限的清晰度。（2）在价值取向上，"把效率视为公共行政的终极目标。强调效率无可厚非，但问题在于：效率并非公共行政唯一的价值追求，也绝非是其终极目标。因为公共行政的功能在现代社会很大程度上在于促进公民社会所拥有的民主、自由、正义、公共利益等基本价值的实现"[1]。（3）对公共伦理和公共责任的冲击。新公共管理模式把个人利益置于公共义务之上、把商业价值

---

[1] 参见丁煌、张雅勤《公共性：西方行政学发展的重要价值趋向》，《学海》2007年第4期。

第六章 中国行政管理公共性的公共官僚体制

观置于社会价值观之上、把管理责任置于政治责任之上,比如把公民视为顾客,这种顾客隐喻有失偏颇。因为公民不仅是特定公共服务的受益者,更是民主政治中的主体和参与者。可见,人们对新公共管理运动的反思和批判,主要集中在效率至上的价值取向和公共性的缺失上。

透过新公共管理诱人的理想成分,而深入分析其内在逻辑上矛盾与冲突时,新公共管理在很大程度上忽视了公共性,偏离了公共利益,也导致了责任的缺位。因此能够替代新公共管理模式,寻求官僚制与公共性相统一的理论形态和治理模式只能在公共行政的"公共"方面去寻找。国内外一些学者先后提出了自己的判断和思考。以沃尔多、弗雷德里克森、奥斯特罗姆等为代表的公共行政学者,对效率取向的传统公共行政模式进行了尖锐的批判,提出了"民主行政"的概念,主张公共行政不仅要关注效率,更要关注民主和公平。新公共服务理论的主要倡导者登哈特夫妇认为,"公共行政领域正在出现一场运动,我们将这场运动称为'新公共服务'……它是一场基于公共利益、民主治理过程的理想和恢复公民参与的运动……就公共行政而言,最重要的并且最有价值的就是我们为公民赋予以增进共同的利益"[1]。刘熙瑞认为政府改革的核心是政府与公民关系的转变,从以往的"政府本位""权力本位"向"公民本位""权利本位"的转变。在公民本位理念指导下建立起来的政府模式将是"按照公民意志组建起来的以公民服务为宗旨并承担着服务责任的政府"[2]。张康之认为"人类社会先后出现了统治行政、管理行政和服务行政依次演进的三种政府治理模式。如果说管理行政只具有形式上的公共性,而实质上的公共性还比较薄弱的话,那么公共行政进一步发展的前景,就必然是形式上的公共性与实质上的公共性相统一的公共行政,即服务

---

[1] [美] 珍妮特·V. 登哈特、罗伯特·B. 登哈特:《新公共服务:服务,而不是掌舵》,丁煌译,中国人民大学出版社 2004 年版,第 2—3 页。

[2] 刘熙瑞:《服务型政府——经济全球化背景下的中国政府改革的目标选择》,《中国行政管理》2002 年第 7 期。

行政"①。

从国内外学者的思考和判断来看,未来政府改革的趋势和政府治理模式的构建将是以公民为中心的服务行政和服务型政府。与管理行政相比,它不仅关注效率,更以人文关怀、公平、正义、民主、法治、责任等公共价值为运行基础。总之,服务型政府关心人、重视人、以人为本,为人服务。人不再是工具,人是目的。因而这样的政府治理模式有助于促进人的全面发展,彰显了人类治理文明的巨大进步,正如联合国开发计划署所言:"所有文明的标志是对人的尊严和自由赋予的尊重。"②

"新公共管理运动"虽然在西方国家取得了一定的成效,但依然没能消除官僚制与行政公共性的不一致,并且在一定程度上还引起了行政公共性的缺失。从某种意义上讲,公共性的缺失或公共利益的受漠视状态都可能是行政改革和人类社会发展中最大的公共问题。

第四节 中国官僚体制改革及提升行政公共性的路径分析

从改革开放40年的历程来看,中国行政管理体制改革是一个连续的,既前后相互衔接又不断深化的过程。由于不同时期改革的内容和重点的不同,中国行政管理体制改革呈现出四个阶段的特征:20世纪70年代末至80年代末以"简政放权"为重点的行政改革、80年代末至90年代末以转变政府职能为重点的行政改革、21世纪最初十年以强化公共服务为重点的行政改革、党的十八大以来的行政审批制度为重点的行政改革。③

---

① 参见张康之《社会治理的历史叙事》,北京大学出版社2006年版,第92页。
② 联合国开发计划署:《2000年人类发展报告:人权与人类发展》,中国财政经济出版社2001年版,第1页。
③ 参见俞可平等《中国的治理变迁(1978—2018)》,社会科学文献出版社2018年版,第170—180页。

第六章　中国行政管理公共性的公共官僚体制

中国行政管理体制改革呈现从不自觉到自觉、从被动到主动的发展道路，贯穿其中的一条主线就是公共行政公共性的回归。在价值理念上主要体现为管理主义向服务型政府的转变与融合。管理主义关注效率，服务型政府关注社会公正、民主、平等、回应性等公共性价值。改革开放40年来，中国行政改革的四个阶段，又可以分为两个时期，即改革开放后至20世纪90年代末的行政改革，更多的是坚持管理主义的改革理念，和21世纪以来以构建服务型政府为核心的行政改革，其主要凸显的是公共性的价值理念。

一　管理主义导向的行政体制改革

改革开放后至20世纪90年代末，较大规模的中国政府机构改革主要有4次，依次是1982年、1988年、1993年、1998年的改革。这一时期的政府改革是在经济体制改革的推动下进行的，管理主义的色彩更重一些。几乎每次改革都更多地关注经济实效而非政治表象。从改革的背景来看，改革开放之初，中国面临的最大问题是如何打破高度集中的计划管理模式，尤其是政府机构臃肿、人浮于事等官僚主义弊端，为改革开放和以经济建设为中心的政府工作重心转移奠定良好的政府环境。为此，中国政府进行了一系列重大政策调整，并将行政改革的主题定为简政放权、冲破高度集中的计划管理体制。在改革的侧重点上，不同的时期有所不同。"总的来看，每次改革都涉及撤并机构、裁减人员等内容，而实际操作的重点依次为：领导班子及干部老化问题——职能转变、政企分开——审批制度改革、规范中央与地方关系。并且技术问题越来越受到重视，它既说明改革的深入，又说明管理主义影响的增强。"[①] 具体分析如下：

20世纪80年代初，邓小平指出，"现在机构臃肿、人浮于事、办事拖拉、不讲效率、不负责任、不守信用、公文旅行、互相推诿，

---

① 参见魏红英《宪政主义与管理主义的游离——中国行政体制改革的理念创新》，《太平洋学报》2006年第7期。

以致官气十足","都已经达到了令人无法容忍的地步",① 进行政府机构改革十分必要,"精简是一场革命","这不是对人的革命,而是对体制的革命"。② 这为80年代中国政府机构改革提供了指导思想。在改革内容上,从1982年的克服官僚主义,改变部门林立、机构臃肿、层次繁多、互相扯皮、副职过多、领导职务终身制、工作效率低下等弊端,到1988年扩展为党政分开、政企分开等。总的来看,80年代的政府机构改革是为了适应政府工作重心转移和在社会主义公有制的基础上建立有计划的商品经济要求。尽管1982年改革没能达到规定的经济要求,但在精简机构上取得了一定的成效。1988年改革提出了转变政府职能的要求,并把机构改革作为政治体制改革的重要组成部分,但转变政府职能的任务并没有贯彻到位。

20世纪80年代的政府机构改革已经触及官僚体制问题,包括官僚制的组织结构、职责划分、运行方式、人事安排等。与西方政府官僚化过度不同,中国政府则是官僚化的不足或理性化不足。这是由中西方国家处于不同的发展阶段所致。当西方国家从工业社会向后工业社会过渡,而开始对官僚制进行反思和批判的时候,中国正处于农业社会向工业社会的转型期。转型期的中国仍然残留着许多前现代的因素:"低度职业分化和超度政府职能、法治根基浅薄而人治色彩浓厚、身份取向远远高于成就取向、浓厚的'官本位'传统"等。③ 这种"先天不良,后天不足"的官僚体制是导致当时政府行政效率低下的主要原因,也是政府机构改革的主要目标取向。总之,80年代的政府改革凸显了管理主义的效率理念。

20世纪与80年代的政府改革相比,90年代的中国政府改革管理主义倾向更加明显。1993年政府机构改革,按照党的十四大确定指导思想,统筹规划、精心组织、上下结合、分步实施,争取三年内完

---

① 《邓小平文选》第2卷,人民出版社1994年版,第327页。
② 同上书,第396—397页。
③ 田炎培:《公务员制度的理论与实践》,中国社会科学出版社1993年版,第164—169页。

第六章 中国行政管理公共性的公共官僚体制

成改革任务。这次机构改革把适应社会主义市场经济发展作为改革目标。下决心解决中国各级政府机构存在的政企不分、关系不顺、机构臃肿、效率低下等突出问题。按照政企职责分开和精简、统一效能的原则,在转变职能、理顺关系、精兵简政、提高效率方面,要取得明显进展。重点是转变职能,转变职能的途径是政企分开。党的十五大报告将"1998年政府机构改革"列入"政治体制改革和民主法治建设"的一项内容来阐述,提出机构庞大、人员臃肿、政企不分、官僚主义等弊端直接阻碍改革的深入和经济的发展,影响党和群众的关系。因此,要按照社会主义市场经济的要求,转变政府职能,实现政企分开;把企业生产经营管理的权力切实交给企业;根据精简、统一、效能的原则进行机构改革,建立办事高效、运转协调、行为规范的行政管理体系,提高为人民服务的水平。90年代的政府机构改革把职能转变作为核心内容,即以实现政企分开为主线,以减少政府微观经济管理职能为核心,回应市场经济和社会发展的要求。与以前的改革相比,在改革理念上更加成熟、改革视野更加开阔。如果说80年代政府机构改革走的是"外延型"的改革道路——"在基本不触动政府组织结构、权力关系和行政体制模式的前提下,注重结构的裁剪、合并,人员的精简等量的控制行政体制改革路径",那么90年代的改革则走的是一条"内涵型"的道路——"重视控制政府规模、人员数量的前提下,聚焦政府组织结构和权力结构的调整以及政府职能的合理配置等方面的行政体制改革路径"。[①] 不管采取哪种路径,其共同点都是管理主义的效率取向。

二 "服务型政府"导向的行政体制改革

进入21世纪,中国行政改革在强调行政效率的同时,更多地凸显了服务型政府的价值理念,最突出的表现就是"科学发展观"和

[①] 汪玉凯等:《中国行政体制改革30年回顾与展望》,人民出版社2008年版,第30—31页。

"服务型政府"的提出。

2002年党的十六大明确提出,"实现全面建设小康社会的历史重任,必须进一步深化行政管理体制改革,切实转变政府职能,认真推行政务公开制度,努力形成行为规范、运转协调、公正透明、廉洁高效的行政管理体制;把改革与发展的重大决策同立法结合起来,逐步形成了解民情、充分反映民意、广泛集中民智的决策机制;推进决策科学化、民主化,提高决策水平和工作效率"。党的十六届三中全会明确提出,"坚持以人为本,树立全面、协调、可持续的发展观,促进经济社会发展和人的全面发展"。科学发展观的核心是以人为本,"就是要把人民群众的利益作为一切工作的出发点和落脚点,不断满足人们多方面的需求和促进人的全面发展"。科学发展观是我们党对社会主义现代化建设规律认识的进一步深化,是全面建设小康社会和实现现代化的根本方针,也为中国行政体制改革指明了方向。

2004年2月21日温家宝在"树立科学发展观"专题研究班结业式上,鲜明地提出了"努力建设服务型政府"的要求。党的十七大报告首次正式提出了"加快行政管理体制改革,建设服务型政府"的目标。"从理念层面上看,服务型政府是一个执政为民的政府,各级政府都要坚持做到'权为民所用、情为民所系、利为民所谋';从制度层面上看,服务型政府的制度产生于公民和社会的需要,有利于保障公共服务行为的规范化,有利于实现公共服务的低成本、高效能,有利于实现社会公民和政府的协商与合作;从行为层面上看,无论是行为规范、行为方式,还是行为效果,都是要从社会和公民的需求出发,以社会和公民满意为依归。构建服务型政府的过程,就是要实现以政府为中心的管理向以公众为中心的服务转变",[①] 实现"政府本位"向"公民本位"的转变。2008年党的十七届二中全会提出了深化行政管理体制的总体目标:到2020年建立起比较完善的中国特色社会主义行政管理体制。通过行政体制改革,实现政府职能向创

---

① 麻宝斌:《公共利益与政府职能》,吉林人民出版社2003年版,第265页。

第六章 中国行政管理公共性的公共官僚体制

造良好发展环境、提供优质公共服务、维护社会公平正义的根本转变,实现政府组织机构及人员编制向科学化、规范化、法制化的根本转变,实现行政运行机制和政府管理方式向规范有序、公开透明、便民高效的根本转变,建设人民满意的政府。

党的十八大以来,中国政府改革进一步充实了服务型政府的基本内容和相应的公共政策体系。比如十二届全国人大一次会议以来,新一届中央政府推行的行政审批制度改革,就是以公民和企业需求为导向,提供便捷高效的服务。党的十九大报告再次强调:"坚持人人尽责、人人共享,坚守底线、突出重点、完善制度、引导预期,完善公共服务体系,保障群众基本生活,不断满足人民日益增长的美好生活需要,不断促进社会公平正义。"[1] 党的十九届三中全会通过的《中共中央关于深化党和国家机构改革的决定》再次重申"建设人民满意的服务型政府"。

基于上述分析,可见,从20世纪80年代的政府机构改革到90年代的行政体制改革,再到21世纪的构建服务型政府和建设有中国特色的行政管理体制,其贯穿的一条主线就是行政公共性的回归。在政府行政改革理念上,主要体现为从改革开放后至20世纪末的管理主义的效率取向,到21世纪的"以人为本、公平、公正、公民本位、民主、参与、责任、代表性、回应性"等服务型政府的价值取向。服务型政府不仅涉及政府管理理念的更新,也包括政府结构、运行机制、行为取向和管理方式的改变。如从"权力本位"向"权利本位"的转变,从"以政府为中心"向"以人民为中心"的转变。服务型政府意味着公共性与人民性的统一。

这种管理主义和服务型政府的差异,归根结底是由于公共行政的公共性和管理性之间的差异引起的。公共行政首先是"公共的",立足于民主、宪法、自由、平等、公平等基本的公共价值,称为行政的

---

[1] 习近平:《决胜全面建成小康社会 夺取新时代中国特色社会主义伟大胜利——在中国共产党第十九次全国代表大会上的报告》,人民出版社2017年版,第45页。

公共性；其次又是"行政的"，是一项追求技术理性的管理活动，称为管理性。管理性强调的是公共行政的效率、经济和理性；公共性则更侧重于公平、正义、民主等公共价值。公共行政的价值体系从本质上看是这两种属性的有机统一："管理性不可能脱离公共性而存在，因为效率价值观应当置于民主、公共利益的框架体系之中，否则将毫无意义"，[①] 同时公共行政也必须是有效率的，否则很难推动社会发展，增进和维护公共利益。

中国管理主义的行政体制改革是在特定历史条件下的选择，具有历史合理性。它对冲破高度集中计划管理体制、控制政府机构膨胀、消除官僚主义的弊端、降低行政成本、提高行政效率发挥了积极的作用。但是从行政公共性的角度看，管理主义的目标取向有失偏颇，存在着"效率主义改革典范的局限"。对此，张成福教授在分析中国政府改革存在的缺陷指出："主导过去的政府改革是行政理性模型，即行政改革的核心在于有效率的行政，但是效率主义的改革典范也存在着缺陷和不足，例如，它可能忽视民主、公平、社会正义、责任的价值以及公民参与。"[②]

需要强调的是，建设服务型政府，并不是完全放弃必要的管理，而是管理与服务的融合。服务是目的，管理是手段。在价值理念上，服务型政府凸显的是公共性与人民性的统一。这是中国行政管理的一场革命性变革，对我们这样一个有着悠久"官僚主义"文化、习惯于以"官"为"本位"进行思维和行动的民族和国度来说，尤为如此。

三　提升中国官僚制行政公共性的路径分析

目前中国正在进行的行政体制改革。虽然在改革内容和取向上与

---

① 丁煌、张雅勤：《公共性：西方行政学发展的重要价值趋向》，《学海》2007年第4期。
② 参见张成福、党秀云《公共管理学》，中国人民大学出版社2001年版，第365—367页。

第六章 中国行政管理公共性的公共官僚体制

西方国家不同,但同样是对官僚制的改革——以政府机构改革为主要表现形式。如何提升行政公共性这是中国与西方国家共同面临的时代课题。虽然行政公共性是在历史发展进程中逐渐生成的,但是在特定的历史时期,它又是可以选择和获得的。与政府通过扩展公共服务的范围、提高公共产品的供给水平来提升行政公共性相比,变革和完善政府的制度、体制和运行机制才是一条更加根本的路径选择。公共性作为公共行政的根本属性,是构建中国行政管理体制的基本理念和根本原则,也是中国行政管理体制改革的恒久目标。基于以上对中国官僚体制存在的公共性问题的分析,并结合西方国家官僚制改革的启示,本书认为中国的官僚体制改革上应向着以下几个方面努力。

(一)树立管理性与公共性相融合的改革理念

公共行政既需要追求经济、效率和效能,更需要体现公平、正义、民主等公共性价值。改革开放前,中国建立起来的是政治导向型的全能主义的政府管理模式,突出的是政府的统治功能,以至于在很大程度上忽视了政府的公共性。改革开放推动了政府改革与转型,基于经济发展的优先考虑,在官僚制体制改革理念上选择了管理主义的效率取向。不可否认,提高政府行政效率是一个永恒的话题,也是行政公共性的内在要求,但是这种效率主义的改革取向,在很大程度上忽视了公平、正义、民主、责任等公共价值,致使中国政府公共性薄弱的局面并没有改观。进入21世纪,在科学发展观的指引下,应该把公共性作为中国官僚制体制改革的核心理念,寻求管理性与公共性的结合点,建立公共性导向下的高效运转的行政管理体制,这是中国政府改革的精义所在。

(二)构建官僚行政与民主行政相结合的运行机制

中国目前仍处于工业化的发展阶段,社会主义市场经济体制虽然已经确立,但还很不完善。社会主义法治还在建立过程中,还有诸多人治的表现。因此,中国现阶段占主导地位的行政模式只能是官僚体制。如前所述,它与行政公共性存在一定的背离,尤其是对民主的排斥。对于强调命令服从、严格等级、效率取向、封闭流程的官僚制来说,很大程度上忽视了对参与、平等、自治、回应、公开等价值的民主内容,没能将公众纳入公共行政过程中。民主治理既是公共行政公共性获得的前提,也是其重要保障。民主行政是在20世纪60年代官僚制行政出现困境背景下提出的行政范式。以奥斯特罗姆(Ostrom)为代表的民主行政的倡导者认为,从官僚行政走向民主行政是一个"哥白尼革命式的转折点"[①]。但是从西方国家政府改革实践来看,所谓的突破官僚制、摒弃官僚制,实质上并不是对传统官僚制的行政模式的否定,而是一种扬弃,是一种行政价值指向和相应行政方法的变革,其最基本的价值取向是民主。而民主行政范式事实上由于自身的局限性,对官僚制行政是一种改良而非取代。它是对官僚制行政的纠错机制,进而消除官僚制的缺陷及其与行政公共性的背离。因此,中国官僚制体制改革的理性选择是实现民主行政与官僚制的互融互补、有机结合。为此,应从以下方面着手。

1. 拓展行政参与途径

行政公共性在很大程度上取决于公民能否被纳入公共行政过程中。公民参与有助于实现行政管理的民主化,是展现行政管理公共性的重要途径。公民参与对于行政公共性的积极作用能否发挥,关键在于行政管理实践能否为公民参与提供多元化的有效参与渠道。传统的官僚制行政主要局限在于其封闭流程、等级控制而将公众排斥在行政过程之外。其坚持的民主逻辑是:公民参与属于政治过程,通过政治过程来控制行政过程以确保行政权力的最终归属于民。因此,传统官僚制行政下的民主主权或行政权力归属于民,就体现为民众掌握行政权力的最终控制权,而不是直接参与行政过程。这种民主逻辑的弊端就是行政公共性的不足。民主行政则强调公民参与从政治过程向行政过程的延伸,这也是行政公共性从遮蔽到凸显的一种转变。所以,在中国行政体制改革中应不断拓展行政参与途径,如建立和完善团体决

[①] [美]文特森·奥斯特罗姆:《美国公共行政的思想危机》,毛寿龙译,上海三联书店1999年版,第169页。

策民主制、行政咨询民主制、行政建议民主制、行政听证制等。

2. 创新政府组织形式

扩大公民参与渠道，实现行政管理的民主化，必须创新政府组织形式。首先，改革高度集权的官僚体制，建立适度分权体制。在中央与地方关系上，合理划分权限，把不适宜由中央政府承担的职能转移给地方政府；打破政府机构设置"上下对口"的僵化模式，增加地方政府的创造性、积极性和灵活性。在政府体系内部，通过行政授权让底层公务员更多地参与决策或自主做出决定，在政府内部创造一种民主参与的氛围。其次，压缩层级，实现政府组织扁平化。历次机构改革一直未能走出"精简—膨胀—再精简—再膨胀"的怪圈，其主要原因在于职能转变不到位和改革仅局限于体制局部，从未触及体制全身。特别是官僚体制改革，无法根除机构臃肿、人浮于事、效率低下的痼疾。因此，政府制度创新要进行扁平化组织结构重建，利用现代信息技术手段，将管理层次的重心移向高层，对中层机构和人员进行大规模的裁撤，缩短高层与基层的距离，为基层提供更多地参与机会和创新空间。同时还要按照大部制的思路调整政府组织结构。将那些职能相近、业务雷同的机构进行集中，由一个部门进行管理，从而提高行政效率，降低行政成本。此外，还要探索决策、执行、监督三者相互制约、相互协调的权力结构和运行机制。

3. 官僚体制的法治化和理性化

官僚制行政的法治化和理性化，是实现官僚行政的民主化的重要前提。官僚制行政强调规则化，严格按照规则和程序运作。这既有利于排除非理性因素的干扰，提高行政管理的效率，也有利于确保政府行政行为的稳定性和可预期性，实现公平公正。官僚制凭借这种优势，成为工业社会的政府治理模式，并在推进工业化以及解决由此而产生的经济、社会问题等方面取得了显著的功用。当前中国正处在快速工业化阶段，官僚制行政理应发挥同样的功效。但就现实情况来看，中国官僚制显著地存在着理性化、法治化不足的状况。如官僚体制中的"潜规则"对正式法规的僭越；有些政府工作人员依法行政观念不强；形式主义、官僚主义、弄虚作假和奢侈浪费的问题比较突出；腐败现象在一些地方、部门和单位比较严重。可见，当前中国官僚制行政的非理性和人治色彩，不利于民主行政的推行。因此，促进官僚制行政的法治化、理性化仍是中国行政体制改革的重要内容。

（三）职能转变中凸显公共服务的能力和水平

为社会公众提供更多更好的公共服务，是中国政府行政管理公共性的内在要求和重要表现。进入21世纪后，中国经济社会发展进入新的战略调整期。一方面，党中央提出科学发展观的指导思想，以平衡经济快速增长与发展结构失衡、资源环境问题突出的矛盾。另一方面，提出建设服务型政府的目标，加大公共服务供给，完善公共服务体系，以回应公共需求快速增长与公共服务供给严重不足的矛盾。2004年政府工作报告里指出："各级政府要全面履行职能，在继续搞好经济调节、加强市场监管的同时，更加注重履行社会管理和公共服务职能。"[①] 2005年的政府工作报告里第一次明确提出努力建设服务行政。2007年党的十七大报告将服务型政府上升为21世纪中国行政管理体制改革的目标。2012年党的十八大、2019年党的十九大都提到"建设人民满意的服务型政府"。自此，在完善改革服务供给体系和建设人们满意的服务型政府中，中国行政管理的公共性得到了前所未有的展现。在中国特色社会主义进入新时代的今天，完善公共服务体系、促进公共服务的均等化、不断提升公共服务供给质量、创新供给方式等，是建设人民满意服务型政府的重要内容，也是展现中国行政管理公共性的着力点。

（四）行政体制改革中增加伦理道德因素的考量

公共利益对于公共行政的公共性具有独特的重要性。在某种意义上，公共利益的实现就是公共性在公共行政中最好的体现。那么，在行政管理活动中如何更好地实现公共利益呢？从行政伦理的视角看，

[①] 温家宝：《政府工作报告——2004年3月5日在第十届全国人民代表大会第三次会议上》，《人民日报》2004年3月6日第1版。

第六章 中国行政管理公共性的公共官僚体制

就在于完善官僚制行政人员的道德责任感,并通过制度建设强化这种道德责任感,也就是我们日常生活中说的"官德"。行政伦理的逻辑是,只要官僚从主观上愿意负责,在客观上有相应的保障机制,那么他们就是真正地服务于公共利益而不是谋取私人利益。[①] 而官僚制行政由于强调规则化、非人格化的官僚制行政,将行政人员看作"无爱亦无恨"的官僚机器上部件,在很大程度上,忽略了行政人员具有的情感、道德和权利,容易造成对人性的压抑甚至摧残。这明显不利于行政人员的道德责任的培养。因此,必须在官僚体制改革中增加伦理道德因素。

这就是公共行政的道德化,它包括两个向度:其一是行政人员的道德化;其二是公共行政制度和体制的道德化。相比行政人员的道德化而言,行政体制的道德化更为根本。因为只有在制度建设中贯彻伦理建设的内容,才能使官员们所具有的良好品德更为持久和稳定。因此行政体制改革要增加伦理道德考量,做到制度建设与伦理道德建设相结合,促进行政公共性的实现。这对于当前中国行政体制改革来说尤为重要。因为长期以来中国行政改革在这方面几乎是一片空白。随着现代公共行政的发展,"外部控制"[②] 不足以建立完善的官僚责任机制。只有实现"外部控制"与"内部控制"的结合,才能确保行政人员既具有充分的自主性,又能承担公共责任,从而促进公共性在政府行政中的实现。

---

① 参见陈刚《公共行政与代议民主——西方公共行政的历史演变及其启迪》,中国社会科学出版社 2010 年版,第 174 页。

② 外部控制和内部控制分别对应着客观责任和主观责任,公共伦理学家库珀在谈及行政责任时,将其划分为主观责任和客观责任:"主观责任是对忠诚、良知、认同的信仰,是行政人员职业道德的反映,是信仰、价值观和被理解成禀性特征的这样的一些内部力量驱使人们以特定的方式行为;客观责任源于法律、组织机构、社会对行政人员的角色期待,强调职责和应尽的义务"(参见 [美] 特里·L. 库珀《行政伦理学:实现行政责任的途径》,张秀琴译,中国人民大学出版社 2001 年版,第 63、74 页)。

第七章　中国行政管理公共性的构成要素及逻辑关系

公共性作为中国行政管理的基本属性，既是公共行政理论发展的价值依归，也是公共行政实践活动获取正当性与合理性的基础。改革开放以来，支撑中国行政管理公共性的基本因素或者说中国行政管理公共性所涉及的基本问题，应当是学术界关注和研究的焦点。

第一节　中国行政管理公共性的构成要素

公共性就是政府行政管理活动区别于私人管理活动的差异性或清晰度。依据这一标准和对行政公共性定义的归纳与比较（见表1-1），本书认为价值维度、公共过程维度、法治维度、组织维度、官僚制维度五个方面，是构成中国行政管理公共性的基本论域。与这些论域相对应，公共利益、公共过程、宪法法治、公共组织、公共官僚体制是构成中国行政管理公共性的基本要素。

1. 公共利益

公共行政绝非仅仅是实现政治目标或国家意志的单纯的手段或工具，而是内在地赋予了公共利益的价值取向。这是公共行政区别于一般行政或私人行政的基本特性之一。对公共利益的追求是公共行政公共性的本质体现。在价值取向上，公共利益是一个涵摄了公平、正义、平等、责任等一系列内容的公共行政价值体系。

第七章 中国行政管理公共性的构成要素及逻辑关系

2. 公共过程

与私人行政不同，公共行政是一种典型的公共过程。在公共行政过程中，公共性主要体现为公开、参与和回应。公共行政的公共性在很大程度上取决于公民是否被纳入行政过程中。这是公共行政区别于私人行政"自我封闭""私密运行"的基本特征之一。

3. 宪法法治

公共行政与私人行政的主要差别在于公共行政必须基于宪法法治而运作，宪法法治是行政公共性得以维系的前提和基础，公共行政要对宪法承担法律上和道义上的责任。正是在人类社会对宪法法治的追求中，政府行政才逐渐脱离了"人治"色彩而实行法治，从而获得根本性的重塑，具有了公共性。

4. 公共组织

从组织层面来理解行政的公共性就是公共组织所体现的公共性。公共组织是现代意义上公共行政的主体，包括作为核心主体的政府部门和作为准主体的社会组织，它们具有不同于私人组织典型的公共性特征。因此，在治理主体上，行政公共性就体现为政府部门与社会组织之间的良性互动与合作治理，即公共治理。

5. 公共官僚体制

公共官僚制是公共行政的中枢，公共行政是按照现代官僚制原则构建的行政管理体系，公共行政其实就是官僚制行政。公共官僚制在扩大公共利益总量上具有优越的效率优势，凸显了公共行政的"管理性"，但必须接受公共价值的引导，公共官僚制要接纳民主，承担公共责任等。这是公共行政（公共官僚体制）区别于前现代社会中家产制或世袭制官僚制（前官僚科层制）的特性之一。

由于这五个要素是通过公共行政与私人行政的横向比较得出的，本书称为中国政府行政管理公共性的横向维度（相对于下面的纵向维度而言）。之所以能够得出这一结论，其前提是社会生活中出现了公共部门与私人部门、公共领域与私人领域的分离。

然而，在漫长的人类社会生活中，公与私的界限是模糊不清的。

只是到了近代以来的传统农业社会向现代工业社会的转型中,才出现了公共活动领域与私人活动领域由合一到分离、由模糊到清晰的分化过程。只有出现了公私领域、公私部门、公私利益的分化,才有现代意义上的公共性与私人性。政府行政才能体现出与私人行政不同的特性,即公共性。因此,公共行政的公共性是人类社会发展到特定历史阶段才开始获取的,本书称为中国政府行政管理公共性的纵向维度。

具体而言,传统的中国农业社会是一种公私尚未分化的治理体系,虽然也存在着"公"与"私"的概念,但只是表示人群活动聚合规模的大小。因此,社会生活中公与私界限模糊,根本不具有现代意义上的公私内涵。国家是统治者的私有物,政府行政也不过是统治者私人行政的延伸,谋求和维护统治阶级的利益成为政府行政的出发点和归宿,虽然政府也执行一些诸如兴修水利、道路交通、维护社会治安等方面的社会职能,但是这些公共职能只是从属于阶级统治的目的,只是以手段形式存在,在本质上仍属于"私天下"行政范畴,不具有公共性质。

中华人民共和国成立后的国家政权建设从根本上铲除了旧的社会根基,生产资料的社会主义改造、生产关系的变革、人民主权原则的确立从根本上确保了国家政权的公共属性。然而,在计划经济体制下,国家几乎垄断了所有的社会资源,中国政府长期扮演着"全能政府"的角色,由此形成了国家或政府垄断的一元化公共性格局。由于国家对社会的超强控制,社会能力和活力的匮乏,导致政府公共性功能没有充分发挥出来。改革开放后,一方面,伴随着社会主义市场经济体制的逐步建立,社会主义市场化、工业化进程的不断推进,逐渐形成了国家、社会、市场既相互分离又良性互动的多元合作治理的格局。在某种意义上讲,历次政府改革都是在不断探索更有利于实现其公共性的治理方式和途径。另一方面,在"党的领导、人民当家作主和依法治国有机统一"的治国理政实践中,社会主义民主政治独特优势的发挥,为中国行政管理公共性充分展现提供了根本保证。对此,十八届三中全

第七章 中国行政管理公共性的构成要素及逻辑关系

会，明确提出了"政府治理"的概念，即在中国共产党的领导下，国家行政体制和治权体系遵循人民民主专政的国体规定性，基于党和人民根本利益一致性，维护社会秩序和安全供给多种制度规则和基本公共服务，实现和发展公共利益。① 这其实是对中国政府行政管理公共性不断实现过程的总结。

"实践发展永无止境，解放思想永无止境，改革开放永无止境。"② 同样中国行政管理公共性的求证过程，也永无止境。在中国特色社会主义进入新时代的今天，中国行政管理的公共性应呈现出五大特征：公益行政、透明行政、法治行政、共治行政、民主行政。其中，公益行政，即价值取向上的公共性；透明行政，即行政过程的公共性；法治行政，即责任的公共性；共治行政，即主体的公共性；民主行政，即官僚体制的公共性。这五个方面分别对应着行政管理公共性的五个维度，是支撑中国行政管理公共性的基本要素，构成了中国行政管理公共性的横向维度。

其实，中国行政管理公共性的横向维度与纵向维度是统一的。一方面，行政公共性的纵向维度是横向维度的前提。只有在社会发展中出现了公共领域与私人领域、公共行政与私人行政的分离，才能产生公共行政区别于私人行政的基本特性，即上述中的行政公共性的构成要素：公共利益、公共过程、宪法法治、公共组织、公共官僚体制。另一方面，横向维度是纵向维度的支撑。政府行政之所以能进行根本性的重塑，开始获得公共性，是因为其横向维度发生了实质性的变化，并且构成横向维度的五个要素也是提升公共行政公共性的根本途径（见表7-1）。

---

① 王浦劬：《国家治理、政府治理和社会治理的含义及其相互关系》，《国家行政学院学报》2014年第3期。
② 习近平：《中共中央关于全面深化改革若干重大问题的决定》，《人民日报》2013年11月16日第1版。

表 7-1　中国行政管理公共性的理论分析框架

维度		横向维度①				
		价值取向	行政过程	法律责任	组织层面	官僚体制
纵向维度②	公私尚未分化的农业社会	君主利益或阶层利益	封闭行政、暗箱行政	君主意志	政府组织垄断公共事务	家产制或世袭制官僚制（前官僚科层制）
	公私分化的工业社会	公共利益	行政过程的公开、参与、回应	以宪法法治为基础	政府与社会组织互动与合作	公共官僚制

第二节　中国行政管理公共性的逻辑关系

公共性是中国行政管理的根本属性。理论上，公共性是中国公共行政理论研究的基础范式，一切公共行政理论和政府理论的实证与规范分析，其深层次的意蕴都在于其所涵摄的公共性的价值归依。实践中，公共性是贯穿于中国特色社会主义行政管理体制的建构以及行政管理活动的逻辑起点和根本原则。改革开放40多年来，贯穿中国行政管理改革的一条主线就是不断增强公共性。提升公共性是中国行政管理具有正当性、合理性和生命力的必然要求。

通过对中国行政管理公共性的价值取向、公共过程、宪法法治、公共组织、公共官僚体制五个基本维度的分析，本书认为这些维度相互联系、相互制约，它们在解构中国行政管理的公共性上存在着特定

---

① 公共行政公共性的横向层面是指从公共行政与私人行政或一般行政横向比较的角度来理解行政公共性的内涵，它主要体现为公共行政与私人行政或一般行政的差异性或清晰度，这种差异性就表现在文中归纳出的公共利益的价值取向、公共过程、宪法法治、公共官僚体制和公共治理等要素。

② 公共行政公共性的纵向层面是指在人类社会纵向发展的特定历史时期，政府行政的性质进行了根本性的重塑，开始获取公共性。这一特定历史时期就是传统的农业社会向近代工业社会转变的时期，因为该时期出现了公共领域与私人领域、公共行政与私人行政的分离，政府行政逐渐脱离了农业社会形态下的"私天下"行政的色彩而开始拥有公共性。本书用公共行政公共性的纵向层面来描述行政公共性是如何产生和发展的。简言之，就是在出现公共行政与私人行政相分离的历史"拐点"上，才出现了拥有公共性的政府行政，即公共行政。

第七章　中国行政管理公共性的构成要素及逻辑关系

的逻辑关系：

公共利益维度是中国行政管理公共性的主导性维度。作为中国行政管理公共性的本质体现，公共利益的价值取向通过公共过程维度对其他维度（包括公共过程维度）发挥着主导或制约作用。

公共过程维度是载体性维度。中国行政管理的公共性必须体现在公共行政过程中，离开公共行政过程，公共利益只是毫无意义的"口号"或令人难以置信的"宣示"。

宪法法治维度、公共组织维度和公共官僚体制维度是保障性或辅助性维度。它们通过公共过程维度影响着中国行政管理公共利益的价值取向，进而对中国行政管理的公共性发挥着保障和支撑作用。由此，形成了中国行政管理公共性各维度之间特定的逻辑关系（见图7-1）。

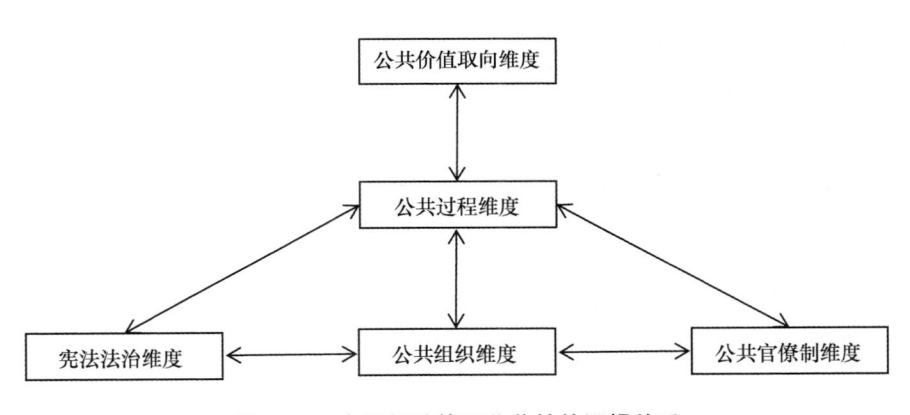

图 7-1　中国行政管理公共性的逻辑关系

对中国行政管理公共性构成要素的特定逻辑关系，可以做如下说明：

一　公共利益维度是中国行政管理公共性的主导性维度

从历史上来看，正是出于对公共利益的实现、维护和增进，才使中国行政管理逐渐脱离私人色彩而获得了公共性。公共利益维度相较于其他维度具有优先性，它与其他维度的诸种关系不仅可以视为影响中国行政管理公共性的因素，也可以视为提升中国行政管理公共性的基本方式。

首先，公共利益的实现是中国行政管理公共性内涵的重要体现，也是其核心目标和本质问题。在社会公共生活中存在着多元化的行为主体，他们总要通过特定的方式获取潜在的或现实的资源和条件，即"利益"。这些利益既可能为特定的社会行为主体所独享，也可能为一定范围内各种社会行为主体所共享。两者分别称为私人利益和公共利益。就这两种利益的实现方式而言，私人利益的实现多采用个体选择策略，公共利益的实现多采用公共选择或集体选择策略。公共行政就是公共部门采取公共选择策略追求公共利益最大化的行为。它存在于"公共"领域之中而与存在于"私人"领域之中的私人行政相对应。这是由公共部门（行政）的"公共"属性与私营部门（行政）的"私人"属性决定的。因此，公共行政作为一种集体选择行动，正是出于对公共利益的追求才获得了不同于私人行政的"公共"特性。

其次，公共利益是实现私人利益的前提和基础，从而表明了公共行政公共性的价值所在。在逻辑上，私人利益是公共利益产生的原因；在现实性上，公共利益是私人利益得以实现的前提条件。在"私人"领域中，其行为主体可以通过交换方式获取生存、发展、追求自由和幸福所必备的资源和条件（私人利益）。然而，人类共同体的维系除了要满足多元化社会行为主体独享的资源和条件（私人利益），更依赖于满足社会行为主体共享的资源和条件（公共利益）。这些资源和条件（如调适私域行为所必须遵守的准则等公共产品和服务）依靠"私人"领域的交换行为无法实现，必须由公共部门来提供。与私域中的核心问题是私人利益的实现一样，公域中的核心问题是实现公共利益，对公共利益的追求是公共行政公共性的本质体现。

二 公共利益维度通过公共过程维度对其他维度发挥着主导或制约作用

这种主导性作用主要体现在以下两个方面。

第七章　中国行政管理公共性的构成要素及逻辑关系

（一）公共过程是实现公共利益的载体，公共利益是公共过程的结果

公共行政是一种典型的公共过程，是与"私密行政"相对应的公开、参与和回应的过程。公开意味着对实现公共利益的方式和实现公共利益过程的监督；公民参与是公共行政实现公共利益的依靠力量和重要主体；回应则有利于强化公共行政尊重、理解公民并满足民众需求的能力。公共行政之所以具有公共性，是因为其普遍的公开性、参与性和回应性。公共利益作为中国行政管理公共性的本质体现必须落实在公共行政过程中，离开公共行政过程，公共利益只是毫无意义的"口号"或令人难以置信的"宣誓"。因此，公共过程是实现公共利益进而展现中国行政管理公共性的载体。公共利益既是公共行政的价值取向，也是公共行政过程的结果和检验行政过程公共性的标准。中国行政管理公共性的公共利益维度对行政过程维度的主导或制约作用，意味着以公共利益为中心来优化和检验公共行政过程从而将焦点集中于公共利益的实现上。本书认为公共行政既要讲过程，又要讲结果。公共过程是实现公共利益的载体，公共利益是公共过程的结果，公共利益对公共过程的主导作用集中体现了公共行政过程与结果的统一。

（二）公共利益维度基于公共行政过程这一载体维度，与其他维度有以下逻辑关系

1. 公共利益—公共过程—宪法法治的逻辑关系

作为中国行政管理公共性的本质体现，公共利益通过一定的方式表现为公共权力意志，公共权力在本质上是凝聚和体现公共意志的力量，是公共行政得以运行的基础和后盾。公共权力的公共性集中体现了公共行政的公共性。然而，公共权力具有双重性质，是一把"双刃剑"。这就需要在行政过程中对公共权力进行约束，将公共权力列入法律的裁判范畴。一方面使公共权力受到严密的控制，体现出有限的特征；另一方面要保障公共权力的正确运行，使公共行政能够增进社会公共利益，体现出有效的特征。在现代社会，宪法法治作为人类社会政治文明演进的伟大成果，是对公共权力意志的集中体现，因而中

国行政管理的公共性在公共行政过程中必须依宪法法治而运作。宪法法治为中国行政管理公共性的获得和展现提供了根本的保障。在此意义上，中国行政管理的公共利益维度、公共过程维度与宪法法治维度的逻辑关系就是公共行政过程要依法行政，使得公共权力体现出有限和有效的特征，以最大限度地增进和实现公共利益。宪法法治维度只有被贯彻和体现在公共行政过程中，才能发挥对行政公共性的支撑和辅助作用。换句话说，用宪法法治来规制和引导中国行政管理是提升中国行政公共性的基本路径。

2. 公共利益—公共过程—公共组织的逻辑关系

人类社会只能以共同体的方式存在和发展，人与人之间的公共事务是不可避免的。公共事务实际上体现了公共利益，对公共事务进行管理的过程便是维护和增进公共利益的过程，即公共行政过程。在现代社会，处理公共事务的组织形态主要指公共组织，包括政府部门和社会组织。由于公共利益在物质形态上表现为公共产品和公共服务，因此，政府部门和社会组织在处理公共事务、实现公共利益的过程中，主要表现为向社会公众提供公共产品和服务。政府部门是向公众提供公共产品和服务的核心主体，社会组织具有公益性和互益性的特点而成为公共管理的准主体。它们在提供公共服务，满足社会公众多元化需求上具有不可替代的作用，并且社会组织还具有批判功能，体现参与和监督精神，能促使政府部门履行法定的公共职能，对政府部门的公共性起着批判、补充和矫正的作用。这就是为人们所津津乐道的社会组织开创的公共性。在此意义上，中国行政管理的公共性在公共行政过程中就体现为政府部门与社会组织之间的良性互动与合作治理，即公共治理。

3. 公共利益—公共过程—官僚体制的逻辑关系

中国行政管理公共性的获取和展现离不开良好的行政体制。现代官僚制是中国行政管理体系的中枢，官僚制行政在扩大公共利益总量上具有优越的效率优势，凸显了公共行政的"管理性"。如果缺乏效率，官僚制行政很难为社会发展做贡献，公共利益也无法得到实质性

第七章 中国行政管理公共性的构成要素及逻辑关系

的维护，从而使得行政公共性大打折扣。然而，官僚制行政的"管理性"所体现的效率价值是中国行政管理的实践性价值，必须接受公共利益、公平、正义、民主、公共责任等基础性价值的引导，也就是说，在有效增进公共利益的同时，必须分配好公共利益。否则，在提升中国行政管理的公共性上将失去现实意义。因此，在中国行政管理的公共过程中要用"公共性"来引导和制约"管理性"。与通过扩展公共服务的范围、提升公共服务的水准和质量以提升中国行政管理的公共性相比，变革和完善行政制度、体制和运行机制也许是一条更加根本的路径选择。改革开放以来，中国政府历次行政改革都可以视为对官僚体制的改革，其主旨就是为彰显中国行政管理的公共性扫除"体制性障碍"。

4. 宪法法治、公共组织、公共官僚体制之间的逻辑关系

就宪法法治维度与组织维度的关系而言，中国行政管理公共性的组织维度意指在公共行政过程中，只有政府组织与社会组织协调发展与合作治理，才能形成一个完备的公共行政体系，才能最大限度地增进公共利益。政府部门与社会组织的合作治理必须以宪法和法律为基本依据，不得超越宪法和法律所规定的范围。社会组织作为社会领域的组织形态，其参与社会公共事务的治理，有利于培养人们的民主、法治、参与、自治、公开等公民意识和价值旨趣，这又可以促进公共行政依据宪法法治而运作。从宪法法治维度与官僚体制维度的关系来看，宪法法治是中国行政体制改革的基本目标之一。当代中国行政管理不能离开宪法法治而存续，没有宪法法治的规制，就不可能有合法、合理和有效的公共行政，行政公共性也就无法充分地展现。在组织维度与官僚体制维度的关系上，政府部门与社会组织的良性互动与合作治理有赖于在行政改革上进行体制创新。既要合理配置公共财政资金，促进公共服务提供的社会化，以有效地提供公共服务，更好地满足社会多元化需求，又要发挥社会组织的政策参与和价值倡导功能，通过提供良好的参与程序和多元化的参与渠道，从而在公共政策中体现出多元价值，促进决策的公共性。

总之，中国行政管理公共性的各维度之间存在相互影响、相互制约的特定逻辑关系，正是各维度之间的相互联系、相互制约才使中国行政管理呈现出公共性的特征。中国行政管理公共性的基本维度及其逻辑关系，作为一个解释性概念，既是对中国行政管理公共性的现实状况作概括性说明，也是提升未来中国行政管理公共性的基本途径。

第三节 走向公共性的中国行政管理

"中国共产党是中国工人阶级的先锋队，同时是中国人民和中华民族的先锋队，是中国特色社会主义事业的领导核心，代表中国先进生产力的发展要求，代表中国先进文化的前进方向，代表中国最广大人民的根本利益。"[①] 中国行政管理体系（政府体系或行政体系）作为党领导下的治权体系，理应走向公共性。这与党的宗旨是一致的。

公共性是中国行政管理的基本属性，是中国特色社会主义行政管理体制构建的基本原则和一切行政管理实践活动获取正当性、合法性的基础。离开了公共性，行政管理就可能沦为某些个人、集团、阶层谋取私利的工具。

首先，公共性是中国行政管理的解释性概念。它由公共利益、公共过程、宪法法治、公共组织、公共官僚体制等要素构成。这些要素是支撑或影响中国行政管理公共性的基本因素，在解释中国行政管理的公共性上存在特定的逻辑关系。其中，公共利益是中国行政管理的公共性的主导性因素，并通过公共过程（包括公共过程）对其他因素发挥着主导或制约作用。公共过程是载体性因素，中国行政管理的公共性必须体现在公共过程中，离开公共过程，公共利益只是毫无意义的"口号"或令人难以置信的"宣示"。宪法法治、公共组织和公共官僚体制是保障性或辅助性维度。它们通过公共过程影响着中国行

---

① 《中国共产党章程》，人民出版社 2012 年版，第 1 页。

第七章 中国行政管理公共性的构成要素及逻辑关系

政管理公共利益的价值取向，进而对中国行政管理的公共性发挥着保障和支撑作用。

其次，公共性是中国行政管理的规范性原则。它在中国行政管理实践中发挥着引领和规制作用。与公共性的构成要素相对应，走向公共性的中国行政管理，应呈现出五大特征：公益行政、透明行政、法治行政、共治行政、民主行政。

1. 公益行政

公共利益是中国行政管理公共性的集中体现。中国行政管理的价值取向是多元的、多层次的。公共利益是可以涵括多元价值体系的一个统摄性概念。公共利益几乎涵盖效率、公平、民主、责任、法治、参与、回应、服务等所有的公共价值。这些多元价值只不过是以特定的方式来实现公共利益。效率表明政府以经济的方式供给公共服务来增进公共利益；公平表明公共利益不能通过侵害弱势群体正当权益的方式来实现；民主、法治、责任、参与、回应是实现公共利益的不可或缺的基本条件。否则，公共利益就会沦为某些个人、集团或阶层的私利。服务则是从伦理角度强化行政人员为民的道德责任感来确保公共利益的实现。因此，走向公共性的中国行政管理，必须是追求公共利益的政府行政，即公益行政。

2. 透明行政

中国行政管理不仅是一套体制、一个体系，更是一个公共过程。绝对权力导致绝对腐败。确保行政后果的公益性，最明智的办法是公开行政过程，让权力在阳光下运行。这就是所谓的透明行政，即通过政府信息公开和政务公开，确保行政过程的公开性和透明度，让民众对公共权力、政府机关及其工作人员进行有效地监督和制约，使政府行政活动和行政过程始终在追求公共利益的轨道上阳光运行。因此，走向公共性的中国行政管理，必须是追求行政过程公开的透明行政。

3. 法治行政

法治行政的基本含义是，法律是中国行政管理的最高准则，任何政府机关及其工作人员必须依法行政,任何公民必须依法行事,在法律面前人人平等。"为政遵循法律,不以私意兴作"是法治行政的精髓所在。法治行政既规范公民的行为,更制约政府的行为。法治行政的直接目标是规范公民的行为,管理公共事务,维持社会秩序,最终目标是保障公民的权利。法治行政是公益行政和透明行政的必要条件。因此,走向公共性的中国行政管理,必须是法律至上,不以私意运作的法治行政。

4. 共治行政

新时代的今天,中国进入了一个多元化的时代,政府治理体系也呈现出日益开放和多元的特征。政府是中国行政管理的核心主体,社会组织是准主体,它们在目标上呈现出公益或互益的价值取向。改革开放40多年来,伴随着社会组织的成长和制度环境的改善,政府与社会组织合作互动在社会治理和公共服务提供上,日益发挥着重要的作用,并呈现出良好的发展前景。在政府与社会组织良性互动中开拓出一种新的公共性,即合作治理公共性。共治行政是当代中国政府治理的主要趋势。因此,走向公共性的中国行政管理,必须是政府与社会合作互动的共治行政。

5. 民主行政

公共利益是中国行政管理公共性的集中体现,公共利益必须通过公民对行政过程的有效参与来实现。如果行政过程排斥或过分限制公民参与,这种政府行政就很难说是属于人民的;如果公民不参与影响切身利益的政策制定与实行,那么行政后果的公益性也很难保障。因此,中国行政管理的公共性蕴含着民主行政的原则。长期以来,人们由于政治与行政二分、官僚制与民主、责任的冲突,将行政民主理解为通过代议制确保行政权力最终归属于民。其逻辑是民众通过选择和代议机制控制政治家,政治家通过等级官僚制来领导行政官员。如此,行政官员对民众负有间接责任,行政权力最终归属于民是有效的。其实,这是一种误解。官僚制行政与民主之间并不是对立冲突的,而是完全可以协调一致的。实践证明,强调命令服从、严格等

第七章 中国行政管理公共性的构成要素及逻辑关系

级、效率取向、封闭流程的官僚制，是可以与追求平等、参与、回应、公开、责任等价值的民主行政兼容的。这是公共行政公共性的应有之义。因此，走向公共性的中国行政管理，是民主治理过程的官僚制行政，即民主行政。

总之，走向公共性的中国行政管理，一定是公益行政、透明行政、法治行政、共治行政和民主行政。党的十九大宣告中国特色社会主义进入新时代，中国社会主要矛盾已经转化为人民日益增长的美好生活需要和不平衡不充分发展之间的矛盾。一方面，全面小康即将建成，人民对美好生活的需求——不仅包括物质方面，而且包括民主、法治、公平、正义、安全、环境等非物质方面的需求——日益增长。另一方面，社会生产力整体水平显著提高，但发展不平衡不充分问题越发突出，这已经成为满足人民日益增长的美好生活需要的主要制约因素。新的社会主要矛盾，对走向公共性的中国行政管理来说，既是挑战，更是机遇。新时代，在不断兑现人民对美好生活的向往和追求的进程中，在实现中华民族伟大复兴的历史征程中，走向公共性的中国行政管理，一定不辱使命。

专 题

第一节 "达尔—西蒙""沃尔多—西蒙"之争与行政价值的公共性

一 "达尔—西蒙"之争与行政价值的公共性

20世纪40年代末,传统管理主义的公共行政研究途径开始受到普遍的质疑和批判。青年学者罗伯特·A.达尔于1947年获得了他在耶鲁大学的博士学位,并发表了一篇影响深远的论文——《公共行政科学:三个问题》。该文对管理主义倾向的公共行政正统理论展开了批评,其中隐含了对西蒙的研究方法和观点的批评。西蒙随即发表《对〈公共行政科学〉的评论》一文进行回应,由此展开了达尔与西蒙之间一场短暂的论战。

达尔与西蒙的争论是从三个方面展开的。首先,达尔批评了传统公共行政理论的假设和西蒙的逻辑实证主义的研究方法对规范价值的排除。传统的公共行政理论基于政治与行政分离的假设,认为行政领域是与规范价值无涉的执行性和技术性的活动和过程,其唯一的目标就是"效率"。在行政科学中,不管是公共的还是私人的,最基本的"善"就是效率。[①] 在"效率至上"理念的指引下,公共行政研究致力于发现、运用科学的行政原则。如威洛比坦言,与任何其他的科学

[①] Robert A. Dahl, "The Science of Administration: Three Problems", *Public Administrative Review*, Vol. 7, No. 1, Winter, 1947, p. 2.

❀ 专　　题 ❀

一样，在行政科学中，也存在着确定的、基本的和普遍适用的原则，[①]遵循这些科学原则，就能提高行政效率。对公共行政原则的追寻，是当时行政学者探寻公共行政研究科学化的一个重要写照。西蒙为了重建一门更加精致、更有效率的普遍意义的行政科学，引入了逻辑实证主义的研究方法，在对"政治—行政两分"加以评判的基础上，提出了"事实—价值两分法"，在"是"与"应该"之间划定了一条界线，然后在理论科学与应用科学之间划定了一条界线，正如他所宣称的那样，"事实元素构成了行政科学的真正实质"，"和任何科学一样，行政科学只关心事实陈述"。[②] 这样，西蒙用"价值与事实两分"取代"政治与行政两分"同样为公共行政研究划定了一个"价值中立"的研究"领地"，并且与前者相比，西蒙对价值中立的坚持更加彻底，因为它具有严密的方法论基础即逻辑实证主义。可见，传统的公共行政理论通过政治与行政、价值与事实的区分，巧妙地把公共行政研究定位于价值中立的事实领域，行政效率自然成为其追求的唯一目标。

达尔认为无论是追寻科学的行政原则，还是西蒙的基于逻辑实证主义的价值与事实的分离，这些致力于"建构一门公共行政科学的首要的困难在于不能将规范性的考虑（规范价值）从公共行政问题中排出"[③]。依据达尔的观点，作为一门学科和一门潜在的科学的公共行政学，其基本问题比纯粹的行政问题要宽泛得多。与私人行政相比，公共行政必定存在着广泛的关切——不可避免地陷入对公共行政问题的伦理道德等规范性价值的考虑之中。比如，作为公共行政研究的核心问题之一的行政责任，就取决于对某些社会价值、目标和目的的规定。早在前几年发生的弗雷德里克与芬纳关于行政责任的争论，

[①] Robert A. Dahl, "The Science of Administration: Three Problems", *Public Administrative Review*, Vol. 7, No. 1, Winter, 1947, p. 1.

[②] 参见颜昌武、刘云东《西蒙—瓦尔多之争——回顾与评论》，《公共行政评论》2008年第2期。

[③] Robert A. Dahl, "The Science of Administration: Three Problems", *Public Administrative Review*, Vol. 7, No. 1, Winter, 1947, p. 1.

就是因为对民主政府性质和目的有着根本不同的理解。弗雷德里克在论述将官僚的"内审"作为重要的控制手段时，不言而喻地假定了某些价值观念。而芬纳对弗雷德里克假设的价值观念进行了激烈的批判，认为它们与民主信念存在着背离。[1]

可见，达尔非常明显地倾心于公共行政研究应该坚持民主、自由、平等、责任等基本的公共价值取向，绝不是以所谓的价值中立和科学的事实来掩饰的对"效率至上"信条的继续盲从和作为压倒一切的目标选择。然而传统的行政科学科学化（包括西蒙的逻辑实证主义）的努力专注于事实领域而将规范价值予以排除，因为"科学本身不关心规范价值的发现和阐释……科学不能证实道德价值，不能桥接'是'与'应该'之间巨大鸿沟"。[2] 即便如此，达尔认为，管理主义的效率至上以及效率是判断行政行为的价值中立的标准也是不成立的。因为效率本身就是一种价值，不得不与其他的价值观念如民主、责任、道德等相互竞争。这一点上达尔与古利克的观点相同，二者都不同意把效率看作一个中立的概念，一个衡量社会绩效的公平客观的标准，而是认为效率是一种价值观念。但是所不同的是，古利克认为效率是应该给予优先考虑的价值观念，即古利克承认不管是在科学的意义上还是在大众的意义上使用效率的概念，它都与其他的政治价值尺度发生明显的冲突，但是这些政治价值对效率的干扰本身不能取消作为基本价值的效率，正是在效率价值之上，行政科学才得以建立。这些干扰可能会限制它并使其复杂化，但不能改变行政中的这个唯一最终的价值检验标准。换言之，古利克认为效率价值是公共行政科学的最高价值。同样西蒙的更加精致的、有效率的行政科学基本上也持这一立场。然而，达尔认为作为价值的效率只是行政科学所要坚持的价值体系的一种，除此之外，还有民主、自由、责任、伦理道德等基本的公共价值，当效率与这些基本价值发生冲突时，效率并非总

---

[1] Robert A. Dahl, "The Science of Administration: Three Problems", *Public Administrative Review*, Vol. 7, No. 1, Winter, 1947, p. 3.

[2] Ibid., p. 1.

❧ 专 题 ❧

是给予优先考虑，可见达尔明显地倾向于公共性的行政而非一般的行政研究。

对于如何解决行政科学中的规范价值，达尔提出了两个途径：首先，确定一个基本的假设，该假设能把伦理价值问题从行政科学中予以排除，这样非规范的行政科学就可能依赖于该假设进行公共行政研究。但达尔认为这样一个基本的假设存在着巨大的困难。其次，如实地陈述价值和目的，因为不可能有普遍适用的行政科学，所有的行政科学命题都是随着与之有内在联系的价值和目的的变化而变化。

西蒙对达尔的批评立即进行了反驳，其反驳是建立在对纯科学和应用科学进行区分的基础上的。西蒙认为，达尔提出并质疑的实证主义的研究方法不可能证实价值命题，意味着对规范价值的排斥，对于这一问题应从纯粹科学（家）与应用科学（家）之间的区分进行理解。二者之间基本的、显著的差别在于，纯粹科学家与发现和证实人类知识领域的某些经验性的命题有关，而应用科学家与部分地（但不是全部地）基于科学知识而形成决策有关。[①] 达尔提出的关于处理行政学科中价值问题的两条途径分别适用于纯粹的行政科学和应用的行政科学。纯粹的行政科学试图回答"什么因素决定了组织效能的程度""在什么环境下，政府机构会履行公共责任"等问题，对这些问题的回答并不取决于研究者的价值体系。应用性的行政科学试图使用纯粹科学建立的经验命题去实施某个特定的（完成的）价值体系。[②] 基于纯粹行政科学与应用行政科学的区分，西蒙认为达尔对那些仅仅关注效率标准的行政学家进行的批评，只有当他们自认为是应用科学家而不是纯粹科学家时，才是有效的和显著的。

然后，达尔提出公共行政研究要以人的行为为基础，这主要是对

[①] Herbert A. Simon, "A Comment on 'The Science of Administration'", *Public Administrative Review*, Vol. 7, No. 3, Summer, 1947, p. 200.

[②] Ibid., p. 201.

西蒙的理性行政模型的批评。达尔认为，在本质上，公共行政研究是对处于某种具体的环境中所表现出来的某种行为，以及期望或预测会出现的某种行为的人的研究。[1] 因此，作为一门公共行政科学，其不可回避的事实是对人的行为进行研究。然而，目前的公共行政理论是建立在对人性抽象的、狭隘的、技术性的"理性人"假设的基础之上。无论是韦伯的官僚制理论还是泰勒的科学管理理论，都是基于效率取向和技术理性，把人当作机器一样对待，各种以价值取向的人的行为被官僚制结构这一"新奴役铁笼"所窒息。同样西蒙的理性行政决策模型更是如此，理性等同于效率，有效率的决策的评价标准就是决策（手段）同它所要实现的目的之间纯粹的事实，无关手段本身和目的所包含的价值意蕴。达尔批评西蒙所建构的理性模型存在着致命的缺陷，即人的行为并不总是理性的，甚至人的最有效率的行为并不总是在理性结构环境中产生。我们不能按照机械化的"行政人"来塑造18世纪理性人的现代后裔，并用这种方法构建一门学科，这种理性人仅仅存在于公共行政的书本上，其唯一的活动就是遵守行政科学的普遍法则。[2] 对于达尔的批评，西蒙立即予以反驳。对于达尔所提出的公共行政必须建立在人的行为的基础上这一问题，目前公共行政学者在两个不同的方向寻找答案，即西蒙所说的纯粹的行政科学和应用性的行政科学。对于建立应用性的行政科学来讲，其关切的是在科学知识的基础上行政决策，这不可避免地涉及行政科学家的价值判断。虽然"这条公共行政路线（应用性行政科学）突破了对价值关切的限制，确立了将其知识运用于公共政策问题的权利，却丧失了作为政治科学或者社会科学的一个独立领域的身份"。[3] 因此，不可能有一门应用性的行政科学。对于纯粹的行政科学来讲，西蒙认为它

---

[1] Robert A. Dahl, "The Science of Administration: Three Problems", *Public Administrative Review*, Vol. 7, No. 1, Winter, 1947, p. 4.

[2] Ibid., p. 7.

[3] Herbert A. Simon, "A Comment on 'The Science of Administration'", *Public Administrative Review*, Vol. 7, No. 3, Summer, 1947, p. 201.

是建立在社会心理学基础上的更为纯粹的理论，它不是为公共政策开药方，更不关涉达尔所指控的诸如"效率崇拜"之类的问题。对于这样一门纯粹行政科学而言，它不是被动地接受心理学家和社会学家有关人性本质的观点，并把这些观点应用于组织行为的研究。行政本身就是关于人类行为和社会行为的重要领域，在该领域中，它不仅能够接受知识，同样也贡献新的知识。[①] 对西蒙来讲，这样的行政科学才是真正建立在对人性和人的行为的基础之上，而不是达尔所理解的纯粹行政科学，即"公共行政研究者不必要成为心理学家，只需要能够使用心理学家和社会学家的调研成果"。[②]

在这场争论中，公共行政研究中的"宪制主义"与"管理主义"的理论分野逐渐明晰，西蒙基于逻辑实证主义的研究方法，倡导事实与价值的分离，在"管理主义"的研究路线上表现得更为彻底，达尔批评了传统的"管理主义"对规范价值的排除和"唯效率主义"倾向，对民主价值给予了高度的重视。达尔认为作为价值的效率只是行政科学所要坚持的价值体系的一种，除此之外，还有民主、自由、责任、伦理道德等基本的公共价值。当效率与这些基本价值发生冲突时，效率并非总是给予优先考虑。这种理论上的分野突出表现在二人对"理性"的不同理解上，对于西蒙而言，理性意味着效率，并以此作为其行政决策模型的基础；对达尔而言，理性意味着对民主、正义、公平和自由等这些政治上和道德上合理价值的关切。达尔基于对传统管理主义的批判以及对民主价值的优先考虑，成为宪制主义的新公共行政学的先导。

二 "沃尔多—西蒙"之争与行政价值的公共性

沃尔多与西蒙都是美国行政学界的领军人物，沃尔多承继宪制主义的思想传统，关注行政学研究的历史与文化的背景，强调行政

[①] Herbert A. Simon, "A Comment on 'The Science of Administration'", *Public Administrative Review*, Vol. 7, No. 3, Summer, 1947, p. 203.

[②] Ibid., p. 202.

学是一种政治理论,并将民主等规范价值注入公共行政的理论与实践,从而为公共行政学设定了规范研究的议程。西蒙则坚持了管理主义的路线,主张在行政学研究中引入逻辑实证主义,重建一门更加精致、更有效率的普遍意义的行政科学,使他在管理主义的路线上走得更为彻底。

沃尔多与西蒙的争论源于沃尔多于1952年在《美国政治科学评论》上发表的一篇名为《民主行政理论的发展》的论文。在该论文的一个注脚上,沃尔多指出"我相信,不存在这样一个可以将价值从中排出的'事实决策'的领域。决策就是要从备选项中进行挑选;在备选项中进行挑选就是导入价值。赫伯特·西蒙显然对行政科学做出了杰出的贡献。然而,他是在不受他所宣称的方法论的影响时,才做出了这些贡献",[1] 由此拉开了两人长达半个世纪的争论。就争论的焦点来看,西蒙与沃尔多主要集中在公共行政价值取向是效率还是民主上。西蒙所坚持的效率主义取向是建立在他对传统行政理论的批判和逻辑实证主义的基础之上的。西蒙首先展开了对传统行政学理论尤其是"行政原则"的批判。对于作为"正统论"试图展示公共行政科学化形式的行政原则,西蒙通过对"专业化""命令统一""管理幅度""按目的、过程、用户或地点进行分工的组织"等为传统公共行政学倍加推崇的四项基本原则的批判性考察,认为"流行的管理原则有一个致命的弱点,那就是,它们像谚语那样,总是成对出现的。无论是对哪个原则来说,差不多都能找到一个看来同样有道理、同样可以接受的对立原则",[2] 故这些相互矛盾和冲突的原则根本谈不上科学,只能称为"行政谚语"。当然,西蒙的理论旨趣并没有停留在对传统行政理论的批判上,批判的目的是引入逻辑实证主义的研

---

[1] Dwight Waldo, "Development of Theory of Democratic Administration", *The American Political Science Review*, Vol. 46, No. 1 (Mar., 1952), pp. 494-503, 转引自颜昌武、马骏编译《公共行政学百年争论》,中国人民大学出版社2010年版,第81页。

[2] [美]赫伯特·西蒙:《管理行为——管理组织决策过程的研究》,杨砾、韩立春、徐立译,北京经济学院出版社1988年版,第21页。

※ 专　题 ※

究方法，进而依据逻辑实证主义的研究方法构建以决策为核心的科学行政理论。逻辑实证主义的研究方法坚持价值与事实相分离的二元论，这样，西蒙用"价值与事实两分"取代"政治与行政两分"同样为公共行政研究划定了一个"价值中立"的研究"领地"。并且与前者相比，西蒙对价值中立的坚持更加彻底，因为它具有严密的方法论基础即逻辑实证主义。

　　与西蒙的效率取向相比，沃尔多认为，民主行政理论构成了政治思想上的一个重要发展……如果行政真的是"现在政府的核心"，那么，20世纪的民主理论必须包含行政在内。首先，沃尔多对民主进行了更为广义的解释，认为民主的中心含义存在于一种伦理准则、一套价值体系中……无论是在历史上还是逻辑上，自由、平等、博爱构成了民主"真实"内容的绝大部分；如果没有上述概念，那么，当代民主的全部装备，如代表大会、公民权利、普选权、司法独立等，就是毫无意义的。[1] 其次，沃尔多回顾了公共行政与民主相分离的过程。沃尔多认为在19世纪末20世纪初，作为"自我意识"的公共行政形成的时候，早期的公共行政学者，比如伍德罗·威尔逊、弗兰克·古德诺、查尔斯·比德尔等仍然珍视民主，将其作为美国政治制度的中心思想和原则。然而奇怪的是，这些早期的学者们为一种思想模式奠定了基石，根据这种思维模式，在一代人的眼中，民主被看作一个外在于公共行政的专业领域的政治原则。事实上，后来的学者们不仅将民主看作外在于公共行政领域的，而且经常将其看作与他们的视为中心原则的效率是敌对的。通过拒斥民主与行政过程的关联性来热情地推进民主，它们就变得自相矛盾、精神分裂起来。[2] 最后，沃尔多把矛头指向了西蒙，西蒙把逻辑实证主义的研究方法引入到行政学研究中，使得以效率为价

---

[1] Dwight Waldo, "Development of Theory of Democratic Administration", *The American Political Science Review*, Vol. 46, No. 1 (Mar., 1952), pp. 494–503, 转引自颜昌武、马骏编译《公共行政学百年争论》，中国人民大学出版社2010年版，第60页。

[2] 同上。

值取向的抽象行政科学的观念提供了一个逻辑严密的辩护。西蒙用"爱我,爱我的逻辑"①进行反驳,西蒙认为,无论沃尔多是对自己的赞扬还是批评,都应该建立在逻辑实证主义的演绎方式之上,对于沃尔多先生对自己的指责,西蒙希望沃尔多更加具体指出逻辑上的断裂发生在哪里。

以"达尔—西蒙""沃尔多—西蒙"为代表的争论,表明在公共行政领域存在着两种思想发展路线:管理主义途径和宪制主义途径。前者关注公共行政的效率取向,表明了公共行政的管理性;后者强调公共行政的民主、公平、伦理、责任等公共价值,凸显了公共行政的公共性。然而现代性的悖论在于技术理性的意识形态化,并对管理主义产生了重大影响,使其长期居于公共行政知识发展的主流范式。然而,宪制主义途径并没有偃旗息鼓,在与管理主义研究途径的激烈争论和批判中不断积蓄力量并伺机崛起,最突出的表现就是新公共行政的诞生,这是两大研究途径相互争论的结果。通过对宪制主义途径与管理主义研究途径争论的回顾,更能清晰地展现二者在公共行政研究中的理论分野,同时也表明作为公共行政的基本价值取向,公共性的嬗变轨迹和势不可当的回归趋势。

第二节 政府信息公开与行政过程的公共性

政府信息公开是反映政府行政过程公共性的一个主要指标。行政机关应当于每年3月31日前发布本机关上年度的政府信息公开年度报告。通过对政府信息公开工作年度报告的可获取性,内容新颖性、报告内容等方面的评估,可以发现当前政府信息公开制度实施中取得的进展和存在的问题。以此可以窥视当前地方政府过程公开

---

① Herbert A. Simon, Peter F. Drucker and Dwight Waldo, "Development of Theory of Democratic Administration; Replies and Comments", *The American Political Science Review*, Vol. 46, No. 2 (Mar., 1952), pp. 494–503, 转引自颜昌武、马骏编译《公共行政学百年争论》,中国人民大学出版社2010年版,第83页。

❋ 专 题 ❋

中的现状和问题。①

一 评估发现的亮点

(一) 评估对象普遍公开了政府信息公开工作年度报告

49家较大的市级政府、92家县级政府发布了2015年度政府信息公开工作年度报告。

(二) 政府信息公开工作年度报告的内容翔实

大多数评估对象的2015年度政府信息公开工作年度报告的内容翔实。具体体现在五个方面：第一，评估对象发布的2015年报告均有对政府主动公开信息情况的说明。第二，49家较大的市级政府和89家县级政府在其报告中提供了政府信息公开申请总量，除15家县级政府2015年未收到申请外，48家较大的市级政府、71家县级政府在报告中提供了依申请公开的答复数量。第三，42家较大的市级政府和75家县级政府的报告对政府信息公开的收费情况进行了描述。第四，48家较大的市级政府和85家县级政府的报告说明了因政府信息公开申请引起的行政复议的总数，49家较大的市级政府和82家县级政府的报告说明了政府信息公开申请提起行政诉讼的总量。第五，报告中均涉及过去一年中政府信息公开工作存在的主要问题，多数评估对象的年度报告中提出了对未来工作的要求。

二 评估发现的问题

(一) 部分评估对象发布的年度报告不全面

部分评估对象未发现2015年之前年份的年度报告。按照《政府信息公开条例》的要求，各级机关应当公开自2008年以来的历年年度报告，但有16家较大的市级政府和60家县级政府年度报告不全，其中，8家县级政府在其网站上未找到2015年政府信息公开工作年

---

① 参见李林、田禾主编《中国法治发展报告（2017）》，社会科学文献出版社2017年版，第220—222页。

度报告。

(二) 个别评估对象的年度报告放置混乱且不易查找

将年度报告发布在统一的平台或栏目中,且对其按照年份、部门、层级等进行分类,可方便年度报告的查找。但个别评估对象没有将历年的年度报告集中在一个统一的平台上,如拉萨市将2008—2014年度报告均发布在西藏自治区政府门户网站上。个别评估对象将所有的机关单位的政府信息公开工作年度报告会全部放置在一个栏目里,并未对其进行分类,如广东省新兴县、山东省济南市历下区。

(三) 个别评估对象的年度报告的名称不规范

个别评估对象的不同下级部门发布在集中平台上的年度报告标题相同,无法区分。例如,海南省海口市美兰区部分行政机关均以《2015年政府信息公开工作年度报告》为题在区政府门户网站的集中平台发布年度报告,造成查询识别不便。

(四) 部分评估对象年度报告内容的新颖性有待加强

仅就49家较大的市级政府、100家县级政府近3年年度报告的概述和存在问题及改进措施进行比对后发现,4家较大的市级政府、24家县级政府的年度报告重复率超过90%。其中,在较大的市中,济南市2015年报告与其2013年报告的重复率最高,达到96.05%;在县级政府中,广西壮族自治区科林市临桂区2014年报告与其2013年报告、云南省腾冲市2014年报告与其2013年报告的重复率最高,达到100%。

(五) 多数年度报告对依申请公开情况的说明不详细

首先,3家县级政府的年度报告未对2015年度依申请公开的情况,包括申请情况和答复情况作说明。

其次,部分评估对象的年度报告未对申请方式进行分类说明。7家较大的市级政府和31家县级政府的年度报告未按照信函、电子、当面等申请方式对申请情况进行分类描述。

最后,8家较大的市级政府和36家县级政府的年度报告对答复结果未进行分类说明，而仅仅是说"全部办结"或者"全部及时答复"。另外，22家较大的市级政府和24家县级政府的年度报告中未对不公开答复的理由作分类说明。例如，湖北省武汉市武昌区政府对报告中显示的6件不予公开交复的事项未按照国家秘密、商业秘密、个人隐私、其他等类别予以说明。

（六）个别年度报告中的部分数据不准确

年度报告应以全面，准确的数据展示工作成效，但个别报告中的数据不准确。例如，宁夏回族自治区盐池县2015年年度报告正文显示本年度没有复议案件，但是在附表中显示有3件复议案件。四川省新津县2015年年度报告的收费情况显示："2014年度新津县共支出政务公开经费45.36万元，其中，设施设备经费10.82万元，资料印刷经费25.36万元，业务培训经费4.28万元，其他经费4.9万元。"其发生时间表述错误，且各项经费加起来与总额不一致。再如，大同市政府的年度报告中记载，"2015年，我市各级政府及其工作部门受理146件政府信息公开申请，已答复146件。在146件已答复件中，其中'同意公开'27件，'不予公开'0件；'非政府信息、政府信息不存在、非本机关政府信息'51件"，显然答复分类的数据与146件的总量不吻合。

而且，个别评估对象年度报告中表述的准确性存疑。例如，河北省晋州市2015年年度报告对收到申请的数量和申请行政复议、诉讼数量的表述准确性存疑。其年度报告显示年晋州市未收到申请，但2015年有5件行政复议案件发生，即使系因2014年的申请引发的行政复议，也应该详细说明，避免产生误解。

第三节 行政执法不规范与政府公共性的流失

2016年关于行政执法不规范的两起案件，不仅刺痛了公众的神经，将公安执法推上了风口浪尖，而且导致了政府公共性和公信力的流失。为此，中共中央办公厅、国务院办公厅下发了《关于深化公安机关规范化建设的意见》，国务院办公厅印发了《关于规范公安机关警务辅助人员管理工作的意见》，明确了公安执法工作的重心，为进一步推进依法行政，建设法治政府奠定了基础。

案例1：北京雷洋案①

2016年北京雷洋案：雷洋是中国人民大学的硕士，其涉嫖被抓身亡的消息迅速点燃网络，该事件不断发酵，各种猜测、质疑也在讨论中频繁出现。比如：雷某是怎样被抓获的？为何不带执法记录仪？现场有录像吗？给雷某戴手铐了吗？何时发现身体异常？为何不第一时间联系家属？雷某手机位置信息为何被删？执法过程有无过激行为？而随着更多信息被披露，我们距离事件真相也越来越近。

2016年6月1日，北京市人民检察院第四分院依法决定对昌平区公安分局东小口派出所民警邢某某等五人进行立案侦查，按程序通知家属。同日，北京市有关检察机关控告申诉检察部门还向雷洋家属吴某某通报了检察机关办理案件情况。

2016年6月30日据北京市人民检察院官方微博消息：今天下午，北京市人民检察院第四分院对北京明正司法鉴定中心做出的鉴定意见进行了审查，组织了专家审查论证、文证审查，确定死者雷洋符合胃内容物吸入呼吸道致窒息死亡。涉案警务人员在执法中存在不当行为，昌平公安分局东小口派出所副所长邢某某、辅警周某起主要作用，且在案发后有妨碍侦查的行为。根据其行为性质和办案实际需要，北京市人民检察院第四分院已报请北京市人民检察院批准变更强制措施，对邢某某、周某以涉嫌玩忽职守罪依法决定逮捕。

案例2：兰州大学生拍民警粗暴执法遭暴打②

2016年5月17日，兰州财经大学学生小鹏（化名）告诉澎湃新闻，其因拍摄警察粗暴执法被强行带回派出所，遭到民警持警棍殴

---

① 参见王涛《北京警方回应"雷洋涉嫖案"疑点 我们离真相还有多远？》（http://news.ifeng.com/a/20160511/48752493_0.shtml）。

② 参见蔡道成《兰州大学生拍民警粗暴执法遭暴打：多名公安人员被处分》（http://hainan.ifeng.com/a/20160518/4559506_0.shtml）。

打,"屁股开花"。17日晚,兰州市榆中县公安局表示,该局已安排纪检、督察部门专人开展调查,相关调查结果将及时公布。

微博热传的一段视频显示:一名男子被民警揪住欲带上警车,但男子未上车,遭到民警脚踹;民警见有人拍摄,立即上前制止,要求拿出手机。小鹏介绍,视频系其拍摄。视频中被踢踹的男子是他曾经的高中同学。16日8时40分左右,他和高中同学在兰州财经大学公寓旁的饭馆内因上厕所被外面人催促,"对方爆粗口骂人",双方发生冲突,警方赶到现场处置,随后就发生了视频中的一幕。

根据小鹏的说法,被民警强行带回榆中县和平镇派出所后,因拒绝交出所拍视频,他和同学遭"发火"的民警持警棍殴打并轮番扇耳光,"屁股被打开花","打我们的就是视频里的警察"。小鹏发来的照片显示,其臀部布满瘀伤。

甘肃省兰州市榆中县公安局官方微博5月17日23时28分发布消息:"针对5月17日网上反映我局'和平派出所民警暴力执法,用警棍殴打大学生'一事,省、市公安督察部门组成联合调查组开展调查,认定网上反映情况属实。经我局研究决定,对负有领导责任的和平派出所所长、教导员及分管和平派出所的县公安局副政委停止执行职务;对涉事民警宋冬冬、未得文先行采取禁闭措施,县纪检监察部门介入做进一步调查,依纪依法严肃处理。"

第四节 社会组织的公共性及功能

改革开放40多年来,在政府推动以及民间力量催化下,有别于传统的公营部门(政府、国有企业、事业单位)和私营部门的新型社会组织逐渐发展,并呈现出蓬勃之势。据民政部《2018年民政事业发展统计公报》公布的数据,截至2018年底,全国共有社会组织91.7万个,比上年增长7.3%;共吸纳社会各类人员就业980.4万人。其中社会团体36.6万个,比上年同期增长3.1%;民办非企业44.4万个,比上年同期增长11.0%;慈善组织0.7万个,比上年同期增长 15.8%。①

社会组织的活动领域日趋宽泛，发挥作用的空间越来越大，它们在社会各方面，尤其是提供社会公共服务方面做了大量工作。2018 年全国社会组织中科研类 3.0 万个，占 3.7%；教育类 25.2 万个，占 30.8%；卫生类 4.0 万个，占 4.9%；社会服务类 12.5 万个，15.3%；文化类 6.9 万个，占 8.4%；体育类 5.4 万个，占 6.6%；工商服务类 4.8 万个，占 5.9%；农村及农村发展类 6.8 万个，占 8.3%；其他类 13.3 万个，占 16.2%。②

作为一支新生的力量，社会组织在推动市场机制发育成熟、承载政府赋予职能、服务社区建设、推动公益事业发展、倡导社会公平正义等方面的作为引人注目。当前中国社会日渐迈入一个多元化的新时代，社会组织在满足多元化时代公共需求和促进社会秩序与和谐方面的重要作用，赢得了政府和社会广泛的认可和重视。社会组织在社会建设中日益显著的功用，意味着一种新型公共性的生成，即社会组织公共性。具体而言，社会组织是出于某些公益或互益的目的为社会公众或特定群体提供服务。无论是公益性，还是互益性，都具有利他性质，互益性可以理解为一定范围内的公益性。总之，它们具有特定的公共性。

改革开放后，中国社会是由国家或政府单一主体承载的一元公共性格局向政府、社会、市场、公众多元主体共同建构的多元公共性格局发展。社会组织公共性作为多元化公共性格局中的新生力量，对于促进多元化公共性的均衡发展，对于推进国家治理体系和治理能力现代化具有重要的意义。

社会组织是社会治理领域的活动主体，是在参与社会治理中获得公共性的。社会治理呈现出三种基本状态：政府对于社会的治理、政

---

① 民政部：《2018 年社会服务发展统计公报》，2019 年 8 月 15 日，民政部网站（http://www.mca.gov.cn/article/sj/tjgb/）。

② 同上。

※ 专 题 ※

府与社会组织和公民的合作共同治理和社会自治。[1] 与这三种基本状态相对应，社会组织公共性的功能亦呈现出三种类型：价值倡导和政策参与、合作提供公共服务和行业自治。

一 价值倡导和政策参与

（一）App 助力公益组织价值倡导[2]

App 是英文 Application 的简称。由于智能手机的流行，App 多指智能手机的第三方应用程序，可以满足人们咨询、购物、社会、娱乐、搜索等一系列需求。App 时代的到来正在改变一切。对中国公益来说，App 的重要性更是如此。

App 扩大社会组织的价值和倡导和政策参与的范围、渠道、效率和效果。1994 年北京青少年发展基金会成立。经过 20 多年的发展，其影响力不断扩大。2008 年以排名第一的成绩被北京市民政局评定为 5A 级基金会。基金会的发展需要不断与现代接轨，基金会借助移动互联网技术开始新的尝试。2013 年推出了基金会专属的手机 App——善缘 App，主要用一些文字故事宣传和推广有关青少年健康发展的善行善事等。2011 年 1 月 25 日，于建嵘教授在微博上设的"随手拍解救乞讨儿童"微博，倡导公众关注流浪儿童，引起了全国各地微博用户的响应，在微博上线当日就有 50 多名流浪儿童受到关注。日行一善 App 的注册用户可在"心晋榜"里面表扬发布善行善事的好人，鼓舞人心，倡导更多的公众日行善事。自然之友公益组织通过自然之友野鸟会 BBS、官方微博持续发布全国各地的观鸟信息，吸引全国各地感兴趣的公众持续关注。可见，App 在助力社会组织倡导公平正义、关爱自然、扶弱济困等社会价值方面发挥了重要作用。

---

[1] 王浦劬：《国家治理、政府治理和社会治理的含义及其相互关系》，《国家行政学院学报》2014 年第 3 期。

[2] 参见余翔、李伟、李娜《行为能力视阈下的中国社会组织：基于集合案例的研究》，载王名主编《中国非营利评论》（第十四卷），社会科学文献出版社 2014 年版，第 66—67 页。

(二)"群意"代言和政策参与①

北京市中关村外商投资企业协会成立于1990年,现已拥有近千家会员企业。协会的成员都是在中关村海淀园区内注册的高新技术外商投资企业。该协会没有官方背景,像是一个外商"俱乐部"或"沙龙"。但该协会在协助外资企业和政府开展沟通、帮助外商企业行使合法权益方面发挥着积极作用。例如,国务院颁布的《关于对生产企业自营出口或委托代理出口货物实行"免、抵、退"税办法的通知》出台后,海淀园区软件出口企业都反映如果按照上述政策执行,企业的税收负担过重。协会得知情况后马上行动起来,一方面,对企业进行走访,了解企业的想法,邀请企业商讨对策,统一企业的意见。在此基础上,协会根据会员企业提供材料整理成书面报告,呈送给海淀园区领导及国家有关部门,详细指出了有关政策的正面和负面效应。另一方面,协会主动上门邀请国家税务总局、市税务局的有关领导到园区进行实地考察,并安排9家企业的领导和有关部门官员进行座谈、对话。这些工作受到了国家有关部门的重视,为国家调整软件生产企业的税收政策提供了依据。

(三) 环保NGO首提环境公益诉讼②

2015年1月1日,新修订的《环境保护法》正式生效实施当天,由民间环保组织自然之友和福建绿家园作为共同原告提起的福建南平市延平区葫芦山非法开采山石,倾倒废弃石料,造成植被严重毁坏的环境公益诉讼案件,被福建省南平市中级人民法院立案受理,这是新修订《环境保护法》正式实施后立案的首例由社会组织提起的生态破坏类环境公益诉讼案件。

2015年10月29日上午9时,福建南平市中级人民法院宣判一起

---

① 参见余翔、李伟、李娜《行为能力视阈下的中国社会组织:基于集合案例的研究》,载王名主编《中国非营利评论》(第十四卷),社会科学文献出版社2014年版,第66—67页。
② 参见陈文浩《民间组织首提环境公益诉讼》,《海峡都市报》2015年1月6日第1版;张明敏《首例环境公益诉讼案件立案》,《公益时报》2015年1月13日第1版。

❀ 专 题 ❀

生态破坏案件，判决原告胜诉，被告限时恢复被毁林地的植被和生态功能，并赔偿超过百万元的生态环境服务功能损失。

随着新修订的《环境保护法》正式生效实施，论证多时的"环境公益诉讼"被以法条的形式明确。之前，由于环境存在的公共产品属性，即污染对于直接受害人不好明确的现状，环境公益诉讼案件屡屡被拒之司法大门外。随着新修订的《环境保护法》的实施，据估计，全国约有700家环保NGO符合环境公益诉讼主体资格，环境公益诉讼长期受司法排斥的现象悄然发生着改变。

新修订的《环境保护法》第五十八条规定，对污染环境、破坏生态，损害社会公共利益的行为，符合下列条件的社会组织可以向人民法院提起诉讼。一是依法在设区的市级以上人民政府民政部门登记；二是专门从事环境保护公益活动连续五年以上且无违法记录。符合前款规定的社会组织向人民法院提起诉讼，人民法院应当依法受理。提起诉讼的社会组织不得通过诉讼牟取经济利益。可见，新修订的《环境保护法》首次将社会组织纳入了环境公益诉讼群体，为社会组织参与解决公共利益冲突提供了法理依据。

二 合作提供公共服务[①]

北京绿十字的创立是由非营利性组织在我国的发展所推动的。1999年孙君为北京地球村绘制环保宣传画时，被其环保事业和非营利运作模式所吸引，参与了其在延庆县碓臼石村的环保项目。这个项目由地方政府和北京地球村主导推动，完成得很好。但是，在项目结束之后，随着政府和社会组织的离开，村庄又回到了原来的状态。这个经历使孙君下决心要在以后的项目中以农民为主体，实现村庄可持

---

① 参见张远凤、张君琰、许刚《非营利组织参与社区建设比较案例研究》，载王名主编《中国非营利评论》（第十七卷），社会科学文献出版社2016年版，第170—175页；孙君《行政生态平衡中的社会性——"五山发展模式"研究之二》，《襄樊职业技术学院学报》2008年第6期；孙君《环境与文化建设的启示——"五山发展模式"研究之三》，《襄樊职业技术学院学报》2009年第1期。

续发展。

为此，他创办了北京绿十字，并把目光投向更为广阔的乡村建设领域。孙君认为，未来中国2/3的村庄将会实现城市化，但1/3的村庄会保留下来。这些保留下来的村庄必须要加以改造或重建以适应居民生产生活方式的转变。不应该按照城市化的理念来重建这些村庄，而应该把农村建设得更像农村，实现生态、生活、生产相结合的发展模式，促进经济、社会、生态和文化和谐发展。北京绿十字的具体服务包括：村庄规划设计、村民住房规划设计、村庄清洁、绿色农业等，同时为地方干部和农民提供相关培训，并帮助村两委组织农民参与村庄建设。

2003年以来，北京绿十字首先完成了襄阳市五山镇堰河村的建设项目，其后又参与了汶川地震和雅安地震灾后村庄重建工作，以及湖北枝江、郧县、应山以及山东方城和河南信阳等地的新农村建设工作，取得了卓越的成绩。北京绿十字获得"2006年丰田公益奖""2007年福特公益奖"，负责人孙君获得"2007年感动襄阳十大人物""2009年绿色中国十大人物""2013年中国年度时尚人物"和"2014年中国设计年度人物"等多个荣誉称号。从社会组织与政府关系来看，北京绿十字在与地方政府的关系中居于辅助性地位，二者是合作关系。北京绿十字获得参与新农村建设的合法性来源于政府的认可，其各项活动必须得到政府的批准和支持。除了政府依据合同支付给北京绿十字的咨询费之外，北京绿十字本身并没有向政府争取新农村建设资金的主体资格。

三 行业自治[①]

温州烟具协会成立于1991年。1993年温州市政府下发文件，授予烟具协会行使企业审批、产品质量检测、制定最低保护价和新产品

---

① 参见黄燕、李立华《我国行业协会功能、特征与发展趋向》，《商业研究》2002年第7期；黄少卿、余晖《民间商会的集体行动机制——对温州烟具协会应对欧盟打火机反倾销诉讼的案例分析》，《经济社会比较体制研究》2005年第4期。

专 题

维权等权利，使烟具协会成为本行业名副其实的管理者。为维护市场公平竞争秩序，保证温州打火机产业的健康发展，温州烟具协会制定了《烟具行业维权公约》。该公约规定，会员企业研制出新型产品，可以向协会申报维权登记，在产品检验合格后由协会颁发证书。取得维权证书的产品在有效期内（6个月）内如发现侵权行为，协会一经查实将对侵权产品的模具和专用夹具就地销毁，仿冒的产品和专用零配件给予没收。情节严重者，由协会提请工商部门吊销营业执照。协会还建立了打火机质量检测站，赋予其检验报告高度权威性，作为整顿企业侵权的有效凭证。协会颁发的维权证书克服了申请专利周期长、花费多、跟不上技术更新的弊端，成为专利的有力补充。现在，维权已经成为会员间的一种自觉行为。企业一有新型产品研制出来，首先想到的就是到协会申报维权登记。这一证书甚至成为外商大批量订货的重要条件。

2002年，温州打火机行业遭遇严重的外部"围剿"。当时温州每年打火机出口达5亿只，在欧洲市场占有率达到80%，出口价格多在1欧元左右，绝大多数打火机没有安装安全锁。根据2002年5月欧盟标准化委员会公布的打火机安全标准（CR标准），出厂价或海关价低于2欧元的打火机必须安装防止儿童开启的安全锁，并须通过欧盟相关认证部门的实验。因此，温州打火机生产厂家2004年6月以后向欧盟出口1欧元以下打火机必须按照CR标准安装安全锁。而这些童锁专利基本为欧洲和美国掌握，温州企业要想符合欧盟的童锁标准继续出口，要么支付巨额的专利费购买外国专利，导致生产成本大大提高，使温州打火机生产商失去价格优势，失去市场；要么开展自行研发，但研制需要很长的时间和巨大的开发费用，也可能失去欧盟市场。事件发生后，在国家、省市商务部门组织支持下，温州烟具协会组织企业对打火机的定理、分类进行科学评估，对各类打火机的安全性能进行科学实验，并拿出那些不该加安全锁的科学论据，将之提交欧盟参考。烟具协会还聘请律师，率领15家企业共同联合应诉，并发动全行业筹措应诉资金。交涉结果是：2003年12月9日欧盟《通用产品安全规定指令》(GPSD)紧急委员会取消了对打火机制造商从2004年6月起强制执行CR的决议。同年,欧盟又宣布从2004年春季开始对所有进入欧盟市场的打火机、点火枪等危险品均将执行ISO9994—2002标准。新标准中"温度试验"和"燃烧高度"标准都大为提高。按照该标准温州大部分打火机企业的产品目前都达不到要求,将再次被拦在欧盟大门之外,温州打火机生产商又一次积极应对贸易障碍,经过积极沟通、协同行动,温州企业没有丢掉欧盟打火机市场的出口份额。

温州烟具协会是成立时间较早、成员草根性特点强、活动声势较强烈的社会组织,它的行事逻辑在同类社会组织中有较鲜明的代表性。潮州市烟具协会的存续宗旨非常明确,就是要以既熟悉行业又跃然于成员企业之上,解决行业发展中必然出现的问题。绝大多数情况下,它是通过"内部渠道"来解决问题,类似于行业的大管家。它所拥有的和运用的行为能力可以集中概括为自治能力。

第五节 "弗雷德里克—芬纳"之争与官僚制行政的公共性

对公共利益的追求,是公共行政公共性最鲜明的体现。官僚制尽管存在诸多局限性,但是在现代工业社会要实现对日益复杂的大规模组织和管理活动,则是不可替代的选择;其他组织形式只能起到辅助或补充的作用。官僚制是现代政府行政管理活动不可或缺的伴生物。那么,如何实现官僚制行政的公共性?如何确保官僚制行政追求公共利益呢?这是长期以来困扰公共行政实践的问题,也引起了公共行政学者的激烈争论。其中最具代表性是"弗雷德里克—芬纳"之争。他们二人都强调行政责任对保证官僚制行政的公共性和实现公共利益的重要性,但在责任的类型、作用、责任与效率、责任与民主等方面存在明显的分歧,并引起了激烈的争论。"弗雷德里克—芬纳"之争,成为公共行政学百余年发展历程中一道美丽的风景线。

❋ 专 题 ❋

卡尔·弗雷德里克与赫尔曼·芬纳是公共行政早期争论的代表性人物。二人都是当时著名的政治学家，弗雷德里克执教于哈佛大学达长达50年之久，芬纳是芝加哥大学政治科学教授。他们之间的争论主要表现在二人于1940年发表的一系列文章中，争论首先是由弗雷德里克挑起的。

弗雷德里克对行政责任的论述建立在以下两个基点上：首先，弗雷德里克认为，公共行政在现代社会治理中的发挥着重要作用，因此必须发挥公共行政的积极作用和有效性。其次，传统的民主政府中的强调外部控制的政治责任——主要指议会民主责任，用弗雷德里克的话说就是"内阁对下议院信任的形式上的依赖——过去所谓的议会责任——有效地确保了行政官员（不管是高层还是基层）在公共事务方面的行为是负责任的"①——令人难以置信，在实际结果上也是不负责任的。其理由是这种强调外部控制的政治责任是建立在政治与行政②、政策制定与政策执行绝对分离的基础上，而所谓政治功能中的"人民意志"的观念纯粹是形而上学的理念，"即使当'国家'这个概念被保留时——我个人看不出有什么好的理由来保留它——国家是有意志的，这一理念立即使人陷入关于群体人格或某种类似物的困境中。换言之，一个原本足够复杂的问题——公共政策是如何被采纳的、如何被执行的这一问题——就被一个巨大的意识形态的上层建筑弄得无所适从，而该上层建筑的存在无助于问题的解决。"③ 基于上述两点，弗雷德里克认为真正的、有效的行政责任不是控制行政人员的行为而是有利于公共行政有效性的发挥，同时又能突破强调外部控制的政治责任的困境，公共行政责任的标准是负责人的行政管理者必

---

① ［美］卡尔·弗雷德里克：《公共政策与行政责任的本质》，载颜昌武、马骏编译《公共行政学百年争论》，中国人民大学出版社2010年版，第3页。

② 弗雷德里克主要指的是古德诺提出的政治与行政二分法，即在所有的政府体系中都存在着两种主要的或基本的政府功能：国家意志的表达功能和国家意志的执行功能……这两种功能分别就是政治与行政。

③ ［美］卡尔·弗雷德里克：《公共政策与行政责任的本质》，载颜昌武、马骏编译《公共行政学百年争论》，中国人民大学出版社2010年版，第4页。

须对技术知识和公众情感这两种主导因素做出反应。弗雷德里克认为行政人员在政策制定和执行中既要考虑政策技术上的可行性,又要寻求和发现那些满足技术需要的创造性的方案,同时又要考虑和预见特定公众的情感、意愿与偏好。可见,这两个责任标准注重行政人员的心理因素,与严格、刻板的外部控制不同,有利于行政自由裁量权的保留和发挥。而对于芬纳而言行政责任就是强调外部控制的政治责任。他认为由于公共行政领域范围的广阔以及广泛而集中的扩张……尽管道德规范、心理自律以及有利于它们发挥作用的安排,为创造性、灵活性和富有成效的行政提供了保障,但是在当今时代没有什么比政治控制和政治责任更为重要的了。[1] 芬纳坚持认为这种责任是对政治家和行政官员纠正、惩罚直至解雇的一种制度安排,并且,对民主政府而言,行政责任的重要性并不逊于行政效率,从长远来看,它有利于促进行政效率的提升。[2]

基于不同的立场,二人围绕着行政责任的争论主要集中于以下几个方面。(1)行政责任与行政效率的争论。弗雷德里克认为,行政责任不仅在于确保行政行为的规范,更重要的是要提升行政效率。传统的行政责任强调外部控制的政治责任(议会责任)没能与行政任务保持同步,它可能使政府不做错事,但不能确保有效的行政行为,而以技术知识和公众情感为责任标准的内部控制有利于自由裁量权的发挥和行政效率的提升。而芬纳认为从长远来看,议会责任和政治控制有利于行政效率的提升,弗雷德里克对有效行政行为和自由裁量权强调是在逃避政治控制,可能引起行政人员的恣意妄为、官僚主义甚至专制主义的产生。(2)关于政治与行政二分的争论。弗雷德里克认为古德诺对政治与行政在功能差别的基础上建构了一个近乎绝对的区分,这是不符合实际情况的。公共政策制定与执行的具体模式表

---

[1] 参见Herman Finer, "Better Government Personnel", *Political Science Quarterly*, Vol. 51, No. 4 (Dec., 1936), pp. 582–583。

[2] Herman Finer, "Administrative Responsibility in Democratic Government", *Public Administrative Review*, Vol. 1, No. 4, Summer, 1941, p. 335.

❈ 专　题 ❈

明，政治与行政并不是两个相互排斥的区间，或者是绝对的区分，而是同一个过程的彼此紧密联系的两个部分……政治与行政在政策制定过程中扮演着连续的角色，尽管可能在政策制定中政治的意味多一些，在政策的执行中行政的意味多一些。[①] 芬纳认为古德诺的意思是政府中分立的组织主要履行这两种功能中的一种，而弗雷德里克把这种功能区分理解为近乎绝对并归因于古德诺是不正确的。事实上，从广义上对这两种功能进行区分也是可信的。依据芬纳的观点，政府过程中的政治方面意味着立法机构等在政策制定与执行中享有绝对的权威，而行政方面的权威是受限制的，行政的起点由立法机关决定，并且行政人员不能自行决定政策的范围或目标。（3）关于行政责任标准的争论。弗雷德里克倡导的行政责任的两个主导因素：技术知识和公众情感，主要来源于行政人员心理层面（内部控制），同时有认为技术责任并不排斥政治责任，在一个民主政府中，为了做出真正负责任的政策，民主责任也是必需的。而芬纳认为责任基于人与人之间的关系和外在的、制约的职责而形成的，因此真正的行政责任就是服从外部政治控制。政府只有执行完全控制权才能对公众负责，除此之外没有他法。依赖和信任行政人员的良知或主观道德责任感总会导致权力滥用。[②] 如果说弗雷德里克在责任的认定上对行政人员的品行持信任态度的话，那么芬纳则持不信任的态度，声称"美德本身也需要限制"。（4）关于政治责任的争论。弗雷德里克认为基于民主过程而形成议会责任在确保公共行政责任行为上存在固有的缺陷：立法机关可能会擅自批准行政行为而不顾及党派政治或他们自身的政治安全……民主政治过程又是在特定时刻甚至会产生出一个部分准确的"人民意志"的形象……低选举出席率或是没有代表性等。[③] 因此，基于民主

[①] ［美］卡尔·弗雷德里克：《公共政策与行政责任的本质》，载颜昌武、马骏编译《公共行政学百年争论》，中国人民大学出版社2010年版，第5页。

[②] ［美］特里·L.库珀：《行政伦理学：实现行政责任的途径》，张秀琴译，中国人民大学出版社2001年版，第127页。

[③] ［美］O.C.麦克斯怀特：《公共行政的合法性——一种话语的分析》，吴琼译，中国人民大学出版社2002年版，第30页。

过程的政治责任未能与日益技术化、复杂性的行政事务同步，政治控制并不能产生明智的政策选择和行政责任行为。芬纳对此观点进行反驳，芬纳承认民主过程的政治控制存在着现代缺陷，但是不能因为这些可以改进的缺陷，把婴儿和洗澡水一同泼掉，政治控制才是确保民主政府中行政责任的最基本的手段。

基于上述分析，可见弗雷德里克强调内部控制的重要性，而芬纳则主张外部控制才是保持行政责任的必要因素。二人的争论中对公共行政的管理主义研究途径的基本论点提出了质疑和挑战，同时也体现了管理主义途径与宪制主义途径的分野，对公共行政的知识发展具有引导性的作用，正如麦克斯怀特所言，"弗雷德里克与芬纳的争论引出的系列问题规定了有关公共行政在民主治理中的合法性地位的论战的各个方面，并实际上为后来的所有讨论划定了界限。"[①]

芬纳的观点实际上是对马克斯·韦伯官僚制理论中关于行政角色的观点的重复。依据芬纳的观点，为了加强外部控制首先应该是加强立法、改进规则或者颁布新的制度，除此之外，还应该考虑通过官僚制自上而下的层级节制系统加强对行政人员的纪律约束。这种观点是对韦伯的行政角色的观点的重申。韦伯认为，"行政人员必须根据约定服从那些声称拥有立法权的公职人员"……行政人员只需就如何最有效执行政治官员的决策做出工具性的裁决，他们要以一种中立的方式"不偏不倚"地履行自己的职责。"公务员的荣誉就是将自己的能力运用在有意识地执行上级权威的命令，恰似这个命令就是自己所同意的一样。即使自己认为该命令似乎是错误的或根本就反对它，但如果权威坚持该命令，就要执行它。"行政人员这种屈从的行为是由有组织的政治控制权所决定的，该控制权拥有使用武力和控制物质财富的垄断权。到了芬纳这里，对行政人员的行为控制因素就变成了具体

---

① [美] O. C. 麦克斯怀特：《公共行政的合法性——一种话语的分析》，吴琼译，中国人民大学出版社2002年版，第25页。

❋ 专 题 ❋

的外部约束，诸如发放或克扣工资、给予或撤销职位等。[①] 可见，芬纳外部控制的立场与政治/政策/价值与/行政/执行/事实相分离、行政人员价值中立和行政仅仅是实现政治目的的工具主义理性的观点具有一致性，并且借助层级节制的官僚制来强化外部控制，这体现了公共行政研究中"管理主义"的特征，在公共行政的知识发展中，芬纳更多地坚持了"管理主义"的思想路线。

弗雷德里克关于内部控制与政治控制并存的行政责任的观点更多地沿袭了宪制主义的研究途径，并为20世纪60年代崛起的成为新宪制主义的新公共学派所承继和发展。弗雷德里克所倡导的内部控制是由行政人员自己内心的价值观和伦理准则，其作用的发挥最终来源于内化于行政人员心理的价值观、态度和信仰等，是在没有外部规则和监督机制的情况，鼓励行政人员从事合乎道德规范的行为。因此，政治与行政、决策与执行、价值与事实不可能是绝对的分离，行政人员不可能是价值中立的。正如麦克斯怀特所指出的，弗雷德里克的论述存在三种话语：第一种是关于事实的"专家"话语，它是隐含的，因而总是与价值纠缠在一起；第二种是关于价值的"政治"话语，它也是隐含的，因而总是与关于事实的话语纠缠在一起；第三种是关于科学的话语，通过我们恰当地称为"理性"的东西，它能对事实和价值进行分类和权衡，以获得弗雷德里克所谓的"正确的结论"（明智的公共政策）。[②] 依据弗雷德里克的观点，政治与行政并不是两个相互排斥的区间，或者是绝对的区分，而是同一个过程的彼此紧密联系的两个部分，行政人员不可避免地要介入到决策过程中，并且除了技术知识外，"公众情感"是确保行政责任的另一个主导因素，它意味着在决策的制定和执行过程中，行政人员要高度重视公民的情感、态度、偏好和价值观念，公民将"以要求、指责和建议的方式"

---

① 参见［美］特里·L. 库珀《行政伦理学：实现行政责任的途径》，张秀琴译，中国人民大学出版社2001年版，第128页。
② ［美］O. C. 麦克斯怀特：《公共行政的合法性——一种话语的分析》，吴琼译，中国人民大学出版社2002年版，第36页。

与政府进行自由地交流与沟通,行政人员依据预期的、变动的公民意愿而不是既定的、形而上的"人民的意志"来进行行政活动,这是行政人员以"情景道德"的方式促使僵化、刻板的官僚制权威向人性化的方向发展,体现了"人本主义"的理念,从而有利于维护公民的价值和尊严。

总之,弗雷德里克关于内部责任资源与政治控制并存的观点为后来的新公共行政运动所继承和发展。正如库珀所言,20世纪60年代后期兴起的"新公共行政运动"与30年前弗雷德里克的观点具有同样的基本理论假设,即在界定行政责任的性质时,都从考察政治与行政分离的不可能性开始,且认为公共行政人员不可避免地要卷入决策中。理论上说,这种决策功能是被预先限制在政治职责中的。[①] 这样弗雷德里克的公共行政责任理论率先质疑和挑战了"管理主义"研究途径的理论假设,即基于政治与行政、事实与价值相分离而认为公共行政研究被归入科学的事实的领域,进而把伦理价值纳入公共行政学的研究视野,同时他又承认政治控制的必要性,表明试图把公共行政研究从"管理主义"所设定的政治民主与技术行政相割裂的困境中拯救出来。总之,弗雷德里克认为公共行政研究应秉持宪法、民主、自由、公正、伦理道德等公共价值追求,与管理主义研究途径对公共性的消极化和形式化取向不同,而显示出一种积极的和实质的公共性价值取向。

[①] [美]特里·L. 库珀:《行政伦理学:实现行政责任的途径》,张秀琴译,中国人民大学出版社2001年版,第144页。

参考文献

一 中文著作

陈刚:《公共行政与代议民主——西方公共行政的历史演变及其启迪》,中国社会科学出版社2010年版。

邓国胜:《非营利组织评估》,社会科学文献出版社2001年版。

房宁、杨海蛟、史卫民主编:《中国政治参与报告(2011)》,社会科学文献出版社2011年版。

傅小随:《中国行政体制改革的制度分析》,国家行政学院出版社1999年版。

高航、杨松主编:《新世纪的公共管理》,中国商业出版社2001年版。

郭湛主编:《社会公共性研究》,人民出版社2009年版。

黄健荣等:《公共管理新论》,社会科学文献出版社2005年版。

黄晓勇主编:《中国民间组织报告(2008)》,社会科学文献出版社2010年版。

黄晓勇主编:《中国民间组织报告(2009—2010)》,社会科学文献出版社2010年版。

黄小勇:《现代化进程中的官僚制》,黑龙江人民出版社2003年版。

何增科主编:《公民社会与第三部门》,社会科学文献出版社2000年版。

康晓光:《权力的转移——转型时期中国权力格局的变迁》,浙江人民出版社1999年版。

孔繁斌：《公共性的再生产》，江苏人民出版社 2008 年版。

李图强：《现代公共行政中的公民参与》，经济管理出版社 2004 年版。

李伟权：《政府回应论》，中国社会科学出版社 2005 年版。

林钟沂：《行政学》，三民书局 2001 年版。

刘建军：《单位中国》，天津人民出版社 2000 年版。

卢宪英、韩恒主编：《非营利组织前沿问题研究》，郑州大学出版社 2010 年版。

麻宝斌：《公共利益与政府职能》，吉林人民出版社 2003 年版。

毛寿龙：《有限政府的经济分析》，上海三联书店 2000 年版。

彭和平编著：《公共行政管理》，中国人民大学出版社 1995 年版。

任剑涛：《为政之道：1978—2008 中国改革开放的理论综观》，中山大学出版社 2008 年版。

汝信、陆学艺、李培林等主编：《2009 年中国社会形势分析与预测》，社会科学文献出版社 2008 年版。

石柏林：《旧中国宪法五十年——国家权力配置研究》，湖南大学出版社 2008 年版。

石路：《政府公共决策与公民参与》，社会科学文献出版社 2009 年版。

史卫民：《"政策主导型"的渐进式改革：改革开放以来中国政治发展的因素分析》，中国社会科学出版社 2011 年版。

史卫民、潘小娟等：《中国基层民主政治建设发展报告》，中国社会科学出版社 2008 年版。

石佑启、杨治坤、黄新波：《论行政体制改革与行政法治》，北京大学出版社 2009 年版。

孙立平、晋军、何江穗、毕向阳：《动员与参与——第三部门募捐机制个案研究》，浙江人民出版社 1999 年版。

孙选中：《服务型政府及其服务行政机制研究》，中国政法大学出版社 2009 年版。

参考文献

谭安奎：《公共性二十讲》，天津人民出版社 2008 年版。

唐娟：《政府治理论》，中国社会科学出版社 2006 年版。

唐兴霖编：《公共行政学：历史与反思》，中山大学出版社 2000 年版。

陶东明、陈明明：《当代中国政治参与》，浙江人民出版社 1998 年版。

佟玉华、马继东、徐琦：《社会转型期政治发展与民主政治建设》，中国社会科学出版社 2009 年版。

万光侠：《效率与公平：法律价值的人学分析》，人民出版社 2000 年版。

王沪宁主编：《政治的逻辑——马克思主义政治学原理》，上海人民出版社 2004 年版。

汪晖、陈燕谷：《文化与公共性》，生活·读书·新知三联书店 2005 年版。

王乐夫、蔡立辉主编：《公共管理学》，中国人民大学出版社 2008 年版。

王名主编：《中国民间组织 30 年——走向公民社会》，社会科学文献出版社 2008 年版。

王诗宗：《治理理论及其中国适用性》，浙江大学出版社 2009 年版。

汪玉凯等：《中国行政体制改革 30 年回顾与展望》，人民出版社 2008 年版。

吴恩琼等：《公共行政学》，北京大学出版社 2006 年版。

吴锦良：《政府改革与第三部门发展》，中国社会科学出版社 2001 年版。

吴英明：《公私部门协力关系之研究：兼论公私部门联合开发与都市发展》，丽文文化事业公司 1996 年版。

徐湘林等主编：《民主、政治秩序与社会变革》，中信出版社 2003 年版。

谢庆奎：《政治改革与政治创新》，中信出版社 2003 年版。

许纪霖主编：《公共性与公民观》，凤凰出版集团、江苏人民出版社 2006 年版。

杨仁忠：《公共领域论》，人民出版社 2009 年版。

薛冰：《历史与逻辑——公共性视域中的公共管理》，中国社会科学出版社 2006 年版。

颜昌武、马骏编译：《公共行政学百年争论》，中国人民大学出版社 2010 年版。

杨宏山：《当代中国政治关系》，经济日报出版社 2001 年版。

俞可平主编：《治理与善治》，社会科学文献出版社 2000 年版。

俞可平：《民主与陀螺》，北京大学出版社 2006 年版。

曾峻：《公共管理新论：体系、价值与工具》，人民出版社 2006 年版。

张成福、党秀云：《公共管理学》，中国人民大学出版社 2001 年版。

张凤阳：《现代性的谱系》，南京大学出版社 2004 年版。

张凤阳：《政治哲学关键词》，江苏人民出版社 2006 年版。

张富：《公共行政的价值向度》，中央编译出版社 2007 年版。

张晋藩：《中国宪法史》，吉林人民出版社 2004 年版。

张康之：《寻找公共行政的伦理视角》，中国人民大学出版社 2002 年版。

张康之：《社会治理的历史叙事》，北京大学出版社 2006 年版。

张康之：《公共行政中的哲学与伦理》，中国人民大学出版社 2004 年版。

张金鉴：《行政学典范》，三民书局 1979 年版。

张润书：《行政学》，三民书局股份有限公司 1980 年版。

张文显编：《中国宪法学精粹（2002 年卷）》，机械工业出版社 2002 年版。

邹谠：《20 世纪中国政治：从宏观历史和微观行动的视角看》，牛津大学出版社 1994 年版。

周志忍：《自律与他律——第三部门监督机制个案研究》，浙江人民出版社 1999 年版。

褚添有：《嬗变与重构：当代中国公共管理模式转型研究》，广西师范大学出版社 2008 年版。

二　外文译著

［美］斯蒂芬·L. 埃尔金、卡罗尔·爱德华．索乌坦编：《新宪政论——为美好的社会设计政治制度》，周叶谦译，生活·读书·新知三联书店 1997 年版。

［美］安东尼·奥罗姆：《政治社会学》，张华青等译，上海人民出版社 1989 年版。

［美］戴维·奥斯本、彼得·普拉斯特里克：《政府改革手册：战略与工具》，谭功荣等译，中国人民大学出版社 2004 年版。

［美］戴维·奥斯本、特德·盖布勒：《改革政府：企业精神如何改革着公营部门》，周敦仁等译，上海译文出版社 1996 年版。

［美］文特森·奥斯特罗姆：《美国公共行政的思想危机》，毛寿龙译，上海三联书店 1999 年版。

［美］麦克尔·巴泽雷：《突破官僚制：政府管理的新愿景》，孙宪遂等译，中国人民大学出版社 2002 年版。

［美］盖伊·彼得斯：《政府未来的治理模式》，吴爱明、夏宏图译，中国人民大学出版社 2001 年版。

［美］盖伊·彼得斯：《官僚政治》，聂露等译，中国人民大学出版社 2006 年版。

［古希腊］柏拉图：《柏拉图全集》第 1 卷，王晓朝译，人民出版社 2002 年版。

［古希腊］柏拉图：《理想国》，郭斌和、张竹明译，商务印书馆 1986 年版。

［美］罗伯特·B. 登哈特：《公共组织理论》，扶松茂、丁力译，中国人民大学出版社 2003 年版。

［美］珍妮特·V. 登哈特、罗伯特·B. 登哈特：《新公共服务：服

· 247 ·

务，而不是掌舵》，丁煌译，中国人民大学出版社 2004 年版。

［美］戴维·约翰.法默尔：《公共行政的寓言——官僚制、现代性和后现代性》，吴琼译，中国人民大学出版社 2005 年版。

［美］詹姆斯·W. 费斯勒、唐纳德·F. 凯特尔：《行政过程的政治——公共行政学新论》，陈振明、朱芳芳译，中国人民大学出版社 2002 年版。

［美］乔治·弗雷德里克森：《公共行政的精神》，张成福等译，中国人民大学出版社 2003 年版。

［美］乔治·弗雷德里克森：《新公共行政》，丁煌等译，中国人民大学出版社 2011 年版。

［美］卡尔·J. 弗里德里希：《超验正义——宪政的宗教之维》，周勇、王丽芝译，生活·读书·新知三联书店 1997 年版。

［美］查尔斯·T. 葛德赛尔：《为官僚制正名——一场公共行政的辩论》，张怡译，复旦大学出版社 2007 年版。

［美］弗兰克·J. 古德诺：《政治与行政》，王元译，华夏出版社 1987 年版。

［德］哈贝马斯：《公共领域与结构转型》，曹卫东等译，学林出版社 1999 年版。

［美］亚历山大·汉密尔顿、詹姆斯·麦迪逊、约翰·杰伊：《联邦党人文集》，程逢如等译，商务印书馆 2009 年版。

［美］尼古拉斯·亨利：《公共行政与公共事务》（第八版），张昕等译，中国人民大学出版社 2002 年版。

［美］杰伊·D. 怀特、盖·B. 亚当斯：《公共行政研究——对理论和实践的反思》，刘亚平、高洁译，清华大学出版社 2005 年版。

［英］霍布斯：《利维坦》，黎思复、黎廷弼译，商务印书馆 1985 年版。

［美］托马斯·杰弗逊：《杰弗逊文选》，朱曾汶译，商务印书馆 1999 年版。

［美］特里·L. 库珀：《行政伦理学：实现行政责任的途径》，张秀

琴译，中国人民大学出版社 2001 年版。

［美］丹尼尔·A. 雷恩：《管理思想的演变》，李柱流等译，中国社会科学出版社 1986 年版。

［法］卢梭：《社会契约论》，何兆武译，商务印书馆 1980 年版。

［英］洛克：《政府论》下篇，叶启芳、瞿菊农译，商务印书馆 1981 年版。

［美］戴维·H. 罗森布鲁姆、罗伯特·S. 克拉夫丘克：《公共行政学：管理、政治和法律的途径》，张成福等校译，中国人民大学出版社 2002 年版。

［美］O. C. 麦克斯怀特：《公共行政的合法性——一种话语分析》，吴琼译，中国人民大学出版社 2002 年版。

［美］梅里亚姆：《美国政治学说史》，朱曾汶译，商务印书馆 1988 年版。

［法］孟德斯鸠：《论法的精神》，张雁深译，商务印书馆 1997 年版。

［英］戴维·米勒、韦农·波格丹诺编：《布莱克维尔政治学百科全书》，邓正来译，中国政法大学出版社 1992 年版。

［英］约翰·密尔：《代议制政府》，汪瑄译，商务印书馆 1982 年版。

［美］托马斯·潘恩：《潘恩选集》，马清槐译，商务印书馆 1981 年版。

［美］海尔·G. 瑞尼：《理解和管理公共组织》，王孙禺、达飞译，清华大学出版社 2002 年版。

［美］萨托利：《民主新论》，冯克利、阎克文译，东方出版社 1993 年版。

［美］理查德·J. 斯蒂尔曼二世：《公共行政学：概念与案例》，中国人民大学出版社 2004 年版。

［美］肯尼思·W. 汤普森编：《宪法的政治理论》，张志铭译，生活·读书·新知三联书店 1997 年版。

［法］托克维尔：《论美国的民主》，董果良译，商务印书馆 2009 年版。

［德］马克斯·韦伯：《经济与社会》，林荣远译，商务印书馆 1997 年版。

［美］赫伯特·西蒙：《管理行为——管理组织决策过程的研究》，杨砾、韩立春、徐立译，北京经济学院出版社 1988 年版。

［日本］西尾胜：《行政学》，毛桂荣等译，中国人民大学出版社 2006 年版。

［古罗马］西塞罗：《论共和国、论法律》，王焕生译，中国政法大学出版社 1997 年版。

［古希腊］亚里士多德：《政治学》，吴寿彭译，商务印书馆 1965 年版。

［澳］欧文·E. 休斯：《公共管理导论》（第 2 版），彭和平等译，中国人民大学出版社 2001 年版。

三 期刊论文

蔡立辉：《公共管理：公共性本质与功能目标的内在统一》，《中国人民大学学报》2003 年第 2 期。

陈国权、徐露辉：《论政府公共性及其实现》，《浙江社会科学》2004 年第 4 期。

陈家喜、成守勇：《公民参与与服务型政府的构建》，《美中公共管理》2005 年第 9 期。

陈庆云：《公共管理基本模式初探》，《中国行政管理》2000 年第 8 期。

陈庆云：《论公共管理中的公共利益》，《中国行政管理》2005 年第 7 期。

丛日云：《古代希腊的公民观念》，《政治学研究》1997 年第 3 期。

丁煌、张雅勤：《公共性：西方行政学发展的重要价值趋向》，《学海》2007 年第 4 期。

董朝君：《中国现代理性官僚体制的检视与反思》，《学术园地》2009 年第 2 期。

参考文献

杜志华：《价值——制度互动：中国现代化进程分析的新视角》，《新视野》1997年第1期。

何祖坤：《关注政府回应》，《中国行政管理》2000年第7期。

景跃进：《"行政"的概念辨析——从"三权分立"到"政治与行政二分法"》，《教学与研究》2003年第9期。

康晓光、韩恒：《行政吸纳社会——当前中国大陆国家与社会关系再研究》，《中国社会科学》2007年第2期。

刘熙瑞：《重建公共行政与公共管理体制，发展地区经济——中美"政府管理与地区经济发展"研讨会总结》，《云南行政学院学报》2001年第5期。

李朝智：《探索政府公共决策的多元化机制 提高公众的参与能力》，《四川行政学院学报》2005年第4期。

李军鹏：《政府职能要从直接干预转向公共管理》，《理论导刊》2001年第10期。

刘熙瑞：《服务型政府——经济全球化背景下的中国政府改革的目标选择》，《中国行政管理》2002年第7期。

陆德生、纪荣荣：《中国宪政百年历程》（上、下），《江淮论坛》2001年第8期。

马骏、刘亚平：《中国公共行政学的"身份危机"》，《中国人民大学学报》2007年第4期。

任剑涛：《论政治学的规范研究与实证研究的关系》，《政治学研究》2008年第3期。

苏力：《从契约理论到社会契约理论》，《中国社会科学》1996年第3期。

童世骏：《"后马克思主义"视野中的市民社会》，《中国社会科学季刊》1993年第5期。

王敏、王乐夫：《公共事务的责任分担与利益共享——公共事务管理体制改革与开放的思考》，《学术研究》2001年第11期。

王乐夫、陈干全：《公共管理的公共性及其与社会性之异同析》，《中国行政管理》2002年第6期。

王乐夫、陈干全：《公共性：公共管理研究的基础与核心》，《社会科学》2003年第4期。

王振海：《政府公共性的历史演进》，《中共福建省委党校学报》2002年第10期。

俞可平：《马克思的市民社会理论及其历史地位》，《中国社会科学》1993年第4期。

颜昌武、刘云东：《西蒙—瓦尔多之争——回顾与评论》，《公共行政评论》2008年第2期。

颜昌武、刘亚平：《公共行政学的逻辑困境及其化解》，《武汉大学学报》（哲学社会科学版）2007年第6期。

燕继荣：《近十年来国内服务型政府研究综述》，《新华文摘》2009年第8期。

颜佳华、王升平：《近百年来西方行政价值观演变的特征、规律及趋势探析》，《中国行政管理》2008年第8期。

张成福：《重建中国公共行政的公共理论》，《中国人民大学学报》2007年第4期。

张成福：《公共行政的管理主义：反思与批判》，《中国人民大学学报》2001年第1期。

张成福：《重建公共行政的公共理论》，《中国人民大学学报》2007年第4期。

张成福：《论公共行政的"公共精神"》，《中国行政管理》1995年第5期。

张康之：《公共行政：超越工具理性》，《浙江社会科学》2002年第4期。

张康之、王喜明：《公共性、公共物品和自立性的概念辨析》，《行政论坛》2003年第4期。

张康之：《论"公共性"及其在公共行政中的体现》，《东南学术》2005年第1期。

赵立波:《公共权力流失与权力腐败》,《中国行政管理》1996年第11期。

郑杭生:《社会和谐与公共性》,《中国特色社会主义研究》2005年第1期。

赵黎青:《关于中国非政府组织建设的几个问题》,《江苏社会科学》2000年第4期。

朱传一:《中国非营利部门的成长及政府在其中的作用》,《社会》2000年第1期。

四 外文著作和论文

Guy B. Adams, "Enthralled with Modernity: The Historical Context of Knowledge and Theory Development in Public Administration", *Public Administration Review*, Vol. 52, No. 4, Jul. -Aug., 1992.

Clarke Cochran, "Political Science and 'The Public Interest'", *Journal of Publics*, 36 (2), 1974.

Merriam, Charles E., *American Political Ideas: Studies in the Development of American Political Thought*, 1865 – 1917, New York: Macmillan.

Robert A. Dahl, "The Science of Administration: Three Problems", *Public Administrative Review*, Vol. 7, No. 1, Winter, 1947.

Robert B. Denhart & Janet Vinzant Denhart, "The New Public Service, Serving Rather than Steering", *Public Administration Review*, 60 (6): 549 – 559, 2000.

Weber P. Edward, "The Question of Accountability in Historical Perspective", *Administration & Society*, 31 (4), 1999.

Christoper Hood, "A Public Management for all Seasons?", *Public Administration*, 1991.

David M. Levitan, "Political ends and Administrative Means", *Public Administration Review*, Vol. 8, No. 4, Autumn, 1943.

Laurence J. O'Toole, Jr, "Doctrines and Developments: Separation of

Power, the Politics-Administration Dichotomy, and the Rise of the Administrative State", *Public Administration Review*, Vol. 47, No. 1, Jan. - Feb., 1987.

Paul P. van Riper, Administrative State: Wilson and the Founders—An Unorthodox View, *Public Administration Review*, Vol. 43, No. 6, Nov. - Dec., 1983.

Edwin O. Stene, "An Approach to a Science of Administration", The American Political Science Review, Vol. 34, No. 6, Dec., 1940.

L. Urwick, "Public Administration and Business Management", *Public Administration Review*, Vol. 17, No. 2, Spring, 1957.

Dwight Waldo, *The Administrative State: A Study of the Political Theory of American Public Administration*, New York: the Ronald Press Company, 1948.

Dwight Waldo, "Development of Theory of Democratic Administration", *The American Political Review*, Vol. 46, No. 1, 1952.

Leonard D. White, *The Meaning of Principles in Public Administration. In The Frontiers of Public Administration*, edited by John M. Gaus, Leonard D. White, and Marshall E. Dimock, Chicago: University of Chicago Press, 1936.

William. F. Willoughby, *Principles of Public Administration*, New York: Hopkings University Press, 1927.

Woodrow Wilson, "The Study of Administration", *Political Science Quarterly*, Vol. 2, No. 2, Jun., 1887.

后　　记

本书是在我博士学位论文基础上修改而成的，源于我对中国行政管理公共性问题的思考。它既是对当前学界相关研究的关注与回应，也试图为深化该研究提供一个新的视角。回首求学往事，我要衷心感谢那些关心和帮助我的人。

感谢我的导师史卫民教授。在我读博期间，他给了我亲切的关怀和照顾，给了我终身受益的教诲和指导，更为我写作本书提供了莫大的支持和鼓励。史老师渊博的学识、严谨的治学态度、谦逊的学者风范、质朴平实的生活作风，既是我学习的榜样，更是我今后人生道路上享用不尽的财富。感谢在本书写作中做出评论、提出修改意见的诸位师长。他们是清华大学马克思主义学院的韩冬雪教授，中国社会科学院政治学研究所白钢教授、杨海蛟教授、房宁教授、张树华教授、周庆智教授，中国社会科学院研究生院董礼胜教授等。感谢学友杨思派、林毅、张立进、乔牧川、李玉耘等人与我一起度过了美好的求学时光。

在付梓成书之际，感慨颇多。本书的出版得到了郑州大学政治与公共管理学院和资本主义研究中心领导的支持和帮助，在此向学院和中心的各位老师表示由衷的感谢。

在本书的写作过程中，参考和借鉴了国内外学界同仁的诸多观点，在此谨表谢忱。由于水平有限，本书难免有不妥之处，我真诚欢迎各位学者批评指正。

李忠汉
2019 年 9 月 29 日